受国家社会科学基金资助

五卷本

英国文学史

五卷本英国文学史
此成果受国家社会科学基金资助
丛书主编：王佐良 周珏良 李赋宁 吴景荣
丛书副主编：何其莘 钱青 刘意青

英国中古时期文学史

李赋宁 何其莘 主编

外语教学与研究出版社
北京

图书在版编目（CIP）数据

英国中古时期文学史 / 李赋宁，何其莘主编．-- 北京 ：外语教学与研究出版社，2018.8

（五卷本英国文学史 / 王佐良，周珏良，李赋宁，吴景荣主编）

ISBN 978-7-5213-0345-2

Ⅰ．①英… Ⅱ．①李… ②何… Ⅲ．①英国文学－文学史－中世纪 Ⅳ．①I561.093

中国版本图书馆 CIP 数据核字（2018）第 181822 号

出 版 人 徐建忠
项目负责 姚 虹 李亚琦
责任编辑 徐 宁
责任校对 周渝毅
装帧设计 李 高
出版发行 外语教学与研究出版社
社 址 北京市西三环北路 19 号（100089）
网 址 http://www.fltrp.com
印 刷 三河市北燕印装有限公司
开 本 650×980 1/16
印 张 24
版 次 2018 年 8 月第 1 版 2018 年 8 月第 1 次印刷
书 号 ISBN 978-7-5213-0345-2
定 价 53.00 元

购书咨询：（010）88819926 电子邮箱：club@fltrp.com
外研书店：https://waiyants.tmall.com
凡印刷、装订质量问题，请联系我社印制部
联系电话：（010）61207896 电子邮箱：zhijian@fltrp.com
凡侵权、盗版书籍线索，请联系我社法律事务部
举报电话：（010）88817519 电子邮箱：banquan@fltrp.com
法律顾问：立方律师事务所 刘旭东律师
中咨律师事务所 殷 斌律师
物料号：303450001

编者名单

（按姓氏笔画排序）：

王　岚　王佐良　王家湘　王继辉

文美惠　刘新民　刘意青　苏索才

李小鹿　李公昭　李宪生　李赋宁

杨国斌　吴文子　吴　芬　吴景荣

何其莘　沈　弘　宋　敏　张中载

张　剑　陆建德　陈　恕　周珏良

周　强　姜　红　钱　青　徐晓雯

徐海昕　高继海　梅仁毅　韩加明

曾　虹　薛鸿时

本卷编定分工说明

李赋宁　绪论；古英语诗歌（上、下）；古英语散文

何其莘　乔叟；中世纪的英国戏剧；参考书目；大事年表；索引

沈　弘　早期中古英语诗歌和散文；头韵诗的复兴

吴　芬　15 世纪英国散文；苏格兰诗人

王继辉　韵文传奇

总序一

何其莘　钱　青　刘意青

2005 年 12 月 25 日

“五卷本英国文学史”是已故著名学者王佐良、周珏良教授主持的国家重点人文社会科学研究项目。上个世纪80年代中，课题组从第五卷入手，汇集了12位专家学者的智慧，经过几年的努力，于90年代初完成了由王佐良、周珏良主编的《英国20世纪文学史》。1996年，由王佐良、何其莘教授撰写的《英国文艺复兴时期文学史》出版；2000年，又推出了刘意青教授主编的《英国18世纪文学史》。今天，这个项目的最后两卷——由李赋宁、何其莘教授主编的《英国中古时期文学史》和钱青教授主编的《英国19世纪文学史》——出版了，为历时二十余年的这个国家级重点人文社科研究项目画上了一个完美的句号。

“英国文学史”是一项跨世纪工程。项目主持人王佐良、周珏良教授在生前为这个课题制订了详尽的研究计划，确定了独特的研究视角，并组建起了一支得力的研究队伍。前后参加这个课题的共有33位研究人员，来自北京外国语大学、北京大学等近10所国内外知名高校。其中有学贯中西、享有盛誉的著名专家，有在海外获得博士学位的中年学者，还有近年来国内的外国文学界涌现出来的新秀。尽管他们的学术经历千差万别，但是，面对这一课题他们的理念是相通的，即从中国学者的视角出发，来审视和解读英国文学的发展。贝聿铭先生在谈到建筑风格时曾经说过，“越是民族的，越是世界的”。中国学者推出具有创见和中国特色的研究成果，也是中国评论界、学术界对世界文坛做出的最大贡献。

在“五卷本英国文学史”出版之际，我们愿借此机会向支持这一研究课题的国家社会科学基金办公室、北京外国语大学和外语教学与研究出版社表示衷心的感谢。

总序二*

王佐良

1991 年 12 月

* 这是“五卷本英国文学史”课题主持人王佐良先生于 1991 年为第五卷《英国 20 世纪文学史》所写的序，也是王佐良先生为“英国文学史”各卷的编写确定的主导思想。第五卷于 1994 年出版。

本书于1984年底开始撰写，至1991年底全稿完成，共22章，70万字。参加者共12人。回顾撰写过程，觉得应向读者说明几点。

一

撰写之初，我们对此书内容和写法是有一些想法的，当时曾归纳为这样几条：

1. 书是由中国学者为中国读者写的，不同于外国已有的英国文学史。读者对象暂定是大学高年级程度的青年和一般文学爱好者。

2. 因此它以叙述文学事实为主，要把文学现象和作家、作品交代清楚，而不是假定读者已经大体知道事实，以批评、评价为主。

3. 要包含较多信息，对某些贯通全时期的重要现象或品种单章集中叙述。

4. 指导思想是历史唯物主义，尊重当时当地实情，但又要放在总体历史的变化中来看。

5. 要着重作品本身，通过研究作品来讨论问题。因此要描述作品本身的内容和写法，要从中引用若干段落加以翻译阐释，使读者能多少接触到一点原作风貌。

6. 写法也要有点文学格调，要注意文字写得清楚、简洁，少些套话术语，不把文学史写成政论文或哲理文，而要有点文学散文格调。

7. 尽量吸收国内外新材料、新发现。

8. 规格尽量照当代国际通行方式，要有参考书目和索引，要尽量精确。

二

写了五六年，这几条是否都做到了？

有的做到了，如叙述性、着重作品，还专章集中讨论了地区文学、妇女作家、散文和文学翻译；有的部分地做到了，如吸收新材料；有的需要更长时间的实践，如贯彻历史唯物主义；有的不甚一致，如写法：本卷执笔者不止一人，写法自有差别；又写法牵涉到文学史的模式问题，将在下面另节讨论。

至于此书的中国性质，一方面事实如此，写的人是中国人，写时也着眼中国读者；另一方面，如何使中国人写的外国文学史既能符合外国原来事实又有鲜明的中国特色，则只能说是开了一个头。

中国特色牵涉到外国文学史写作的中国化问题。

中国化是要贯彻到许多具体问题里去的，也只有通过编写的具体实践才能把这个大题目所包含的内涵弄得清楚一点、具体一点。我们只开了一个头，也就没有足够的经验来全面谈这个大题目，只能略谈我们在编写 20 世纪卷的过程里碰到了哪些问题，这些问题又是怎样解决或没有解决的，从中又获得什么启发。

三

问题不少，我们择要谈三个。

一个是总的骨架问题。

要将无数文学现象理出一个头绪，需要一个骨架。其中的具体问题是：时间的上下限和这整段时间内文学发展的脉络。

时间：按世纪分是一个方便办法，但能否就从 1900 年开始？不能。因为许多文学现象不是突然而来，19 世纪末期就有种种迹象了。以新戏剧运动为例：萧伯纳的第一个剧本写于 1892 年，而他所师事的易卜生则在 1880 年后就有剧本在伦敦上演了。再说，如果以 1900 年为界，则哈代将被腰斩为二，只剩下他的诗歌创作了。经过反复试写，我们最后把开始的时间定在 1880 年。这样，事情的来龙去脉比较清楚，作家的面貌也比较丰满，哈代就可以其诗人小说家的身份屹立在世纪的门口了。从我们的读者对象来说，他们一般只接触过小说或屏幕上的《苔丝》，不谈哈代的小说也是通不过的。以上说的是上限。至于下限，我们把叙述放在 80 年代。有些事情我们现在还看不清楚，10 年的距离是必要的。另一方面，只有写到 80 年代，才能够使我们把大众传播文学的兴起和小说向后现代主义的发展叙述得比较充实些，所以又不能结束过早。

脉络：按照世纪的大事件，如一战、战后的经济大萧条、二战、福利国家的建立和帝国的解体等等，分头叙述当时的文学现象，是通常的办法，也是容易办到的，但是这办法的缺点是，文学好像只是政治经济的反映，它本身发展的脉络不清楚。我们后来的做法是，大体上保持这些事件的顺序，但加强文学本身的历史叙述，主要在两点上：1. 文学潮流或运动的兴衰，如现代主义兴在 20 年代，衰在 50 年代；2. 体裁或品种的演化，例如尽管诗与戏剧各有千秋，现代文学的主导品种可是小说，20 世纪尤其如此。原来我们对于世纪初期的几个小说家（如吉卜林、威尔斯）处理得比较简略，后来充实了；对于 50 年代以后的小说变化，原来也只见一大串人名书名，后来就其中重要的作家作了专节讨论，着眼每人对小说艺术所做的贡献。这样做的结果，就能比较清楚地看出小说这个重要体裁中一条发展的脉络：传统现实主义→现代主义→新现实主义、后现代主义。

四

问题之二是：叙述怎样结合评论？

本书以叙述为主，但事实上没有纯粹的叙述。选某个作家某部作品来讨论就体现了一种评价，给它的篇幅长短也代表了重视的程度，好的叙述总是包含评论的。

评论牵涉到理论问题。

提起理论，人们立刻要问：你们怎样对待近年来的西方文论？我们生活在一个阐释学、女权主义、精神分析、新历史主义、接受论、解构论等等流行的时代里，搞的又是西方文学，不可能不觉察到它们。针对文学史本身，争论也不少，有的人根本否定文学史，有的人主张“重写文学史”。对于这些，我们的态度是：有不少流行理论是我们所不了解的，不必匆匆忙忙去联系；有的略有了解，要拿马克思主义去分别有用与否，作些取舍。

就我们所能判断的来说：一个大的问题是所谓文学史应该包括哪些作家，即 canon 问题。这个问题不自今日始。当年艾略特等推崇玄学派而贬低弥尔顿和雪莱，甚至提出在 17 世纪发生了一个大的“感觉脱节”，就是要重写文学史。文学史也确是在不断重写的，因为随着时代的进展，人们对作家作品的评价是会有或大或小的变动的。但是这类变动后来也会再变动，如弥尔顿、雪莱的地位就恢复过来了。变动也不是一个仅仅限于文学的问题，后面有意识形态的因素，艾略特反对的其实是英国文学里的民主传统。

结合到编写，有两个具体问题需要解决：一个是如何对过去的经典作家重新评价；一个是如何把过去不重视或被抹杀的妇女、少数民族等方面的作家包括进来，纠正过去以男性、白种、欧洲人为中心的历史观的不公正。

我们对此采取了现实的态度。原来经典作家的地位，确有根据新发现新认识加以调整的必要，但是大体而论，他们是经过无数代读者（其中包括批评家）反复衡量而逐渐形成的。历史上的不公正也确实需要纠正，但在大量增加被埋没的人才和佳作方面，我们有一个实际困难，即资料不足。我们无法去英美图书馆、档案馆进行长期的发掘，所能依靠的只能是英美或西方学者在这方面的研究成果，而一直到现在，这方面的成果在英国文学领域内是并不很多的。

所以我们书里的名著单子，仍然基本上是一个传统的单子。

那么，中国学者在此就无能为力了吗?

也不是。在大体接受这张单子的情况下，我们可以对其中的作家作品重新审视，作出评价。这不仅仅是一个要有新见解的问题，而是要有新的观点——在我们说来就是经过中国古今文学熏陶又经过马克思主义锻炼的中国观点。

举一个例说，对于 20 世纪主要文学体裁小说的发展，我们之中有的人过去对西方批评界的某些意见是深信不疑的。我们自己就很欣赏年轻的弗吉尼亚·吴尔夫能在高尔斯华绥、威尔斯、本涅特等人盛极一时的世纪初年，对他们提出挑战，称他们的小说是“物质主义者”之作，因为它们不像伟大深刻的俄国小说那样写人的灵魂。这次为了写好一战前的英国小说一章，我们重新看了这三位的主要作品，觉得情形不是这样。高尔斯华绥抓住了福赛特家族的资产阶级灵魂，不能因为他后来的批判精神减弱了就把他“除名”。本涅特写得认真细致，描写英国小镇和巴黎两种生活和两种情感世界的差别，通过两姊妹不同的遭遇表达出来，也是颇见匠心的。而威尔斯是科幻小说在英国的奠基人，又是伦敦小店员生活的写实大师，任何人讨论英国小说而不提到他的贡献又怎么能说是尽到了文学史家的责任？这里并不存在否定吴尔夫的问题；她在当时当地的情况下冲决罗网的勇气是可贵的，正如她自己的艺术是精湛的。这只是因为我们享有几十年时间的更长距离，能看到后来发生的事，例如她所代表的现代主义也遭到了被人超越的命运；同时也因为我们是中国学者，不那样深受西方某一流派理论的影响，不认为小说一定要写得艰深才是好小说，也不认为有清楚的故事线就是落后的表现。

另一方面，我们也没有走到另一极端，即不因为有些作家在中国不甚有名就不予以注意，例如福特·马多克斯·福特。他被称为英美现代派小说的前驱，“小说家的小说家”。把他的《好军人》和《阅兵礼的结束》四部曲通读一遍，我们发现他不仅在小说的叙述方式上作了重要试验，而且对于现代社会里的几个问题——如英国大家族传统的衰落、英美社会文化的冲突与融合——都在作品里作了早于别人的发掘。这样的作家当然在我们的文学史里应有他的地位。

以上可以归结为一点：中国文学史家既不追随西方时尚，也不抱残守缺，而是注意收集信息，不放过任何真正有意义的学术发展，但又用我们的眼光加以审视。比较而言，我们倒是能有英美学者往往缺乏的全局观——西方中心论就遮住了他们的眼睛。我们则力求把英国文学放在世界文学的总图景里来看，为此特加了《20世纪的英国文学与世界文学》一章，探讨了中国、南亚次大陆、非洲和加勒比地区通过创作和翻译同英国进行的双向交流。

这种从外面来看英国文学的努力，对于英国文学研究大有好处。如一位美国学者所说："在所有伟大的当代文化中，西方文化是气度最狭小的，因为它被锁住在进行现代化的当地经验里，缺乏对它自身的外面一瞥。"[1]这话也可用在英国文学身上，有时它的岛国狭隘气是相当浓厚的。

五

问题之三是：建立怎样一种文学史模式？

就英国文学史而论，大致说来，已有两种模式，即英美模式与苏联模式。每种模式内部并不一致，但是这两种模式各有典型的写法，两者之间的差别也是明显的。

英美模式着重学术考证和作品欣赏，近年来也对思想和社会背景给以更大注意。分期大体依据朝代和世纪，也用"文艺复兴""启蒙运动"等思想潮流来划分，"浪漫主义"也作为一种文学运动给予总体叙述，"现代主义"也是常见之词，但"现实主义"很少用于小说以外的体裁，

1. 保尔·A. 柯亨：《在中国发现历史》（哥伦比亚大学出版社），1984，第95页。

就是在小说中也主要指19世纪中叶狄更斯诸人所作。重点作家叙述较详，也着重思想内容，但结合艺术和语言特点来谈，写法虽人各不同，受推重的则是有深度、有文采的一类，其著者如美国的道格拉斯·布什和英国的C. S. 刘易斯，前者的17世纪早期卷与后者的16世纪卷（戏剧除外）是大型的牛津英国文学史中最得好评的两卷。美国的鲍等五人写的单卷本也是学生常用的，其中谢尔朋的18世纪部分公认是出色的。但这是四五十年代的情况。近来美国由于更多地注意新派文学理论，对历史学问有所贬低，未见有新的英国文学史出版，当然美国文学史是在重写，其中哥伦比亚本已出但也褒贬不一。英国的情况则是文学史仍然繁荣，大型的采取论文丛编形式（如《企鹅》《新企鹅》《圆体》），更值得注意的是单卷本通史。以我们所见的三种而论，皮特·康拉德的"人人丛书本"（1985）有新见而凌乱，亚历山大·福勒的勃拉克威尔本（1987）着重小说等体裁的演化，较有线索可寻，《牛津插图本》（1987）虽各章高下不一，总的说起来叙述较有头绪，比较适合参考。这三种通史虽是80年代的产物，在模式上仍属英美学院派的传统。

这个模式有学术性、可读性，但系统性不强。

此外还有法国勒古易和卡撒米安的英国文学史（且不谈更早的有特色的泰纳的著作），以英国的民族感为脉络，叙述清楚而有韵致，是过去我国大学常用的。70年代重版时它新加当代文学一章，分类颇细，然论述不多，只见一大堆人名书名，有似目录。德国有修尔默的著作，特点是把美国文学也包括进来。这些书体现法、德学派文学史的某些特点，但在总的模式上同英美相差不大。

苏联模式系统性强，如以人民性或现实主义为线索贯穿全书，叙述有一套程式，往往是时代背景加作家论，作家论又有其程式，即生平→创作历程→小结，所叙偏于思想内容，仅在小结中有一二语涉及艺术。这个写法不仅见于安尼克斯特的单卷本英国文学史，苏联科学院世界文学研究所的多卷本也大致如此。苏联学者致力于发现英美人所忽略的作家如宪章派诗人、工人小说家特雷斯尔，颂扬有革命性的作品如《牛虻》，但轻视或根本不提在英国家喻户晓的作家如简·奥斯丁。他们也是在“重写文学史”，然而史的根据不足，对于20年代以来英美文学研究的新成果知之甚少。叙述的文字也比较空泛、刻板，不似在谈文学而似在谈政治。

这个模式有宏观，有发现，但对英国的历史和现状的了解不深，评论也是粗线条的。

如以莎士比亚研究为例，苏联学者较早提出莎翁是一个人文主义者，对于莎剧的解释也有独到之处，但是对于十六七世纪英国思想和社会背景似乎缺乏细致的了解。因此等到英美“思想史派”和后来的“新历史主义派”出来论证当时的思想气候和权力结构，苏联学者的见解就显得根据不足了。

两种模式都曾影响过我们，新中国成立前是英美模式，主要在教学中；新中国成立后是苏联模式，主要在文学史的编写中，五六十年代出版的中国文学史就有后者的影响。这影响并不都坏。它使我们写得有点系统，注意政治经济背景，注意分析作品的思想内容。

但我们不满足。为什么谈论古往今来的文学的文章那样缺乏文采，叫人无法欣赏？因为这样，它所谈论的作品也很难吸引我们，这就抛弃文学史家的一个重要任务了。

于是我们回头要寻我们自己的模式。

有没有中国的文学史模式?

一方面，可以说是几乎没有。迟到 1900 年左右，才有题名《中国文学史》的书在中国出版，编者一本是黄人，另一本是林传甲，后者且是以一本日本教材为蓝本的。

但是深入一看，我们却发现：论述文学发展、品评各朝代作家的著作古已有之，刘勰《文心雕龙》里的《时序》一篇就是浓缩的从上古到 5 世纪的中国文学史。从杜甫到元好问又有一条用韵文评述前代诗人的一种诗史雏形。

到了我们这个世纪，更有各类文学史纷纷问世：体裁史如王国维的《宋元戏曲史》(1912)，断代史如刘师培的《中国中古文学史讲义》(1917)，都是学术界重视的著作。

更近一点，则鲁迅和闻一多不仅有志于写文学史，而且都动手写过。鲁迅的《中国小说史略》(1920)和《中国小说的历史的变迁》(1924)是开创性的体裁史，《汉文学史纲要》(1926)是概略的通史，可惜只写到汉代就中断了，而在《中国新文学大系・小说二集》(1935)的序言里他又对现代文学中的几个文学团体作了特写镜头式的评述。而《魏晋风度及文章与药及酒之关系》一文又使我们看到，如果不是被迫害和辛劳过早地夺去了生命，这位文学巨人将会写出怎样精辟而又文采斐然的魏晋文学史以至整部中国文学史!

闻一多也有一部概略式的《中国文学史稿》(1944)，其中有一篇《四千年文学大势鸟瞰》把全部中国文学分成四段八大时期，从“本土文化中心的抟成”起，直到“未来的展望——大循环”，真是眼光不能再宏大的宏观了！他对中国“文学的历史动向”早已心中有数，认为从西周到北宋“这大半部文学史，实质上都是诗史”，但是“中国文学史的路线从南宋起便转向了，从此以后是小说戏剧的时代”。他不仅说“今天的我是以文学史家自居的”（1943年致臧克家信），就在遇难前几个月还告诉朱自清：他“要写一部唯物史观的中国文学史”。

这部文学史不仅存在概略和鸟瞰里，实际上也开始了写作，成果之一就是《唐诗杂论》，其中的《宫体诗的自赎》一篇就显示了这位诗人文学史家怎样在评叙一种诗体的演变的时候把诗歌敏感和历史眼光结合起来了。

再近一点，还有我们的老师钱锺书先生。《谈艺录》（1948）里谈过文体演变，《宋诗选注》（1958）里讨论过一个重要诗派的兴衰得失，但不止这些，还有50年代科学院文学研究所编的三卷本《中国文学史》中的唐宋卷是钱先生主持的，并且写了至少《宋代文学的承先和启后》一章。这一章追源溯流，还描述了一个时代的横断面，既有宏观，又有富于启发的细节和引证。特别有意思的是，这章写在苏联模式盛行的时候，钱先生则用他特有的博学和爽脆、机智的文笔走他自己的——也是我们中国的——路。

只从以上简略的回顾就使人有信心地说：中国有探讨文学演变、文学体裁兴衰，品评古今作家作品的深远传统。所谓文学史的中国模式不是就在此中吗？[2]

当然，我们写的是外国文学史，时间是20世纪80年代，信息的传

2. 这里只举几本作例，其余如谢无量《中国大文学史》（1918）、郑振铎《插图本中国文学史》（1932）等等，不一一俱论。

送和积累特别迅捷，计算机已经代替了书生桌上的文房四宝的时候，又为什么要把中国模式请回来？

回答是：英美和苏联两种模式都有不能使我们满意的地方，而中国前辈却能帮助我们解决若干重要问题。例如：

1. 通过全盘的文化研究来勾画文学史的大脉络，如闻一多之所为。

2. 通过对文学体裁的精湛研究来确定文学演化的特殊形式和一代文学递接另一代文学的明显轨迹，如王国维、鲁迅之所为。这是中国文学史家做得最有成绩的事情，以至到了今天，几乎所有中国学生都对本国文学有一个唐诗→宋词→元曲→明清小说的演化图。

3. 所有中国文学史家，从刘勰到钱锺书，都在写法上为我们作了示范。他们写法各有特点，但有两点相同：一、简练；二、有文采。他们所写的文学史本身都是绝好的文学作品。

4. 他们还告诉我们如何吸收外来的新思想的精华和做学问的新方法。刘勰接受了佛教思想，王国维把过去中国士大夫轻视的戏曲列为重要的文学品种，鲁迅在文学理论上向苏联"盗火"，在文学史写作上则参考日本学者的著作，闻一多主张不仅要"不怯于'受'"，还要"真正勇于'受'"，有了"受"的勇气才能"继续做自己文化的主人"，而钱锺书则是通晓中西、对时下西方思想文艺新潮最注意也最善辨析的大师。

在这些前辈的指引之下，我们也要对西方文学史家加强研究和学习——学德桑蒂斯的民族文学观念，学勃兰兑斯的纵横欧陆的气魄，学朗松的谨严，学 W. P. 卡尔的敏锐和精辟，学格里厄逊的雄迈，学圣茨贝利的好书如好陈酒，学前面提到过的刘易斯、布什、勒古易、卡撒米安、谢尔朋，学众多的苏联文学史家，学艾特蒙·威尔逊，学《美国文艺复兴》的作者麦息生，学未竟牛津文学史莎士比亚卷全功的 F. P. 威尔逊……

进行这样从中到西的学习，占领新材料，进行新分析——我们面前的工作还多得很，20 世纪卷的完稿仅仅是一个开始。

序

何其莘

2005 年 2 月 26 日

《英国中古时期文学史》是“五卷本英国文学史”的第一卷。涉及的范围是1500年之前的早期英国文学，即英国中古时期文学。

“五卷本英国文学史”是于20世纪80年代立项的国家社会科学重点研究课题，项目主持人是北京外国语大学已故的王佐良教授和周珏良教授。中古时期卷最早拟由北京大学的李赋宁教授独自撰写。由于身体的原因，李赋宁先生于1995年5月提出本卷的古英语部分由他完成，但中古英语部分则由我出面组稿，并推荐了北京大学的沈弘教授、王继辉教授和对外经济贸易大学的吴芬教授参加编写工作。

本卷的编写原则一如王佐良先生在《英国20世纪文学史》的序中所述：

1. 本卷的读者对象是我国高校的研究生、本科高年级学生和文学爱好者。

2. 全书以叙述文学事实为主，即这一时期的主要作家、他们的代表作，以及对代表作的主要评论意见。

3. 在评论中以历史唯物主义为指导思想，突出中国学者的独特视角。

4. 本书着重作品的文本讨论，摘译其中经典的段落，以便使读者有机会初步领略作品的风貌。

5. 本书的写法要有文学格调，文字清楚、简洁。

总之，是希望为中国的读者写出有中国特色的外国文学史。

经过几年的努力，中古时期卷终于完稿。再加上同时完稿的19世纪卷，“五卷本英国文学史”终于可以面世了。至此，运作了近二十年的国家重点社科项目也可以划上一个圆满的句号。“五卷本英国文学史”的出版将是对已故的英国文学界的老前辈王佐良、周珏良、李赋宁和吴景荣先生的最好的纪念。

目录

第一章

绪论

（一）英国民族和英国语言的来源

英国民族来自欧洲大陆北部的某些日耳曼部族。这些部族主要是盎格鲁人、撒克逊人和朱特人（Angles，Saxons，Jutes）。他们原先居住在相当于现在德国北部沿海一带的低洼地区和丹麦南部。随着日耳曼民族大迁徙，这些部族陆续分批侵入不列颠岛，把岛上原来的居民凯尔特人（Celts）赶入西部和北部山地，他们自己占领了肥沃的平原地带，开始在那里定居。盎格鲁人定居在不列颠岛的中部和北部，撒克逊人住在海岛西南部广大地区，朱特人只占了东南部一小块地方。根据英国早期历史学家比德（Bede）的记载，这些日耳曼部族约在公元 449 年完成了他们对于不列颠岛的侵略，因此我们可以说从公元 5 世纪中叶开始，英国民族的祖先就已在他们的新土地上正式住下来，并且开始了他们的生产和劳动。

侵入不列颠岛的这些日耳曼部族所说的语言都属于印欧语系西日耳

曼语支，因此相互之间很相似。但是这些部族语言之间究竟也存在着一些区别。这些区别随着各部族在不列颠岛上不同地区定居下来而进一步发展，这就形成了古英语的不同的方言。

古英语的方言共分四种：占据海岛东南角的朱特人所说的方言称为肯特方言（Kentish）；撒克逊人的方言称为撒克逊方言（其中尤以居住在威塞克斯的撒克逊部族的方言最为重要，称为西撒克逊方言；West Saxon）；居住在泰晤士河与亨伯河之间地区的盎格鲁人的方言称为麦西亚方言（Mercian）；居住在亨伯河以北平原地带的盎格鲁人说的是诺森布里亚方言（Northumbrian）。这些方言是按着居住在不同地区的不同部族所说的语言的区别而划分的。

在古英语时期，不列颠岛上流行着上述的四种不同的部族方言。当时英国有没有共同的民族标准语呢？答案是否定的。因为在这个时期内，英国民族还没有形成，当时只有部族存在，还没有统一的民族国家。当时英国社会尚处在封建社会以前的氏族部落社会的形态中，距离资本主义关系的产生还很远。在这样的历史条件下，民族标准语的形成为时尚早。虽然如此，在古英语时期后期还是存在着一种标准化的文学语言。

公元 9 世纪后叶，在阿尔弗烈德大王（Alfred the Great）在位时期（871—899），威塞克斯王国的首都温切斯特成为全英国的政治和文化中心，威塞克斯王国的语言——西撒克逊方言——成为全英国的标准文学语言。阿尔弗烈德对外抵抗丹麦人的侵略，对内提倡学问和文学，他的文治和武功赢得历史学家的高度赞扬。他改革教育；在他的宫廷里有许多人从事翻译、抄录、编写、著述的工作。他自己也辛勤地致力于翻译。他把许多拉丁文著作译成西撒克逊方言，并且把他的译作在全国广为流传。他又让他宫廷中的抄写家把较早的诺森布里亚和麦西亚方言的诗歌作品抄录保存，结果这些作品便用西撒克逊方言被保存下来，流传至今。由于阿尔弗烈德大王的这些活动，西撒克逊方言便成为古英语时期的标准文学语言，在阿尔弗烈德的时代，诺森布里亚和麦西亚的诗人们也都使用西撒克逊方言来创作他们的诗歌作品。

（二）中古英语时期英语的变化

由于丹麦人的侵略，威塞克斯王国在公元11世纪初灭亡了，西撒克逊方言也因此失去了它作为标准文学语言的地位。阿尔弗烈德大王所建立起来的古英语文学传统也就中断了。这种情况在英国被诺曼人（Normans）征服（公元1066年）以后就更变本加厉了。英国被诺曼人征服后，受到外族的统治，所有的英国方言都沦落到同样不重要的地位。原有的统一的文学语言消失了，代替它的是一些分歧很大的方言。作家和抄写家都用他们自己的方言来进行创作和抄写，因此早期中古英语文学作品里就出现了各种不同方言的特点。

早期中古英语时期存在着三种主要方言：北部方言、南部方言和中部方言。这些方言又细分为：西南方言（相当于古英语西撒克逊方言）、东南方言（相当于古英语肯特方言）、中东部方言和中西部方言（这二者相当于古英语麦西亚方言），以及北部方言（相当于古英语诺森布里亚方言）。地理上大概的分界是：南部方言和中部方言这两个地区以泰晤士河为界，中部方言地区和北部方言地区以亨伯河为界。

上面说过，诺曼人征服英国以后，英国所有的方言都处于同样不重要的地位。英国丧失了它的标准文学语言，但并没有丧失它的民族语言——英语。英国人民在外族统治下仍说的是英语。作为口语的英语不仅没有死亡，而且生气勃勃地继续发展。统治英国的诺曼族国王并不企图灭掉英国人民的语言，反而努力去学会英语。诺曼人和英国人很快地融合成一个民族。在亨利二世统治的年代（1154—1189），人们已很难辨别诺曼出身和英吉利出身的自由人。在同一时期，诺曼出身的社会上有地位的人士都能听懂英语，而且用英语自由交谈，虽然他们同时也说法语。在12世纪末，英语已成为英国社会各阶层人民共同的口语了。

从13世纪开始，用英语创作的民族文学作品在各方言地区陆续出现了。虽然拉丁语和法语仍被用作文学语言，但是具有创造性的重要作品都是用英语写的。同时，在13世纪，英语也部分地恢复了它作为行政语言的地位。《亨利三世的公告》（1258年10月18日）是自诺曼底的威廉征服英国之后第一次用英语发表的公告，虽然这个公告同时也用了拉丁语和法语发表。《亨利三世的公告》是最早的伦敦英语文件之一，它在英国民族标准语形成的历史上占有很重要的地位。

到了14世纪，英语在国家和社会生活各方面都获得了完全的胜利。1362年，爱德华三世在召开议会时第一次用英语致开幕词。在同一年，由于下议院的请求，爱德华颁布了一道法令，规定法庭审讯必须使用英语，而不再用法语。1385年，英语已代替法语成为学校中的正式语言。1386年，人们第一次用英语来写致议会的请愿书。在伦敦保存下来的最早的一份用英语写的遗嘱属于1387年。最早的用英语写的行会章程属于1389年。1399年的一封用英语写的私人通信表明在社交生活中英语也代替了法语。这一系列事实都说明在14世纪，英语已确立了它在国家和社会生活中的地位。

更重要的是：英语逐渐上升为全英国的文学语言。在诺曼人统治英国的时期内，虽然仍有不少人用英语写作，但是正式的文学语言是法语和拉丁语，而不是英语。到了14世纪，随着英语变为宫廷、学校、法院、议会和行政的语言，在文学领域内英语也开始更多地代替了法语和拉丁语。先是诗歌方面大量出现了古英语时期的头韵诗体（alliterative verse），例如朗格兰（Langland）的《耕者皮尔斯》（*Piers Plowman*），又如另一位不知名作家的《高文爵士与绿衣骑士》（*Sir Gawain and the Green Knight*）传奇和宗教抒情诗《珍珠》（*Pearl*）等，又例如乔叟

（Chaucer）。虽然乔叟模仿法国和意大利诗歌，但他却始终用英语创作，同时也用自己的榜样带动了许多与他同时代和后来的诗人用祖国语言进行创作。例如他的朋友高尔（Gower）就向他看齐，放弃了原先用法语和拉丁语创作的习惯，而改用英语写诗。原先用拉丁语写作的宗教改革家威克里夫（Wyclif）这时也参加了把《圣经》译成英语的工作。威克里夫也用英语布道，用英语鼓动人民反抗教会和僧侣阶级，用英语写文章争论宗教问题。这样一来，英语在学术界和宗教界也开始代替起拉丁语来了。在历史著作方面，英语代替拉丁语的现象可拿特里维萨（Trevisa）在 1387 年把希格登（Higden）用拉丁语写的《多国编年史》（*Polychronicon*）翻译成英语这一事实作例证。总之，在朗格兰、乔叟、高尔和威克里夫之后，英语已确立为全英国的文学语言了。

因此我们说，诺曼人征服英国并没有使英语灭亡。它只使古英语时期的文学传统中断了，使古英语时期的标准文学语言——西撒克逊方言——夭折了。而英语的口语并没有受到诺曼人征服英国的影响。英语口语照旧生气勃勃地继续发展下去。从语音方面来讲，诺曼人的征服没有影响英语语言的演变和发展。从语法方面来看，继丹麦人征服英国之后，诺曼人的征服进一步使英语语法结构（词尾的变化）趋于精简。从词汇方面来说，诺曼人的征服大大地丰富了英语的词汇，有许多法语词进入了英语基本词汇。此外，在诺曼国王统治之下，英国在政治上和行政上达到空前的统一，国内的交通比以前大大便利起来。这就促进了英语各种方言之间的相互影响，并为英国民族标准语的形成创造了有利条件。

（三）伦敦方言和英国民族标准语的形成

上面说过，从 13 世纪后半叶开始，英语逐渐代替了法语和拉丁语，成为全英国政治和社会生活的正式语言，而且也成为正式的文学语言。可是哪一种英语方言能够作为全国和全民族的共同语言呢？答案是英国首都伦敦的方言。

从亨利二世的统治开始（1154 年），伦敦就成为英国政府所在地。从 12 世纪中叶起，它逐渐变成全国政治、经济和文化生活的中心。伦敦作为一个商业市场的地位日益重要起来。从全国各处都有许多人到伦敦去办事、做生意或旅游，这样伦敦就成为英国各种方言汇聚的地方了。此外，伦敦的地理位置也很特殊。它属于中东部方言地区（更准确地说，东南中部），但又和南部方言地区交界（东南部肯特方言地区）或邻近（西南部方言地区），因此伦敦方言中就包含了许多地域方言的成分：东南部方言（尤其是肯特方言和埃塞克斯方言）、中南部方言、西南部方言和中东部方言。早期的伦敦方言以南部方言的成分最占优势。例如在《亨利三世的公告》中，南部方言特点就大大超过中东部方言特点的数目。其他早期伦敦敕书和政府档案也有同样的情况。但是从 14 世纪起，伦敦方言中的南部方言成分愈来愈少，而中东部方言成分愈来愈多，以至于到了 14 世纪末，伦敦方言基本上完全变成中部方言了。

为什么伦敦方言会逐渐失去它的南部方言特点而完全变成中部方言呢？首先因为中部方言界乎南北两种方言之间。它既没有南部方言那么保守，也没有北部方言那么急进。在语音和词形变化方面，它趋于调和南北两个极端，同时也兼容并包南北两种方言的特点。因此中部方言在各种方言当中最易听懂，也最易学会。英国中东部是主要方言地区中面积最大和人口最多的一个。那里的土地较英国北部和西部的山地要肥沃得多，因此是英国农业最发达的地区。同时英国中东部也是商业最发达的地方，诺里奇（Norwich；位于中东部）是一个巨大的商业中心。因此中东部在全国经济生活中占首要地位，是全国经济最繁荣的地区。再加上全国政治和文化中心——首都伦敦——也位于中东部；牛津和剑桥两个大学也都在中东部方言地区的范围内。乔叟和高尔都用伦敦方言（中东部方言）创作；威克里夫用牛津大学流行的英语（和伦敦方言很近似）布道和写作。这一切原因促使中东部方言成为英国全国的共同语言，促使中东部化了的伦敦方言上升为英国民族标准语和文学语言。

促进英国民族标准语的形成的最基本原因是英国封建自然经济逐渐过渡到资本主义经济。在 14 世纪，地主和佃农、雇主和受雇者之间的关系已变成几乎是现代单纯的现金关系了。拥有资本的人不仅在商业方面，而且在经营土地和组织工业方面都有很大的势力。在 14 世纪，英国已产生了资产阶级关系，已诞生了资产阶级。在这种情况下，英国民族和英国民族标准语的形成已具备了成熟的条件。

乔叟和威克里夫的作品大大地帮助了英国民族标准语和文学语言的确立和传播。乔叟用伦敦方言创作，因为那是他的家乡话，同时凑巧那也是首都的方言。乔叟的作品流传极广，这就把伦敦方言的特点传播到全国各地，成为大家模仿的对象。同样，威克里夫和他的弟子们的活动范围也极为广阔，并且他们深入农村，接近人民群众。由于威克里夫和他的弟子们的著作受到人民极大的欢迎，和伦敦英语非常接近的牛津英语便在全国得到广泛的流传。因此我们说，到了 14 世纪快要结束的时候，中东部方言（伦敦英语、牛津英语）已具有全英国共同的书写语言和文学语言的性质了。

到了 15 世纪，英国民族标准语得到进一步的确立和传播。在 15 世纪中叶以前，远在印刷术输入英国之先，无论公家或私人文件，用各地方言来写的现象愈来愈为罕见。在文学作品的领域内，情况更是如此。南部方言已失去它作为文学语言的地位，北部方言只成为苏格兰民族的文学语言，不再是英吉利民族的书写语言了。造成上述现象的原因，一方面由于各地的抄写家、律师和公务人员都学习用伦敦方言书写政府文件，于是伦敦方言就成为正式的公文语言；另一方面，由于乔叟作品风行一时（不仅英吉利诗人模仿乔叟，就连苏格兰诗人也如此），这就造成伦敦英语垄断全国文坛的局面。

可以说从14世纪末起，英国民族就已有了一个标准的书写语言，但是要到15世纪末这个标准的书写语言才得到完全的胜利，把其他非标准语言形式从一切书写物里排斥出去。1476年，卡克斯顿（Caxton）把印刷术传入英国。他在伦敦开设了印刷所，并自己翻译许多书籍，把这些书印刷发行，同时也印刷、出版许多其他书籍。在他的翻译里，卡克斯顿明确地说明他所用的语言是伦敦人所说的那种英语。可是，由于当时英国民族标准语尚在形成的过程中，对于许多词的书写形式和语法形式的选择，卡克斯顿常常感到困惑。为了印书，卡克斯顿不得不选择某些书写形式和语法形式。他的选择是比较保守的，因为他受了中古英语抄写传统的影响。因此卡克斯顿所印的书中个别词的拼写和个别的语法形式可能落后于当时英语发展的实际情况 。但是可以肯定卡克斯顿所印的书里所用的英语基本上能够代表当时的伦敦英语，因此我们说卡克斯顿对于以伦敦英语为基础的标准英语的确立和传播是有贡献的。由于他所印行的书籍在全英国流传很广，标准书写英语被全国人民接受和采用就成为十分自然和轻而易举的事了。

（四）中古时期英国文学的分期

中古时期英国文学包括两个时期：古英语时期（或称盎格鲁-撒克逊时期）和中古英语时期。这两个时期以诺曼人征服英国的年代1066年为分界线。留传下来最早的古英语作品是凯德蒙（Caedmon）的《赞美诗》（*Hymn*，公元7世纪末），因此我们可以把7世纪末作为中古时期英国文学史的上线。中古时期英国文学史的下线一般定为15世纪末，可用道德剧（morality play）《凡人》（*Everyman*）的创作年代为标志。这样的分期比较科学，因为诺曼人的征服给英国文化和英国语言带来了很大的变化，赋予英国文学新的精神。

古英语时期的文学反映了日耳曼民族的部落传统、社会组织、风俗习惯，包括盎格鲁-撒克逊人接受基督教信仰和拉丁文化以前和以后的变化。这个时期的文学语言是古英语（旧称盎格鲁-撒克逊语），它是西日耳曼语的一个分支，与其他日耳曼语支的关系很密切。因此，古英语时期的英国文学是日耳曼文学大家庭的一个成员，与早期斯堪的纳维亚文学和早期德国文学都有许多相似之处。总的说来，古英语时期英国文学是"英雄时代"（Heroic Age）的文学，它主要反映罗马帝国后期日耳曼民族大迁徙时期的部落生活与英雄事迹，与荷马史诗中所反映的原始公社向奴隶制度过渡时期的"英雄时代"的文学也颇为相像，但主要区别在于古英语时期的英国文学显示出基督教和拉丁文化的影响，和古希腊文学的异教色彩很不相同。

中古英语时期英国文学使用的文学语言是中古英语（包括各种方言）。这个语言是古英语本身发展演变的结果，也是吸收了大量的法语和斯堪的纳维亚语词汇后在英语熔炉中提炼、铸造出来的新语言，用来表达新时期的社会生活和不同阶层人们的思想感情。这个新时期就是日耳曼民族和其他民族在欧洲大陆和附近岛屿定居后，经过几个世纪的安居乐业，逐渐建立起以封建制度为基础的统一的、中央集权的民族国家的新历史时期。在这个历史时期内，欧洲最强大和最先进的国家是法国。法国是日耳曼部族法兰克人征服了住在高卢的凯尔特人以后建立起的国家。在查理大帝的英明统治下，法国成为欧洲最早的统一的、中央集权的民族国家，在军事、经济和文化上都居于欧洲的领先地位，在文学方面更是如此。欧洲其他民族国家的文学都是模仿法国文学作品的产物。中古英语时期的英国文学也不例外。

第二章

古英语诗歌（上）

（一）古英语诗歌的内容

古英语时期英国文学的诗歌作品留传下来的为数不多。它们被保存在抄写于10世纪末或11世纪初的四部手稿汇集里:(1)《科顿·维泰利斯A XV手稿》(Cotton Vitellius A XV)，包括史诗《贝奥武甫》(*Beowulf*)和圣经故事诗《犹滴传》(*Judith*)的片断，存放在大英博物馆科顿图书馆内;(2)《埃克塞特书卷》(Exeter Book)，包括半异教、半基督教诗歌《远行客》(*Widsith*)、《航海者》(*The Seafarer*)、《漂泊者》(*The Wanderer*)、《行吟者的悲叹》(*Deor's Lament*)、《废墟》(*The Ruin*)，以及基督教诗篇《基督》(*Christ*)、《顾斯拉克》(*Guthlac*)、《凤凰》(*The Phoenix*)、《朱莉安娜》(*Juliana*)，另外还有一些"谜语诗"("riddles")，这个手稿书卷保存在埃克塞特大教堂内;(3)《韦尔切利书卷》(Vercelli Book)，包括基督教诗歌(主要是圣徒列传)《安德烈亚斯》(*Andreas*)、《使徒们的命运》(*The Fates of the Apostles*)、《海伦娜》(*Elene*)，以及《关于十字架的梦》(*The Dream of the Rood*)等，这个手稿书卷保存在意大利北部韦尔切利城的图书馆内；(4)《朱尼厄斯手稿》(Junius MS)，包括圣经诗篇《创世记》(*Genesis*)、《出埃及记》(*Exodus*)、《但以理书》(*Daniel*)，以及三首合称《基督与撒旦》(*Christ and Satan*)的宗教诗篇，这个手稿保存在牛津大学博德利图书馆内。

我们说古英语文学是日耳曼民族大迁徙的产物，因为它包括的内容有一大部分来自英国人的祖先盎格鲁-撒克逊人来到不列颠岛以前、仍居住在欧洲大陆北部时口头流传的有关日耳曼各部族的历史故事和民间传说。这些历史故事和民间传说是日耳曼民族的共同财富，它们深入人心，在人们记忆中扎下了根，因此被盎格鲁-撒克逊人带到不列颠岛上，在那里经过古英语诗人的充分利用和艺术加工，变成激动人心、感人肺腑的史诗和抒情诗篇。例如，史诗(或称英雄叙事诗)《贝奥武甫》以及个人抒情短诗《行吟者的悲叹》《漂泊者》《航海者》《远行客》和《废墟》都属于这一类的作品。这一类的作品最初都创作于基督教输入不列颠岛以前。基督教传入后，它们经过基督教诗人的传抄和改动，或多或少地带上了基督教的色彩，流露出一些宗教思想和感情。批评家把这个特点叫作“古英语诗歌的基督教成分”(Christian element in Old English poetry)。和上面这一类诗歌相联系，但时代上却远远迟于上述作品的诗篇是两首战歌，叙述盎格鲁-撒克逊人抗击丹麦侵略者的英勇事迹。它们是《布鲁南堡之役》(*The Battle of Brunanburh*)和《马尔登之役》(*The Battle of Maldon*)。这是两首英雄叙事诗，洋溢着日耳曼部落战争的英勇精神。

古英语时期文化史上最重要的事件是基督教传播到不列颠岛上。这主要归功于爱尔兰的僧侣和罗马教士奥古斯丁(Augustine，公元604年逝世)，以及他手下的40名传教士的努力。爱尔兰僧侣在不列颠岛北部、罗马教士在岛的南部进行传教活动，建立修道院，接受新教徒，影响了日耳曼民族的精神生活，提高了社会各阶层人民的文化素质。公元6世纪和7世纪可以说是英国人民的启蒙时期。基督教传教士是他们的启蒙老师，修道院就是他们接受教育的学校。修道院的僧侣（修道士）除教育人民读书识字外，还从事抄写、记录、著述、创作等活动，因此教会建立的修道院既是文化教育基地，也是文学创作中心。基督教对英国文学的形成和发展起了决定性的作用。最早的英国文学作品就是修道院中的僧侣创作的。他们除了抄写和改动日耳曼民族异教的民间文学、赋予它基督教成分外，还创作了大量基督教题材的诗歌作品。这些作品，尽管采用了日耳曼民族文学的诗歌形式——押头韵的长诗行（alliterative long line），尽管也反映出部落社会的组织形态、风俗习惯、人际关系和思想感情，另一方面却受到西方古典文学（古代希腊和罗马文学）的深刻影响，尤其是荷马和维吉尔史诗传统的影响。这种影响主要表现在文字的优美、润饰和精致上，也表现在社会风俗的较高程度的文雅和礼貌方面。古英语时期英国文学做出了一个极为重要的贡献，就是使古代希腊罗马的文学传统与日耳曼民族文学传统二者紧密地结合起来。当然，这个古代希腊罗马的文学传统经过早期基督教作家的改造，已和希伯来宗教文学传统结合在一起，成为一个共同的西方文学传统。古英语时期的作家继承了这个传统，并且进一步使这个传统和日耳曼民族文学传统相结合，这样就发展了西方文学传统，使它变得更加丰富多彩。

古英语诗歌的绝大部分取材于希伯来、希腊和基督教文化传统。圣经故事、希腊罗马神话以及基督教圣徒和殉教烈士可歌可泣的英勇事迹等，为古英语诗人（也就是盎格鲁-撒克逊民族皈依基督教后在修道院中潜心创作的诗人）提供了大量的投合他们志趣的素材：英雄的受难、离乡背井的远航、对上帝和君主的忠诚、为正义事业的战斗和献身，以及对尘世间荣华富贵如过眼烟云的认识，等等。总的来说，古英语的宗教诗歌作品在创造性和诗歌语言的优美方面略逊于那些传统的民间文学诗歌作品，但是它们却洋溢着基督教的宗教热情，同时也包含了许多反映古老的日耳曼部落社会风俗习惯的段落，也像早期史诗作品那样具有生动和有力的叙述和描写。

（二）古英语宗教诗歌作品

最早的古英语基督教诗歌通常被称为“凯德蒙的诗篇”（Caedmonian poems），这些诗篇主要是《圣经·旧约全书》中《创世记》《出埃及记》和《但以理书》三卷的诗体意译。根据古英语时期教会历史学家比德（Bede，672 / 3—735）的记载，这些诗篇是由一位名叫凯德蒙（Caedmon，670年在世）的不识字的牧人创作的。凯德蒙在圣希尔达（Saint Hilda）主持的修道院服役，饲养牲口。他年事已长，从来不会吟诗说唱。每当节日饮宴时，在座的人轮流拿起竖琴说唱一段故事。凯德蒙看见将要轮到他表演时，往往借故逃席，回到马厩中蒙头大睡。有一晚，他在睡梦中忽见一人立在他的床头，向他说道:“凯德蒙，给我唱一首歌。”凯德蒙回答说正因为他不会唱歌他才逃席。那人说道:“不要紧，你随便唱一段都行。”凯德蒙问道:“我该唱什么呢？”那人说:“给我唱上帝创造世界的故事。”凯德蒙立即歌唱起《创世记》的内容，赞美上帝创造万物和人类。凯德蒙第二天醒来后仍清楚记得他创作的赞美诗，于是他被带到修道院主持圣希尔达面前。经过反复的考验，凯德蒙都能把别人讲给他的圣经故事口头意译为诗体作品。于是凯德蒙成为一个典型的例子：虔诚信仰上帝的人，尽管没有受过教育，也会受到上帝的特殊恩惠，得到神的启示和灵感，成为会创作的诗人。凯德蒙赞美上帝创造世界的《赞美诗》（*Hymn*）是古英语诗歌作品中留传下来最早的作品（约公元670年）。[1]这是一首用古英语押头韵长诗行的诗体写下来的短诗。现把它直译如下：

现在我们必须赞美天国的管理人，
赞美主的力量和他的智慧，
赞美光荣天父的作品，因为永生的主
建造起每一项奇迹的开端。
神圣的创造者，他先为大地的孩儿们
创造了天空，作为屋顶。
其次，人类的保护人，永生的主，
万能的主，为人们
筑起了中间的围场——地球。

1655年，德国学者弗朗索瓦·杜庸（François du Jon，1589—1677，又名弗朗西斯库斯·朱尼厄斯，Franciscus Junius）在阿姆斯特丹出版了凯德蒙诗集。这个集子除上面引的赞美诗外，还包括《创世记》《出埃及记》和《但以理书》三个诗篇。附在这个集子里的还有另一诗篇《基督与撒旦》（包括三个片断）。杜庸编这个集子的根据是一份唯一的手稿（现存牛津大学博德利图书馆，编号为朱尼厄斯十一［Junius 11，约1000年］）。杜庸以为手稿中这些诗篇都是凯德蒙或凯德蒙与别人合写的作品。但现代学者认为唯一可以确定出自凯德蒙的手笔的作品只有那首赞美诗而已。《创世记》（*Genesis*，希腊文意为"起源、创造"）主要是《圣经》第一卷《创世记》前半部的诗体意译，叙述上帝创造世界的过程。这部作品以赞美诗开始，接着叙述撒旦和他手下的反叛天使们被驱逐出天国，颇似弥尔顿的《失乐园》。下面是上帝创造世界的一段描述：

在这里永恒的天父，众生的护神，

---

1. 凯德蒙的《赞美诗》保存在比德《英格兰人教会史》一书中（第四卷，第24章）。

天国和尘世的主宰，首先搭起天幕，
万能的主用他无比的力气把这片
广阔的土地固定下来；青草尚未绿原野，
覆盖遥阔的大洋把苍白的道路隐藏在暗淡之中。
天国守护人的光辉灿烂的圣灵
随后被迅速送过海洋。生命的赐予者，天使的君主，
命令白昼出现在宽广的地面上。
崇高君王的命令立即被服从了，
于是白昼的神圣光线照耀在茫茫大地之上。
那位胜利的万能主人，他便把
阴影和光照分开，使光明脱离黑暗。
按照上帝的叫法，光亮最初就被称作白昼。

这首较长的叙事诗（约3,000行）在描述洪水泛滥和汹涌澎湃的海洋时，以及在描绘亚伯拉罕的武功时，表现出闪闪发光的诗歌语言、深刻的洞察力和丰富的想象。在这首长诗的第235行，诗人又重复叙述天使叛变的故事，但叙述的风格却与上面的叙述风格不同。因此，1875年，德国学者爱德华·西弗斯（Eduard Sievers）提出一个假设：（1）本诗第235—851行是一个插入成分；（2）这个插入成分是从《圣经·旧约全书》的古撒克逊语（Old Saxon）诗体意译译文再翻译成古英语诗体的。1894年，在梵蒂冈图书馆发现了一个手稿，其中包括这个古撒克逊译作的片断（公元9世纪），这就证实了西弗斯的假设是正确的。因此古英语长诗《创世记》实际上包括两部分：长诗本身（称作《创世记A》，*Genesis A*）和插入成分（称作《创世记B》，*Genesis B*）。《创世记B》的风格更为泼辣、大胆。诗人笔下的撒旦不屈不挠、敢于和上帝对抗到底的英勇形象使我们想到弥尔顿的《失乐园》中的撒旦形象。

《出埃及记》（*Exodus*）主要叙述以色列人从埃及逃亡出来的经过。

他们的领袖摩西（Moses）被描绘得像是一个深受人民爱戴的日耳曼民族部落酋长。追赶他们的埃及人在红海中遭到没顶之灾，全军覆没，颇有史诗叙述的风味。

下面引一节关于战场的描写：

随后他们看到，
法老的战斗行列徐徐逼近，
如林的长矛；——双方的队伍闪闪发光！
那里军旗飘扬，那里人们踏着进行曲前进。
战斗浪涛奔腾向前，长矛枪林阔步挺进，
宽阔的盾牌忽隐忽现地闪烁；军号吹得嘹亮……
盘旋在战场上空的恶鸟，贪婪战斗，
呼号不已；羽毛上沾满露珠的渡鸦
俯视着阵亡者的尸体，不住地嘶哑吠叫——
那个黝黑的挑选者正看中其中的一具！
饿狼在夜晚大声歌唱令人毛发直立的歌曲，
渴望享受尸体上的腐肉。

《但以理书》（*Daniel*）是《圣经》头几章内容的诗体意译。这个作品写得比较平淡，说教色彩较浓。同一手稿中还有《基督与撒旦》（*Christ and Satan*）一诗，也是无名氏的作品，但出自另一人的手笔。这首诗包括三个部分：第一部分叙述撒旦哀叹他被逐出天国、打入地狱的悲惨命运；第二部分叙述基督入地狱，救出正直人士（亚伯拉罕、大卫、摩西等）的灵魂；第三部分叙述基督在修行中所受到的各种诱惑。这个作品根据圣经故事和民间传说加以演绎，增加了抒情和戏剧成分，提高了艺术性。它对古英语诗歌传统来说，具有典型意义，因为它把抒情、戏剧和史诗三种不同的写作方式结合在一起，达到艺术上生动、有力和感人的效果。

来自《旧约圣经》中《犹滴传》(*Judith*,次经中的一卷)有关古犹太寡妇犹滴杀死亚述大将荷罗孚尼(Holofernes)而救全城的英勇事迹是古英语残存片断《犹滴传》的内容。这个片断保存在《科顿·维泰利斯 A XV手稿》(即《贝奥武甫》手稿)中,共约350行。荷罗孚尼被描绘得类似野蛮、残忍的北欧海盗,在饮宴厅中喝得酩酊大醉。女英雄犹滴用荷罗孚尼的宝剑割下了他的头,把这颗人头抛在犹太战士们面前,鼓励他们与亚述人战斗,争取胜利。这是古英语诗篇中最富戏剧性的一个场面。

另一组基督教诗歌作品归属于一位诺森布里亚的有造诣的传教士,名叫基涅武甫(Cynewulf,约750—约825)。在他名下有四个诗篇:《海伦娜》(*Elene*)、《使徒们的命运》(*The Fates of the Apostles*)(这两个诗篇保存在《韦尔切利书卷》里)、《基督》(*Christ*)、《朱莉安娜》(*Juliana*)(这两个诗篇保存在《埃克塞特书卷》里)。以上四个诗篇的结尾部分都有一个签名,是用古代北欧字母(runes)拼写成的,相当于英文字母Cynewulf。《海伦娜》叙述圣海伦娜寻求耶稣受难被钉死在上面的那架十字架的故事。罗马皇帝君士坦丁梦见十字架后打了胜仗,因而信奉基督教。他派他母亲海伦娜去耶路撒冷寻找耶稣死在上面的那架十字架究竟埋在何处。海伦娜找到了三个十字架,其中有一个是真的,因为它能使一个死人复活。君士坦丁命令在发现真正十字架的地方建造起一座教堂。随后,海伦娜又找到了那几根钉死耶稣的钉子。这些钉子被铸成君士坦丁御马口中的衔铁。海伦娜命令把每年的5月3日定为神圣十字架的节日。最后这个诗篇的作者在一段押韵诗节中谈到他自己的写作技巧,并用古代北欧字母(如尼字母)拼写了他的名字。基涅武甫的作品标志着古英语宗教诗歌进入一个新的发展阶段,即从圣经故事的意译和译述发展到教诲诗,从而大大地扩展了本族语言诗歌的题材范围。另外,海伦娜寻找真正十字架的情节使读者联想到中古英语亚瑟王传奇中郎佛尔爵士（Sir Launfal）寻找圣杯（Holy Grail）的故事。为一个崇高目标的追求和探险成为世界文学中一个具有普遍性的题材。

《基督》包括耶稣的诞生、升天和上帝的最后审判，其中既有抒情成分，又有田园气氛和史诗情调。《基督》诗篇由《基督 A》（又称《基督降临》, *Advent*）和《基督 B》（又称《耶稣升天》, *Ascension*）组成。《基督 A》的主题是"基督降临"（或降临节，即圣诞节前包括四个星期日的期间），因此本诗的基调是欢乐的期待和一种崇敬、惊奇的心情，读起来像一首赞美诗。本诗还包括两个对话：一个是马利亚和耶路撒冷居民之间的对话，另一个是马利亚和约瑟之间的对话。作为宗教诗歌，本诗的风格已达到比较成熟和显示出独创性的水平。《基督 B》内容的大意是：人类应该感谢上帝赐给人类各种天赋和才能，其中以对灵魂得救的期望为首要。耶稣升天赋予人类这一期望。基督的数次跳跃为：胚胎、诞生、钉死于十字架、下地狱、升天。人类也应经历几度跳跃，日益坚强，直到通过德行和善行达到天国。最后审判日行将来临，各人将按照自己的行为接受审判。人生像一次航海，天国像海港，这个海港是耶稣升天后为我们准备好的。在这个诗篇里，基涅武甫的题材部分取自教会的祈祷书，但大量采自教皇格列高利一世（Pope Gregory I，540—604）的布道书（homilies）。全诗结构整齐，把不同的素材编织在一起，收到和谐、完美的效果。值得称赞的是那些美丽的抒情赞美诗和那些强烈的戏剧性场面。古英语宗教诗篇《基督》反映了早期拉丁基督教的精神。

《朱莉安娜》叙述圣朱莉安娜的事迹和殉难的经过。在罗马皇帝马克西米安（Maximian，286—305 在位）的统治下，基督徒受到迫害。在尼科美底亚居住着一个不信基督教的官员，名叫赫里修斯。他爱上了年轻、美丽、信奉基督教的少女朱莉安娜。她父亲阿弗里坎奴斯把她许配给赫里修斯。她拒绝这桩婚事，除非赫里修斯皈依基督教。她父亲把她交给她的未婚夫赫里修斯。赫恳求她嫁给他，终归无效，于是把她作为邪教徒来审讯、拷打，用各种恫吓手段逼迫她脱教。朱莉安娜坚定不屈，痛斥赫和他的异教神灵偶像。赫里修斯命人把朱莉安娜用她的长发吊在树上，令人鞭打她达六个小时之久，然后把她下了大牢。赫进一步迫害朱莉安娜，令人架起火堆焚烧她，但她被天使救护。他又令人把她投入一口盛满沸腾的铅液的大锅中，她却安然无恙，而周围围观的75名异教徒却被锅中溅出的铅液烫死。最后，审判官命令把朱莉安娜的头砍下。朱莉安娜从容就义，而她的迫害者也遭到溺毙的惩罚。朱莉安娜身后的哀荣和诗人用古代北欧字母拼写的签名结束了这个诗篇。

《使徒们的命运》叙述使徒们的殉教简史。该诗虽短（仅有122行），却包含两部分：（1）12名使徒的名单和他们传教和殉难的地点或国家；（2）有关作者个人的内容和作者的签名。本诗的开端完全按照史诗的风格，符合该诗题材严肃、庄重的要求：

有些人住在罗马城，
英勇不屈受敬重，就义捐躯，
由于尼禄皇帝的凶残、奸诈而送命，
他们是彼得和保罗；他们的使徒事迹
遍及各国，远近闻名。

基涅武甫这些诗篇的共同特点是运用史诗手法和希腊、罗马古典文学的修辞手段来处理基督教题材。

与基涅武甫的诗篇紧密相联系、内容和形式也很相似的另一组诗篇都是无名氏的作品，包括《安德烈亚斯》（*Andreas*）、《关于十字架的梦》（*The Dream of the Rood*）（这两个诗篇保存在《韦尔切利书卷》里）、《顾斯拉克》（*Guthlac*；这个诗篇保存在《埃克塞特书卷》里）、《凤凰》（*The Phoenix*；这个诗篇也保存在《埃克塞特书卷》里）等。这些诗篇当中，以《安德烈亚斯》和《关于十字架的梦》最受人们称赞。《安德烈亚斯》叙述圣安德烈航海冒险救援圣马太免遭吃人生番伤害的故事。掌舵的年轻船长实际上是基督伪装的。结果马太获得自由，而吃人生番也皈依了基督教。这个诗篇惊险、生动，是一个很好的海上冒险故事。诗人对于大海的描写，在古英语诗歌作品中首屈一指。该诗的开场类似史诗《贝奥武甫》的开场。现翻译如下：

请注意！我们听说过世上有十二位英雄，
在往昔的日子里，树起光辉的丰碑，
他们是天主的重臣。他们的力气在战斗中
一点也不减弱，当战旗相互碰撞作声时，
当上帝亲自给他们分配了各自的任务，
天国崇高的皇帝委派了他们，
他们就分散开来，各奔东西。
他们的名声远扬全球，
他们是英勇的人民领袖，大胆战斗，
他们是无敌的武士，拿起盾牌
在战场上防御自己的头盔……

古英语宗教诗和史诗一样，二者都借助于古老的英雄叙事诗的惯用语句。

《关于十字架的梦》是古英语宗教诗歌中最优秀的诗篇之一，语言优美，宗教感情热烈、虔诚，脍炙人口。诗人在梦中看见一个镶着金饰和珠宝的十字架。他看着十字架，忽然看见十字架上涌出鲜血，又听见十字架说起话来，叙述耶稣殉难和复活的故事。最后，诗人说梦见十字架改变了他的生活。从此以后，在他心中永远存在着一个十字架。下面还要更详细地介绍这部作品。

《顾斯拉克》叙述麦西亚青年贵族修炼成为隐士的故事。全诗最精彩的段落描述这个圣洁的灵魂在和谐的天使歌唱声中，在北极光照耀之下，快乐地进入天国。在《埃克塞特书卷》里保存着两个叙述顾斯拉克生平的不同版本，称作《顾斯拉克A》和《顾斯拉克B》。A版本的序诗以天国的极乐开始，接着讨论如何才能达到这个极乐世界；尘世间各种生活方式都分别予以考虑，最后的结论是隐士的生活。B 版本的序诗主要叙述亚当和夏娃的故事。在两个版本中，顾斯拉克都受到恶魔的困扰，但他也得到善的势力的支持，终于在圣洁的声誉中逝世。A 版本早于 B 版本。B 版本的根据是一个用拉丁文写的顾斯拉克传。A 版本虽然也参考了一些书写下来的原始资料，但它的根据似乎主要是口头传说。

《凤凰》(又译《长生鸟》) 是一首写景讽喻诗。它描写的风景不属于英国的北部，而属于一个想象的理想国度或极乐世界。在描写风景的艺术成就方面，这一诗篇标志着古英语诗歌技巧的进步。该作品是古英语文学作品中动物寓言（beast fable）体裁最引人注目的代表。全诗共 677 行，分为 8 节：第 1 节描述东方一个地上乐园。第 2 节写这个乐园中一只传说中的鸟——凤凰——的生活，说它每过一千年都要飞往叙利亚，去恢复它的青春。第 3 节说它恢复青春的办法是用火把自己烧死。第 4 节描述从旧鸟的灰烬里诞生的那只新鸟；新鸟飞回故乡，探望老家。第 5 节叙述新鸟返回地上乐园。作者开始解释这个寓言的讽喻意义：凤凰被比作亚当后代子孙的选民，又被比作基督。本诗有两个结尾：第一个结尾（661b 行—666 行）赞美上帝；第二个结尾用古英语和拉丁语词混合的诗体描述有德行的人在来生将得到的报偿。

总起来说，古英语宗教诗歌的题材不外下列几类：圣徒传记、圣经故事和基督教的讽喻。另一方面，古英语宗教诗人虽然处理的是基督教题材，却又赋予这些基督教诗篇以日耳曼民族严肃、认真、坚韧不拔的史诗精神和流亡异地、孤独寂寞、思乡怀旧的抒情诗气氛。古英语诗歌的这一特点值得读者注意。

《关于十字架的梦》是古英语诗歌中的一篇杰作。全篇共 156 行，结构严密、完整，由三部分组成：第一部分是诗人（也就是做梦的人）的自述——开场白（1—27 行）；第二部分是十字架的自述——诗篇的中心（28—121行）；第三部分是梦境过后诗人的自述感想——尾声（122—156行）。全篇的叙述用的都是第一人称。在开场白里，诗人描述那点缀着黄金和宝石的光辉灿烂的十字架如何变成那无饰的和被耶稣基督的受难血污了的刑具，以及后来又变成基督胜利的象征。在诗篇的中心部分，诗人运用修辞手法"活现法"（prosopopoeia）使十字架变成真人与诗人对话。在十字架的自述中，我们得知它的生平遭遇的细节：从它还是生长在森林里的一棵树开始，经历了被砍伐、被从森林中拖出做成惩罚罪犯的绞刑架的磨难，后来在髑髅地小山上它又承受了耶稣躯体的重量，忍受了耶稣所忍受的极度痛苦和垂死挣扎，和他一同被取下和埋葬。和耶稣的复活相似，那个十字架终于被人发现，被人们装饰起来加以礼拜（28—94行）。接着，十字架督促诗人（也就是做梦者）推广它的祭礼，以便使更多的人把十字架当作耶稣基督的象征而加以顶礼膜拜（95—121行）。这就是这个诗篇所要宣传的中心思想和所企图达到的实际目的。接下去，在诗篇的尾声部分，诗人（做梦者）向读者说明他的这场关于十字架的梦改变了他的生活道路。从那时起他就把自己完全奉献给真正十字架崇拜的祭礼（the cult of the True Cross），希望通过这个途径为自己赢得一个天国的归宿（122—144a行）。诗篇的结尾不同于大多数宗教诗的结尾。宗教诗一般都以赞美上帝而结束，而《关于十字架的梦》却以歌颂耶稣基督为尾声（144b—156行）。耶稣基督被描绘成一名神圣的战士，以大无畏的精神和"我不入地狱谁入地狱"的气魄登上了十字架，抱着对最后胜利的坚定信心暂时忍受人世间最剧烈的苦难，在复活中获得新生，终于战胜地狱和魔鬼以及一切恶势力。值得注意的是：本诗篇的基督教宗教诗人利用了异教的日耳曼史诗传统中英雄战士（warrior-hero）的形象来处理一个基督教题材，而取得辉煌的成就，因为《关于十字架的梦》达到了思想性和艺术性完美结合的高度。本诗篇诗歌语言的极端精美、宗教感情的强烈和狂热，以及叙述的生动和感人之深，都是其他古英语宗教诗篇难以比拟的。

《关于十字架的梦》是公元7世纪末或8世纪初一位无名诗人的作品。现把全诗翻译为中文散文：

请注意！我要讲给你们听我在夜静更深人们熟睡时所梦见的最美好的一场梦。我似乎看见一棵大树高耸入云，这树却又像一个被光环围绕的最为光辉灿烂的十字架。它又像一座璀璨夺目的金色灯塔；它的底座镶着宝石，横木上也镶着五颗[2]，光辉闪耀。上帝的天使们透过天地万物都能看到它的光亮——它绝不是一个寒碜的十字架！天上的神灵、地上的凡人和这一切宇宙万物都在注视着它的光辉。

那真是一棵神奇的树，它是胜利的标志[3]，而我却是个被罪孽玷污了的罪人！我注视着那盛装华饰的十字架，金光灿灿，赏心悦目，注视着那个救世主的十字架，缀满了珠宝。可是在十字架的右侧[4]，即当年流血的地方，透过金碧辉煌的外表，却发出微弱的闪光，突然露出罪恶的人类原始罪恶的迹象。我心中充满了哀伤和悔恨，同时也抱着畏惧的心情望着那奇妙的幻景。我看见那个十字架迅速地变换它的外表和颜色，时而湿漉漉、血淋淋，涌冒出鲜血，时而又装饰华丽，金碧辉煌，珠光宝气。

随后，当我躺卧在那里，我怀着哀伤和悔恨的心情注视着我的救世主的树，看了很长的时刻，忽然我在梦中听见那个十字架向我发话了。那个世界上一切树木当中最宝贵的一棵说了这番话：

"多年前（我记忆犹新），人们从森林边上把我砍倒，切断

2. 或在横梁上，或位于横竖两木交叉处；五颗宝石象征耶稣身上所受的五处创伤。

3. 在拉丁文的赞美诗中十字架往往被称作"胜利之树"。

4. 在绘画中，十字架上耶稣身上受伤处通常是放在右侧。

了我的躯干；一群强健有力的敌人俘虏了我，把我制作成示众的工具——惩罚恶棍的绞刑架。他们把我高高地扛在肩上，到了山顶[5]，那一伙敌人把我牢牢地固定在那里！

“随后我看见全人类的主宰大无畏地匆匆登上我的身躯。我不敢拒绝，也不敢弯曲或折断，尽管我感觉到地球的疆域都吓得发抖；我有可能把所有的敌人都撂倒在地，可是我却牢牢地站在那里。

“于是那位年轻的战士[6]，上帝，万物的主宰者，脱去他的衣服，坚定而刚毅；他在众目睽睽之下高傲地登上了十字架，为了拯救全人类。当那位英雄紧紧地把我抱住的时候，我害怕得全身战栗，但是我不敢弯身，也不敢俯伏在地上；我不得不牢牢站稳。作为十字架，我把高贵的上帝，天国的主人，高高举起。我怎敢屈身向下！那些罪恶的坏人用敲入的黑钉子刺穿我的身体；那些没有愈合的伤口就是明证。我不敢伤害任何人。他们嘲弄我们两人。当我们的英雄断气时，从英雄身侧流出的鲜血湿淋淋地流在我的身上。

“眼看着我们的主直挺挺挂在那里，在极度痛苦中挣扎，我在那个山坡上也受尽了折磨。黑漆漆的天色[7]用乌云遮盖住天主的身体——那个光辉灿烂的金身。天空下黑影憧憧；万物哭泣[8]，哀悼天主的弃世。基督上了十字架。

5. 指的是髑髅地（Calvary）的头盖骨形的小山，位于古耶路撒冷附近，即耶稣被钉死于十字架之处。

6. 古英语“战士”有古希腊文 athletes 的含义，即“竞技获奖者、冠军、胜利者”。

7. 当基督被钉在十字架上断气时发生了日食；见《马太福音》27 : 45；《路加福音》23 : 44—45。

8. 请比较北欧神话中巴尔德尔（Balder）之死。巴尔德尔是天神 Odin 与 Frigg 之子，乃光明、和善、智慧之神，长得年轻、英俊。当他夭折时，整个大自然都在哭泣流泪。传说耶稣去世时只有 30 岁，长得非常好看。

“随后，许多人匆忙来到那里[9]，他们来自远方，急忙赶到天主身边。我目睹了这一切。在极度哀伤悲痛中，我温顺地屈身于人们的双手。他们把万能的天主从他的沉重、剧烈的痛苦中解救了出来。这些战士们把我留下，我身上溅满了血污，站在那里，无依无靠；我被长矛刺穿，遍体鳞伤。他们把他放在地上，天主四肢无力地躺卧着。他们站立在他身旁，注视着被那极度刑罚折磨得筋疲力尽的天主安睡在那里。当着他的刽子手[10]的面，他们替他修了一座石墓，那是用发亮的石头雕刻成的；他们把胜利的天主置放在里面。在傍晚，他们哀伤地唱了他们的挽歌，沉重地离开了他们高贵的君主；他独自安静地睡在那里。

“在人们的痛哭声消失后，我们[11]仍长时间站立在我们的岗位上悲痛地哭泣。我们的尸体变冷了——我们的躯体就是我们的体面的生命居室。人们在我们身上乱砍，把我们砍倒在地——多么悲惨的命运！他们挖了一个坑，把我们深深地埋在下面。[12]但是天主的朋友们和信徒们[13]在那里发现了我，并且用金银珠宝把我打扮起来。

“噢，亲爱的朋友，现在你可能已体会到我由于那些坏人所作所为而感受到的剧烈哀伤了吧！但是终于时刻已经来到了，地球上的人类和一切万物都要向我致敬，都要礼拜我这个

9. 许多人——可能指的是亚利马太人约瑟（Joseph of Arimathea）和尼哥底母（Nicodemus）——见《约翰福音》19∶38—39；或许还有三个马利亚和圣约翰，这些人已在那里——见《约翰福音》19∶25—27。在中世纪绘画中，上述这些人经常出现在表现把耶稣遗体从十字架上放下的仪式里。

10. 刽子手指十字架；这是叙述者的自责之词。

11. “我们”指的是耶稣基督的十字架和另外两具处死那两名强盗的十字架。

12. 因为对所发生的事感到羞愧。

13. 根据公元4世纪作家的记载，罗马皇帝君士坦丁的母亲圣海伦娜于公元326年访问耶路撒冷时发现了真正的十字架。别的记载说她装饰了十字架。

标记。上帝的儿子以往曾暂时在我身上蒙受苦难；而今我屹立在苍天之下，高耸入云，穿上光辉灿烂的服装，并且具有神力，能够医治一切崇敬我的人们的身心的创伤。[14]在以往，我曾经是被所有人最憎恨的最悲惨的刑具，直到后来我为他们开辟了一条真正的生活道路，才不是这样。看哪！光荣的主，上天的守卫者，看中了我，赐给我荣耀，胜过一切木材，正像万能的上帝把光荣献给了他的母亲，就是圣母马利亚，使她在所有人的眼中胜过一切女性。

“噢，亲爱的朋友，现在我请求你把这个梦幻景象显现给人类的子孙。把那株光荣之树的故事原原本本地讲给他们听，在那树上如何为了人类所犯下的许多罪过，以及为了在远古亚当所造成的罪恶，天主蒙受了最大的苦难。

“他遭受了死亡，可是我们的救世主却凭借他自己的巨大威力从死亡里升起，成为人类的拯救者。他升上天国。但是他——万能的上帝——在最后的审判那一天，将要率领他的天使大军返回地上来寻找人类。由于他有审判的权力，那时他将要对每个人作出裁判，根据那人在地上短暂的一生中的表现决定他是否获得奖赏。

“听到那位权力行使者将要说的话，没有任何人会不感到恐惧。天主将向许多人当面问话：谁愿意像他在那棵树上所做的那样尝一尝痛苦死亡的滋味？大家都将噤若寒蝉，绝少有人知道该怎样回答基督的问题。但是，只要一个人心里怀着一切标记中这个最好的标记，当基督降临时将无所畏惧。谁要是情愿和上帝在一起，每个人的灵魂将会通过那个十字架从地上的

14. 罗马圣普正珍大殿中保存着一幅制作于公元4世纪晚期的拼花艺术画，呈现着一个用珠宝装饰起来的富丽堂皇的十字架。这样一个十字架的形象在信徒们的心目中象征着灵魂的被拯救。

道路走向天国的荣誉。”

随后，我怀着炽热的精神和诚挚的热情，无人陪伴，独自一个向那十字架祈祷。我的灵魂渴望死亡。这种迫切等待的心情我已忍受了许多时刻。这是我一生最大的愿望，就是我能够面向这个胜利的标记，我能超过众人对这个标记致以最高的崇敬。

这是我心灵的最大愿望，我的一切希望都寄托在那个十字架上。在这个世上，现在我的有权势的朋友已寥寥无几；他们已摆脱这些尘世间的无聊排场，离开这里去追求那位荣誉的君主；现在他们已在天国和崇高的天父在一起，生活在极乐世界里。我每天都梦想着那个时刻的来临，就是我以前在世上梦见的那个我的天主的十字架将会把我从短暂的生命里接走，把我送到那极大的欢乐和天国的幸福境地，在那里上帝的人民扎根，并且永远定居在无穷的欢乐之中。但愿十字架也把我安置在那里，让我生活在天国的荣誉之中，和圣徒们共享天国的幸福。

愿天主仁慈！他以往在世间为了人类的罪恶在十字架上受苦受难。他替我们赎了罪，并且赋予我们生命和一个天国里的居处。对于那些曾经忍受过烈火考验的人们[15]，在那里天主的保佑和赐福重新唤起了希望。在那个伟大的行动中，上帝的儿子赢得了辉煌的胜利，他的力量强大无比！万能的他，宇宙唯一的统治者，来到了上帝的国土，把一队人的灵魂带到天使们的福地，来和那些居住在荣誉的巨大光辉里的圣徒们做伴，与此同时，天主，万能的上帝，回到了他的宝座上。

---

15. 这里指的是地狱的征服，即荣誉的君主耶稣基督死后下到地狱，攻破了地狱的大门，从那里拯救出那些等待他的来临的人们的灵魂，这些人包括亚当和夏娃《圣经》中的人类祖先们和先知们。

（三）古英语非宗教诗歌作品

《远行客》（*Widsith*）可能是遗留下来的最早的古英语诗篇之一，它至少包括一些最古老的内容。这些内容远溯到日耳曼民族大迁徙的时代，也就是通常称作“英雄时代”的历史人物或传说中的英雄所做出的英勇事迹。这些事迹由宫廷歌手（scop）或行吟诗人（gleeman）从欧洲大陆传播到不列颠岛。《远行客》中的叙事者就是这样一位歌手或诗人。他创作并且说唱这些英雄歌曲（lays）或史诗短歌（epics）来娱乐宫廷中的贵族听众，借以糊口谋生。他回忆起他曾访问过的那些远方国土和那些知名的君主和武士。他的行吟生活是十分艰苦的，到处漂泊流浪，不能安居乐业。《远行客》中多次提到君主对行吟诗人的赠送和奖赏，酬答他的说唱表演。诗人也高度赞扬那些慷慨解囊的恩主。在这首诗的结尾，我们读到：

就这样，为人们编写歌曲的人
到处流浪，翻山越岭到过许多地方，
到处诉说困苦，到处感恩戴德，
无论东西南北总能
遇见知音者和乐善好施者。
这样的人将在他的友人中间享有盛名，
并将在他的一生当中做出英勇事迹。
这样为他自己赢得荣誉的人将能
流芳百世，光照四方。

（135—143 行）

《远行客》共 143 行。远行客就是这首诗的作者自己。他是米尔金部族（Myrging tribe）的一个到处流浪的行吟诗人。在这首诗里，他叙述他的游历以及他所访问过或听说过的君主。他说他到过意大利，访问过阿夫温（Aelfwine，公元 6 世纪），但他却又说他也访问过哥特族的国王哀奥曼里克（Eormanric，公元 4 世纪），并且得到这位国王赠送给他的珍贵礼品——一副手镯。他把这副手镯又转送给他自己的君主。这位君主又把诗人父亲的田产赏赐给他自己继承。就这样，行吟诗人们漫游各国，颂扬君主，扩大他们的声誉，同时接受君主们的赏赐和报酬，借此维持自己的生活。《远行客》的结构包括三部分：序曲（共 9 行）、远行客的叙述（共 125 行）和尾声（共 9 行）。上面已介绍了尾声部分。这部分着重说明行吟诗人和他们的恩主之间的关系。在远行客的叙述部分，我们可读到他的有关历史、民族学和英雄故事的知识。我们还读到有关他的职业经验和他的杰出的说唱本领的描述：

当席凌（Scilling）和我放开歌喉，异口同声地
在我们伟大的君主面前奏乐演唱，
竖琴和歌声一同鸣响，
于是众多显赫的听众，
那些知音的人们，都齐声说道
他们从来没有听到过更好的歌唱。

（103—108 行）

从这一段叙述我们可以知道行吟诗人演唱时用竖琴作为乐器来伴奏。我们弄不清席凌是竖琴弹奏者的名字，或是与远行客共同演唱的另一位行吟诗人的名字，或甚至可能是远行客自弹自唱时所用的那张竖琴的名字。无论如何，远行客既是诗人，又是歌手，就是说他自编自唱自己的作品，这一事实是不容怀疑的，因为他明确地告诉我们他自己编写并且演唱了一首颂扬他的女恩主艾尔希德王后（Queen Ealhhild）的歌曲（99—102 行）。在这里我们可以理解到行吟诗人向恩主谢恩就是采取自编自唱颂扬恩主的方式。早期的诗歌是唯一的历史记录。诗人编写颂扬恩主美德和事迹的诗篇，通过口头传播和世代相传，足以使这些早期的

日耳曼民族的君主和武士们名垂不朽。

《行吟者的悲叹》(*Deor's Lament*)共 42 行，分作七个诗节。行吟诗人德奥尔(Deor)悲叹自己的不幸遭遇：他失宠于君主，在宫廷中的地位被另一位名叫赫伦达(Heorrenda)的行吟诗人所代替。本诗的七个诗节虽然讲的是不同的故事，但却有一个共同的主题：人们的不幸和精神创伤，随着时间的推移，能够被克服、被治愈。现引本诗最后一个诗节如下：

说说我自己，我想说的是
以前我曾是海登人雇佣的歌手，
他们的君主对我很器重；人们称我为德奥尔[16]。
多年来我的主子对我很仁厚，
我很幸运，直到赫伦达——
他是一位好歌手——代替了我，
享用我的主子以前租借给我的田地。
现在那一切都已成为过去；我的这种不幸也会成为过去。

(35—42 行)

上引最后一行出现于每一个诗节的末尾，称作诗歌的叠句(refrain)，在本诗中可以看作是诗人自我安慰的公式。这个叠句表明：(1)本诗节中所说的不幸遭遇现在都已被克服或已安然度过；(2)当前的不幸事件也会成为过去。因此，全诗的中心思想是：逆来顺受，来日方长。上引的诗节叙述诗人自己的不幸遭遇，而在前五个诗节中，诗人叙述的都是落在别人头上的灾难；每一节都有一位或几位受难者；最后都以上引的自我安慰的公式来结束。德奥尔叙述的这些故事都来自日耳曼民族口头流传的英雄人物生平事迹，例如，关于铁匠魏兰德(Welund the Smith)的故事：

16. 译者注：古英语 dēor“动物；鹿”；dēore“贵重的，可爱的”。

为了一个女人的缘故，魏兰德饱尝流放的滋味。
那位英雄性格坚强，他忍受住剧烈的痛苦；
和他做伴的是忧患和牵肠挂肚的思念，
和冰天雪地的恶劣气候。灾难一次又一次地落在他身上，
在这以后，尼斯哈德又使他陷入困境——
抽掉他脚上的筋，使他步履蹒跚——受折磨的人！
现在那一切都已成为过去；我的这种不幸也会成为过去。

（1—7 行）

本诗的第 6 节却和其他各节的内容有所不同：

不幸的人失去了欢乐，
他的心情阴暗，他感觉似乎
他的苦难永远不会结束；
这时他可以想到在人世间
上帝凭着他的智慧赠予或不给；
他对许多人给予荣誉、
威望和财富；却让有些人吃够了苦。

（28—34 行）

在这个诗节里，不幸的人不是张三或李四，而是全人类，他的苦难也没有明确的说明。诗人告诉我们：（1）苦难和幸运都来自上帝，只有上帝才知道什么样的命运对我们是最好的选择；（2）我们的苦难只存在于人世间，因此必然会有止境的。在这里我们可以看到基督教思想对于异教的日耳曼诗歌的影响，使后者染上了基督教的色彩。《行吟者的悲叹》可能创作于公元 9 世纪。

《漂泊者》（*The Wanderer*）也是一首叙事体哀歌，共 115 行。诗人采用第三人称叙事方式，让漂泊者（诗人称他为“地行者”，the earth-walker）讲他自己的故事。漂泊者在战争中失去了君主和战友，无依无

靠，流落他乡，寻觅一位能够收留他的新主子。他满怀希望地踏上了旅途，却在海上漂流，身心交瘁。他幻想又看见了他的战友，但醒来时却发现他们已像海鸟般消失得无影无踪。现译全诗如下：

“一个孤独的人往往能够活下去，重新获得恩宠，享受恩主的仁慈，即便他不得不长期在霜冻的海上用双臂摇橹，望着汪洋大海心里充满着忧虑，不得不踏着流放者的道路前进。他的命运完全是注定了的。”

地行者如此说道，当他回忆起种种苦难、激烈的战斗和亲人们的阵亡：

“经常在黎明以前，我不得不孤独地向我自己诉说我的痛苦：现在已经没有一个人还活着，我敢于把我心里的话向他明白吐露。我确实知道我们的优良风尚要求我们守口如瓶，紧锁我们心灵的金库，珍藏我们隐秘的思想。一个对生命厌倦的人所说的话怎能对抗命运？一个愤世嫉俗的人所说的话又何济于事？因此图得好名声的人们把他们的愁思和烦恼紧紧地锁在自己的心灵深处。

“自从多年前我把我的金友恩主埋葬在地下的阴间，我就满心愁苦地离开了家园，远离亲朋好友，我一直用铁链紧锁住我内心的思想。在严冬，我心情沉重地离开家乡，漂洋过海，渡过布满编织着花纹的海浪，惶惶然无所归宿，一心寻求一位新恩主，找到一个地方，无论远近，在那里我有可能找到一位长者，他曾听说过我的亲人，或竟然情愿收容我这个无家可归、无依无靠的可怜人。任何有亲身经历的人都知道缺少仁慈的保护人是多么日夜使人不得安心的一块心病！流浪汉的道路等待着这样的人去走，等待着他的是心房里凝冻的思想，而不是恩主赏赐的金银，也不是尘世间任何欢乐。他回忆起在他的青年时代他的金友恩主经常赐宴，他也回忆起饮宴厅中的武士同伴和恩主的财宝奖赏。这一切欢乐都已一去不复返。

“长期以来失去了仁慈恩主教导的人确实懂得那是什么滋味，当悲伤和睡眠二者共同把这个可怜的独居者捆绑在梦中，他好像又在拥抱和亲吻他的恩主，把自己的双手和头放在恩主的膝上，如同往日有时当他亲身参加赏赐时那样。可是，这位失去了恩主的人，当他从梦中惊醒，看见的是他面前的黄色海浪，看见的是水鸟游泳出没、展开双翅，还看见霜雪纷飞，和冰雹间杂在一起。

“于是他心中的创伤变得更加深重，哀痛自己失去了亲人。当亲人们在他脑海里往来浮动时，他愉快地向他们打招呼，殷勤地看着他们——那些英勇的武士。随后他们又消失了，在水面上悄然离去；这些漂浮的幻影给他带来的是空无一物，而不是熟悉的声音。他禁不住又伤心起来，禁不住一次又一次地把他疲惫的心送往连接在一起的海浪那边。

“因此我不能不认为我的心思必然抑郁、沉重，当我观察尘世间人们的一生：那些青年武士，英勇的卫士，转瞬间不得不离乡背井。这个尘世日益衰败和没落。一个还没有饱经世间风霜的人的确还不能变得聪明起来。聪明人懂得要忍耐，绝不可太冲动，不可冒冒失失地说话，也不要过于胆怯，或过度兴高采烈，更不要贪财，也不可迫切地吹嘘自己，必须三思而后行。在夸口说大话之前，一个人必须忍耐，必须确实知道自己的心思何在。

“聪明的武士必须想到那是多么令人触目惊心的景象，当世间所有的财富变成一片废墟，如同现在地球上到处可以看到的那样：断壁残垣受到风吹雨打的侵蚀，或盖上厚厚的一层冰霜，还有那些被风暴袭击、摇摇欲坠的房舍。饮宴大厅也开始动摇。勇敢的卫士们一齐阵亡，陈尸在大厅墙外，恩主被夺去世间的欢乐。战争夺走了他们的生命，死神带他们上了路；一只海鸟带着一名武士的尸体飞过深海；一只饿狼和死神共享另一名武士的残骸；还有一名武士的遗体被一位满面忧伤的男人埋葬在地下的坑里。

"就这样，人类的缔造者使我们的住处成为一片荒墟，以至于古代巨人们的建筑工程白白地被浪费掉，城堡里阒无人声。因此聪明、理智的人仔细地观察了我们这个居处和我们这样阴暗寡欢的人生，回忆起多年前无数次的激烈战斗，禁不住说道：'战马到哪里去了？年轻的武士又在哪里？赏赐财宝的恩主又在何方？饮宴大厅中的座位成了什么样子？大厅里的欢笑歌声又到哪里去了？唉！多么光亮夺目的金杯！唉！多么神采奕奕的铠甲战士！唉！多么辉煌的君主荣耀！那样美好的时光竟然一去不复返，消失在夜幕之下，好像这一切从来就没有发生过一样！那面高墙，装饰着龙蛇状的雕刻图案，居高临下地守护着昔日伙伴们的遗物。白蜡木制成的长矛——贪婪嗜杀的武器——夺走了高贵武士的生命，命运之神送他们上了西天。于是狂风暴雨捶击着一座座石墙，冬天的使者冰雪密密地降落在地面，紧紧地锁住大地。当夜幕降临，黑影幢幢，自北极送来阵阵无情的冰雹，向人类发泄一腔怒气。整个地球国土是悲惨的，天空下的世界随命运而不断变化。在人间，财富不过是过眼烟云，友谊是短暂的，男人靠不住，妇女也如此——地球上的这整个住所必定会变成空无人居。'"

于是这位明智的叙述者独自坐在一边，娓娓而谈。一个人必须实践自己的诺言；一个人绝不可过于冲动地吐露自己的心情，除非他首先确知如何解救自己的痛苦，如同英明威武的领袖所做的那样。这样的人将会赢得天国父亲的恩惠和安慰，也只有在天国，我们大家才能享受到永恒的宁静。

以上是《漂泊者》这首诗的全文。这首诗的结构有些特殊。诗人让漂泊者（诗人称他为“地行者”）用独白的方式讲他自己的经历和感想。第一段（1—7行）是漂泊者的自白，表示他经历了千辛万苦，尝够了生活的酸甜苦辣，但他对未来仍抱着信心和希望，就是他能够重新获得恩宠，享受恩主的仁慈。第二段插入诗人的说明，即以上和以下的话都是漂泊者的自白。这个自白包括第一、三、四、五、六、七、八、九各段。自白的第一部分（1—6段）叙述漂泊者自己的经历，第二部分（7—9段）发表他自己的感想。全诗的最后一段（第10段）是诗人对于漂泊者的经历和感想的评论。

全诗最令人感动的是第五段和第六段，叙述漂泊者的梦境、幻觉和醒后的空虚与哀伤。漂泊者自白的第二部分着重说明尘世间的丰功伟绩和饮宴作乐都是过眼烟云，随风消逝。人生是短暂的，一切都是空虚的。这个主题在西方文学中称为 Ubi sunt?（他们在哪里？），也就是中国文学中关于古代的英雄美人所发的感叹：“如今安在哉！”《漂泊者》包含的这个主题思想可能受拉丁文学的影响。《漂泊者》大约创作于10世纪早期。

《航海者》（*The Seafarer*）共124行，可分为两个部分：第一部分描述海上生活的艰苦；但大海的神秘召唤和诱惑却是无法抗拒的。第二部分是一个讽喻：航海者的艰苦象征着人世间的困扰，而大海的召唤意味着人类灵魂被召唤，使其力求脱离尘世生活，回到天国上帝身边。现从第一部分择译如下：

冰雹在我周围阵雨般落下；在那里我只听见
大海的咆哮，冰锁海浪声，和天鹅的歌唱；

塘鹅的叫声供我消遣；三趾鸥的啭鸣
代替了人类的笑声；海鸥的叫声就是日常喝的蜂蜜酒。
当风暴猛击那悬崖峭壁，被冰冻住羽毛的燕鸥
向风暴发出回声；海鹰不时地发出预示灾祸的尖鸣，
翼尖被海浪打湿的老雕……
夜晚的黑影愈来愈深，冰雪来自北方；
严霜用锁链封锁住世界；冰雹降落地面；
那是最最冷的谷粒。可是现在我心潮起伏，
渴望试试大海的激流，到那惊涛骇浪嬉耍的地方去。
我心中的强烈欲望总在鼓动我的心灵外出漫游，
到遥远的异国乡土去寻找那游子的家园。

地球上的居民当中无一人，具有崇高的思想，
而无时无刻不心怀渴望，就是航海的强烈欲望，
去迎接天主上帝将要赠予的命运，无论是荣誉或是死亡。
这样的人不想听竖琴的音乐，也不想接受珍宝财富，
他不留恋娇妻，也不沉溺于尘世间的享乐，
他对任何事物都不感兴趣，除非是倾听巨浪的翻滚；时时刻刻
都有一种渴望，一种蠢蠢欲动的向往催促他奔向大海。

树林里开满了花朵，小村庄多么美丽，
宽阔的草地绿得可爱，大地重新恢复了生机，
这一切都在鼓动那漫游人的心灵，使他迫不及待地走上旅途，
因此他沉思如何在海潮的道程上远走高飞。
另外，布谷鸟用悲哀的声调发出警告，
它是夏季的预报员，向心灵预报愁苦忧伤。

我的心神时而不安地在心灵的窄室里辗转反侧，
时而漫游于海潮之上，漫游于鲸鱼的家乡，

直到地球的末端——然后再回到我的身边。

迫切又渴望，

那孤独的漫游者尖叫不已，无法抗拒地驱赶我的灵魂前进，

穿过鲸鱼之路，越过大海的一片汪洋地带。

《航海者》一方面反映英国人的祖先盎格鲁-撒克逊民族对大海的矛盾心情：热爱和惧怕同时存在。另一方面，这个诗篇又受到基督教思想的影响，反映出这样一种生活态度，即认为陆地上居民的平静、安稳生活与天国的极乐是水火不相容的。因此，诗中的说话人，类似苦行僧，选择了航海者的艰苦、冒险生活。大海的召唤不是召唤人们去海上体验浪漫情调，而是召唤人们习惯于吃苦耐劳、忍饥挨饿、贫困艰辛。只有在世上受苦受难，死后才能赢得灵魂的得救。因此，航海象征着基督徒生活的严峻考验。另一方面，《航海者》的作者的确把大海写得又美又可怕。他的诗艺极高，这个诗篇具有超凡的诗歌魅力和美感。

《废墟》（*The Ruin*）描述撒克逊民族对不列颠岛上罗马人所建筑的城市或堡垒的破坏所造成的一片废墟，哀叹今日的荒芜和昔日富丽堂皇之间的对照。这个主题在西方文学中称为“城邦的覆没”（de excidio urbis）。这个主题也在另一首古英语诗篇中得到表现，即《漂泊者》第73—105行。《废墟》被看成是非宗教诗歌，因为在诗中造成城邦覆没、造成废墟的力量，不是上帝，而是命运（古英语 wyrd）。在《废墟》中，“命运”这一概念是和古代希腊罗马文学中“命运”的概念相通的。很可能古英语诗篇《废墟》的作者在处理“城邦覆没”的主题时曾将古代希腊罗马文学中同一主题的作品作为蓝本，以资借鉴。

“谜语诗”（“riddles”）共95首，存放在《埃克塞特书卷》中。这些谜语诗长短参差：最短的仅有一行（第69首），最长的超过100行（第40首）。这些谜语诗不是民间口头文学作品，而是由修道院中的教士根据拉丁文的蓝本翻译、模仿或创作出来的。公元7世纪和8世

纪，英国修道院的教士们有用诗体编写谜语的风尚。例如，奥尔德海姆（Aldhelm，640？—709）主教就曾用拉丁文编写过许多谜语诗，用来教导他的教民，提高他们的文化知识。奥尔德海姆的拉丁文谜语诗用的是古典拉丁诗的六韵步诗行（hexameter），可是他同时也运用了古英语诗歌中的一些修辞手法，例如押头韵（alliteration）、转喻（metonymy）、隐喻（metaphor）、折绕语（periphrasis）等，与拉丁诗体相结合。这个文体特点也体现在古英语谜语诗中。例如，古英语谜语诗第 35 首即译自奥尔德海姆的第 33 首谜语诗《洛里卡》（"Lorica"）；第 40 首译自他的第 100 首《上帝所造的生物》（"Creatura"）。但是古英语谜语诗的抒情色彩浓于它的教导作用，因此诗意很强、很美。例如，那首谜底是"天鹅"的诗：

我的长袍不出声音，当我踏上地面，
或当我在湖岸下面休息，或当我搅动湖水浅滩；
但当这对发亮的双翼，当这深厚的空气，
把我举在高空沿着弯曲的河岸飞翔，
飞在人们聚居的地方，当天空的力量
把我带到远方人群聚集的土地之上，
在那时我的衣裳就会开始歌唱，发出
嘹亮、悦耳的声音，伴随着疾飞的呼呼声。
像一个漫游的精灵，我不知疲倦地漂浮在水面和地面上。

许多古英语谜语诗都用第一人称叙事方式，说话人就是谜底。如果谜底是物，不是人，那么说话人就是拟人化的物，例如，射箭的弓、饮酒的角制杯等。在谜底为"蛀书虫"的那首诗里，说话人不是谜底所指的虫子，而是受害者。他在叙述故事时表现出一种冷面幽默：

有一个吃字的蠹虫。在我看来，
这是一桩怪事：当我发现

这个小爬虫吞吃了一个人的话语，

一个小贼在黑暗中[偷食]高尚的谈论

和它的坚强的支撑物[指羊皮纸]。这位小偷客人

却没有因吞食这些字而变得更聪明一些。

第三章

古英语诗歌（下）

（一）古英语史诗《贝奥武甫》（*Beowulf*）

《贝奥武甫》的唯一手抄本是用公元 10 世纪古英语西撒克逊方言书写的。这个手抄本现在保存于伦敦大英博物馆中。这部作品是无名氏的产物。作者可能是公元 8 世纪英国北部或中部一位基督教诗人。他把英雄传说、神话故事和历史事件三者结合起来，仿效古代罗马民族史诗《埃涅阿斯纪》（*Aeneid*），加上带着基督教观点的议论，写下了长达 3,182 行的诗作。他写这诗的历史根据是什么？早期法国历史学家图尔城主教格列高利（Gregory of Tours，约 538—594）在他写的法兰克人的历史中曾记载瑞典南部耶阿特人（Geats）在他们的国王科其拉克斯（Cochilaicus）率领下，于公元 520 年曾渡海袭击并掠夺弗里西亚人（Frisians）居住的海岸。法兰克人（Franks）的国王狄奥多里克（Theodoric）派他的儿子带领法兰克军队前往支援弗里西亚人。不幸科其拉克斯在战斗中阵亡，但是陪同他出征的他的侄儿贝奥武甫英勇杀敌，替他报了仇。在《贝奥武甫》史诗里，仅有一处提到这场战役。那是在贝奥武甫的暮年回忆中提起的（2910—2920 行）。虽然史诗没有着重叙述这场战役，但这一历史事件却能说明《贝奥武甫》取材于斯堪的纳维亚的历史和人物。另外，这部史诗的神话成分也来自斯堪的纳维亚的民间传说（关于熊或“蜜蜂·狼”[Bēo ‘bee’ +wulf ‘wolf’] 的故事）。这样一来，斯堪的纳维亚的历史事件和民间传说结合起来成为中世纪欧洲口头文学传统。这个口头文学传统于公元 6 世纪中叶被晚一批入侵不列颠岛的盎格鲁人带到岛上。随后，这个异教的口头文学传统又和基督教结合起来，最终被一位不知姓名的教会诗人用文字固定下来。这就是《贝奥武甫》史诗的创作过程。

《贝奥武甫》史诗的情节如下：

丹麦国王赫洛斯伽（Hrothgar）建造了一座大厅，取名“鹿厅”（Heorot）。在那里他和手下武士们商量国家大事，举行宴会，论功行赏，说唱作乐。他们的欢笑激怒了一个性情乖戾、喜欢幽静和孤独、名叫葛伦得（Grendel）的怪物。夜晚，葛伦得来到鹿厅，杀死并且劫走了 30 名武士，给赫洛斯伽带来了很大的损失和灾难。此后，葛伦得不时地袭击、破坏鹿厅，伤人害命，祸患无穷。这种情况持续了 12 年之久。居住在瑞典南部的耶阿特人的国王许基拉克（Hygelac；这个名字是拉丁名字科其拉克斯 Cochilaicus 的日耳曼语对音）有一个侄儿名叫贝奥武甫。他是一个见义勇为、救人危难、臂力超群的武士。他听到赫洛斯伽国土上发生灾难，决心过海相助，为民除害。贝奥武甫带着 14 个伙伴坐船来到丹麦。赫洛斯伽在鹿厅上欢迎他们，但是他一名叫翁非斯（Unferth；意为“好斗者”）的手下却很不友好，根据道听途说的传闻诬蔑贝奥武甫在一次游泳竞赛中输给了布雷卡（Breca）。贝奥武甫用铁的事实驳斥了翁非斯，并且谴责他怯懦，不敢与葛伦得交手。酒宴散了，国王、王后和丹麦武士们都离开了鹿厅，只留下贝奥武甫和他的伙伴睡在厅里。葛伦得冲入鹿厅，吞食了14名耶阿特武士当中的一名，随后来到贝奥武甫床前。贝奥武甫空手和葛伦得搏斗。由于他的臂力胜过30名武士合起来的力量，他竟把葛伦得的右臂从肩头扭断，事后作为战利品挂在鹿厅门上。葛伦得受了致命伤，惨叫了一声，逃往他住的阴暗的洞穴。第二天，赫洛斯伽在鹿厅大开筵宴，为贝奥武甫庆功行赏。翁非斯被贝奥武甫折服，无话可说。在宴会上，行吟诗人歌唱弗里西亚人国王芬恩（Finn）由于背信弃义引起血亲报仇而造成多人死亡的悲惨故事。当夜，葛伦得的母亲（她是一个水怪）来到鹿厅为她儿子报仇，劫走了一名丹麦武士，并且夺回葛伦得的断臂。贝奥武甫跟踪水怪，来到水边。他一人跳进妖怪居住的深水潭，找到了葛伦得和他母亲居住的洞穴，只身和水怪搏斗。由于水怪身体刀枪不入，贝奥武甫几濒于危。幸亏他发现洞穴壁上挂着一柄古刀（是古代巨人们所铸造的）。用这把古刀，贝奥武甫杀死了水怪，并且把死在洞穴角落里的葛伦得的头割了下来，作为战利品带回鹿厅。由于贝奥武甫和他的伙伴们为丹麦人除了祸害，他们受到赫洛斯伽的奖赏和称赞。由于他们为耶阿特人争得荣誉，他们回国后也受到国王许基拉克的奖赏。

随着时间的推移，许基拉克和他的儿子在和瑞典人交战中相继阵亡，贝奥武甫被推选为耶阿特人的国王。他是一位英明、仁慈的国王，统治他的国土达50年之久。当地有一条看守财宝的火龙。它发现有人盗窃了它所看守的财宝，十分愤怒，于是喷火烧毁附近的村庄，给老百姓造成极大的灾难。此时贝奥武甫已是八旬高龄的老人，体力已渐衰退，但他爱民如子，责任心极强。他不顾年老体衰，决心杀死恶龙，解救人民的危难。他带着11名武士去和恶龙战斗。恶龙从山洞里出来，嘴射烈火，11名武士中除威依拉夫（Wiglaf）一人留在贝奥武甫身边外，其余的人都逃到树林中去。贝奥武甫用利剑刺伤恶龙，但他的剑忽然折断，恶龙用毒齿咬住贝奥武甫的脖子。幸亏威依拉夫用剑猛刺恶龙的肚子，恶龙受了重伤，从它肚中喷出的火焰愈来愈弱。贝奥武甫趁机用另一把剑把恶龙斩为两截。这样老王终于成功地为人民除了灾害，并且从火龙那里获得大量财宝，分给人民。但贝奥武甫自己受了致命伤，恶龙的毒液在他的血里沸腾。他知道自己快死了，因此立威依拉夫为他的继承人，并留下遗嘱，让人们把他的尸体火化后埋在鲸鱼岬的土山上，在那里修起一个坟冢，像一座灯塔那样为航海人指明方向。贝奥武甫就这样为人民的幸福献出了自己的生命。史诗以贝奥武甫的火葬仪式告终。无名诗人对贝奥武甫作出很高评价，称他为"好国王，人民的国王，受人民爱戴的国王，国家的保卫者，对伙伴最温和、最慈祥，对人民最慷慨，对荣誉最热爱"。

史诗《贝奥武甫》反映了氏族部落社会的价值观念。对武士们来说，最高的美德是忠诚和勇敢。忠于国王，也就是忠于集体。武士凭着勇敢来达到自我完善。虽然人们相信命运，但是勇敢的人也会从命运手里得救。一个勇敢的战士，在最终被命运战胜以前，必须做出最英勇的事迹。这些事迹将使他永远活在后世人们的记忆里，这样他就获得了永生，成为永垂不朽的英雄。这些氏族部落社会的价值观念是异教的，非基督教的。另一方面，史诗《贝奥武甫》也是一部表现善恶斗争的基督教作品。葛伦得是该隐（Cain）的后代，他和他的水怪母亲代表邪恶。贝奥武甫战胜了他们，这就象征着善战胜了恶。火龙在教会的寓言里象征撒旦（Satan）。贝奥武甫战胜了火龙，这也就象征着耶稣基督战胜了撒旦。在贝奥武甫身上的确也体现了救世主的精神。从这个角度看，古英语史诗《贝奥武甫》和 17 世纪弥尔顿的宗教史诗《失乐园》似乎也有精神上的联系。

《贝奥武甫》的手稿把全诗分成 43 节（fits），外加一个开场白（prologue）。开场白简明扼要地叙述了丹麦人的早期历史。43 节又分为两部分：第一部分（1—31 节）叙述青年武士贝奥武甫降水怪葛伦得和他母亲的故事。第二部分（32—43 节）叙述年迈国王贝奥武甫斩恶龙的故事。两部分之间相隔 50 年，呈现出鲜明的对照：青年时代的英雄生活与老年时代的英雄生活；盛与衰；胜利与死亡。但这两部分构成了史诗主人公贝奥武甫的完整形象，因此二者之间具有延续性，缺一不可。史诗的结构比较整齐、简单，其主要故事情节也显得幼稚和淳朴。但是史诗的无名氏作者却是一位艺术大师，他像建筑师那样立起一座富丽堂皇的哥特式大教堂。他的建筑材料主要是英雄时代各日耳曼民族的历史和民间传说，主要是斯堪的纳维亚的历史和故事。他把一些历史事件和传说故事用预言或回顾的方式，用暗示或插曲的手法，穿插和镶嵌在主要情节里面。这样一来，贝奥武甫的事迹就成了英雄时代整个日耳曼世界的一个组成部分；贝奥武甫的降妖除怪行为就具有了推动人类社会发展的历史意义。因此史诗《贝奥武甫》的主题应是公元 5 至 6 世纪日耳曼世界的英雄生活。史诗中的主要人物和英雄们大都来自斯堪的纳维亚半岛，因为那里是日耳曼各民族的发祥地（哥特民族历史学家约尔丹内斯 [Jordanes] 把斯堪的纳维亚称作“民族工厂”[officina gentium]），英国人的遥远祖先也来自那里。因此史诗《贝奥武甫》既是英国人的民族史诗，又是日耳曼民族大家庭的共同民族史诗。这个史诗歌颂的英雄事迹发生在日耳曼民族大迁徙的时代，这个时代通常被称为“英雄时代”，日耳曼各民族的文学作品对这个时代都有所反映。这些作品反映了英雄时代日耳曼各民族的共同文化背景和共同的文学传统。史诗《贝奥武甫》的作者对这个共同文化背景和文学传统很熟悉，他充分利用了它们，同时也充分发挥了自己的独创性。这种独创性主要表现在他使想象和事实相结合的本领。史诗的主要情节是想象的产物，但是情节的背景却是斯堪的纳维亚三个王国（耶阿特人、丹麦人和瑞典人各自的国家）几代人的历史。这些真人真事把主要情节的神话故事提升到史诗的高度。《贝奥武甫》的作者在歌颂主人公贝奥武甫的同时也歌颂了以这个英雄人物为代表的异教的日耳曼宫廷文化。作者为我们描绘了一幅理想化了的日耳曼英雄时代的图画。公元 8 世纪的英国人（也就是《贝奥武甫》作者同时代的英国人）把这个时代的英雄人物看作他们自己的祖先，并以作为他们的后代而感到无比光荣。在这个意义上，英国人的民族史诗《贝奥武甫》和古代罗马人的民族史诗《埃涅阿斯纪》很有相似之处。二者都具有提高人民文化素质的教化作用；二者都推崇自己的古老文化遗产和传统，以此为骄傲，但与此同时，却又虚心接受了外来文化传统的影响：《埃涅阿斯纪》接受了异教希腊文化影响，《贝奥武甫》接受了基督教的罗马文化的影响。因此，《贝奥武甫》的作者所描绘的异教的英雄社会图画又深深地染上了基督教思想和行动的色彩。尤其是主人公贝奥武甫被描绘成极似耶稣基督的人物：品格高尚，心地善良、仁慈，英勇不屈地和代表罪恶势力的妖怪作斗争，最终为解救人民的苦难而献出了自己的生命。在这里我们还可以看到古英语宗教长诗《创世记》对史诗《贝奥武甫》的影响。这个影响不仅表现在思想感情方面，还表现在写作技巧上，也就是说采用了一种复杂、精致的叙述形式来代替行吟诗人的传统的、朴素的讲故事方式。显然，在这一点上，《贝奥武甫》和《创世记》都受了《埃涅阿斯纪》古典史诗传统的影响。

《贝奥武甫》的作者使用了古老的日耳曼诗歌语言：庄严、华丽、隐晦、迷离、多比喻、多省略、既简练又复杂、既含蓄又强烈。这种诗歌语言最显著的特点之一就是大量使用一种浓缩的比喻，叫作“比喻名称”（kenning；源自古诺斯语 kenna“符号”），通常是一个由两个名词组成的复合名词，例如“鲸鱼路”（whale's path，指大海）、“鸟儿的快乐”（bird's joy，指翅膀）等。《贝奥武甫》的作者进一步发展了这些“比喻名称”，例如“鲸鱼的田亩”（whale's acre）和“天鹅的路程”（swan's riding）——二者都指大海；“天空的蜡烛”（sky's candle）和“天上的宝石”（heaven's jewel）——二者都指太阳；“荣誉的支配者”（glory's wielder）和“胜利的赐予者”（victory's bestower）——二者皆指上帝；

"古墓的守卫者"（barrow's guardian）和"夜晚的独飞者"（night's alone-flier）——二者皆指恶龙；"战斗的闪光物"（battle-flasher）——指刀剑；以及其他的例子。《贝奥武甫》的作者喜用委婉语（euphemism）和克制的陈述手段（understatement），例如把战斗称作"刀枪游戏"（sword-play），把战胜、征服比喻作"剥夺了喝蜂蜜酒的席位"（take away mead-benches），把死亡比喻作"睡眠"（sleeping），或"离开生命的筵席"（leaving life's feast），或"躲开人们的院落"（turning away from the courts of men），或"选择上帝的光明"（choosing God's light），等。

《贝奥武甫》的作者喜用平行结构（parallelism）和对偶句型（antithesis），例如，在叙述火龙开始喷火烧毁附近村庄时，作者写道：

那是一个可怕的开始，
对那个国家的人民来说；不舒适而且迅速——
结局也将是这样，对他们的君主和财富赐予者来说。

（2309—2311 行）

正像"开始"对人民那样，"结局"也将会对他们的君主一样——这样的平行结构和对偶句型在《贝奥武甫》诗中是颇为典型的。另外，《贝奥武甫》的句法多变化：作者喜用持续句（长句），句中多插入成分（密集的同位语），例如，

"向您，我现在要
提出一个请求，高贵的许尔丁陛下，
南方丹麦人的保护者，提出一个唯一的请求，
请您不要拒绝它，您的臣民的尊贵的君主，
既然我不远千里而来，您那武士们的堡垒：
请您允许我个人和我那些忠诚、坚定的
伙伴们来清洗您的鹿厅。"

（426—432 行）

句法的变化主要表现在持续句和精练句的间隔运用。一个丰满的长句往往以一个压缩的短句来结束。这个压缩句往往只占半行诗行，例如，“他是一位好国王”（He was a good king）；“他选择了他死亡时睡的床”（he chose his deathbed）；“旅行结束了”（the journey was over），等。下面一个例子说的是那条恶龙：

他把烈火和火焰倾泻在人民头上，
他用火炬烧他们；他现在信赖的是古墓的外墙
和他自己的战斗能力；他的信赖使他误入歧途。

（2321—2323 行）

“他的信赖使他误入歧途”（his faith misled him）就是一个短句，用来陪衬上面的长句，并给前面的叙述以总结性的评论（往往带着嘲讽口吻）。

上面已经提到，《贝奥武甫》的作者运用插曲（episodes）和离题的话（digressions）把神话故事提升到史诗的高度，这就大大地加深和加宽了作品的内容。作者运用两种不同的写作手法：一种是充分、详尽的史诗叙述手法，用来开展贝奥武甫降妖除怪的主要情节。另一种是简练、省略的引喻暗示手法，用来呈现这些插曲和离题的话。这两种手法之间有一种鲜明的对照。再让我们观察一下这些插曲和离题的话的内容。它们有一个共同的主题：血亲报仇。首先让我们看一下丹麦人和哈索-巴德人（Heatho-Bards）之间的关系。哈索-巴德人也是日耳曼人的一个部族，他们居住在波罗的海南岸，他们的国王名叫弗罗达（Froda）。后来他被丹麦人杀死，由他的儿子茵葛德（Ingeld）继位。因此，丹麦人和哈索-巴德人之间有世仇。丹麦国王赫洛斯伽把女儿弗雷亚瓦鲁（Freawaru）嫁给茵葛德，企图通过联姻来消释两个部族之间的世代血仇，但是最终也未能达到这个目的。《贝奥武甫》第 35—36 行预言到赫洛斯伽的计划将会落空：“大厅（指鹿厅）高大、雄伟，屋顶广阔；它将遭受复仇烈火的熊熊火焰；现在还未到那个时刻，即在仇杀的愤怒平息之后女婿和岳父之间的战火尚未点燃。”这个预言说的是赫洛斯伽的联姻计划未能成功。后来茵葛德发兵攻打赫洛斯伽，烧毁了鹿厅。诗中还提到赫洛斯伽死后，丹麦的内乱，王朝的覆灭。赫洛苏夫（Hrothulf）是赫洛斯伽的哥哥哈尔伽（Halga）的儿子。赫洛斯伽死后，赫洛苏夫杀死了赫洛斯伽的儿子赫雷斯里克（Hrethic），篡夺了王位，后来又被赫洛斯伽另一个哥哥赫奥罗伽（Heorogar）的儿子赫奥罗瓦（Heoroweard）打败、杀死。另一个血亲报仇的插曲有关丹麦人和弗里西亚人之间的关系。《贝奥武甫》诗中（第 1068 行以下）行吟诗人歌唱这个故事。另外，古英语诗歌作品中还保存着一个残篇（只有 50 个诗行），名叫《芬恩斯堡之战》（*The Fight at Finnsburgh*）。故事梗概如下：半丹麦人（Half-Danes）国王赫纳夫（Hnaef）把妹妹希德贝（Hildeburh）嫁给弗里西亚国王芬恩（Finn）。赫纳夫和他的随从访问芬恩和希德贝于芬恩斯堡，受到芬恩的款待。在宴会上主人和客人发生争执，不欢而散。当夜赫纳夫和他的随从都在芬恩斯堡大厅中休息。芬恩背信弃义，率领部下夜袭赫纳夫。赫纳夫和部下抵抗了五天，终于战败，被杀死。对方也损失了太子（芬恩和希德贝之子）——舅舅杀死了外甥。后来，赫纳夫的部下亨基斯特（Hengest）替赫纳夫报仇，在芬恩斯堡打败并杀死芬恩。《贝奥武甫》诗中还不止一次地提到耶阿特人和瑞典人之间的一系列战争。这些战争也起因于两个王室三代人之间的血亲报仇行为。史诗中插曲和离题的话大多数出现在史诗的后半部，即贝奥武甫从丹麦回国以后的部分。这些插曲形成了耶阿特和丹麦人王朝的简史。在此简史中一个关键性的事件就是耶阿特国王许基拉克率领部下（贝奥武甫是其中的一员）渡海袭击并掠夺弗里西亚人居住的海岸，受到弗里西亚人、法兰克人和赫特瓦雷人（Hetware）的联合抵抗。结果许基拉克阵亡，许基拉克的侄儿贝奥武甫英勇杀敌，替他报了仇（第 2910—2920 行）。在史诗的末尾，一位使者向耶阿特人宣布贝奥武甫的死讯。他同时也预言到法兰克人和瑞典人将趁机侵略耶阿特人的国土。贝奥武甫之死象征着耶阿特人国家的衰亡，四周的敌人将乘虚而入。史诗以双重哀伤的调子来结束英雄时代的这一英雄故事：哀伤英雄人物之死，哀伤英雄民族之衰亡。史诗中的插曲大多数都和血亲报仇有关，因此死亡和罪恶的阴影笼罩着中心故事。主人公贝奥武甫虽然战胜了恶龙，但他却在命运（wyrd）面前束手无策。《贝奥武甫》中诗人虽然表现出基督教的观点，但他也未能使贝奥武甫的灵魂得到拯救，升入天堂。因此有些批评家把史诗《贝奥武甫》看作悲剧。更多的评论家认为《贝奥武甫》的情调和古英语抒情短诗《行吟者的悲叹》《漂泊者》《航海者》《远行客》《废墟》等的情调是一致的。英国批评家托尔金（J. R. R. Tolkien）认为《贝奥武甫》总的效果与其说像史诗，还不如说像一首长篇的抒情哀歌（a long, lyrical elegy）。在前半部，即使在贝奥武甫成功地替赫洛斯伽降妖除害后的欢乐气氛中，诗人已暗示出鹿厅将遭火焚、丹麦王室亦将逃不出覆灭的命运。在《贝奥武甫》的后半部，作者运用了大量的回顾和哀叹来制造阴沉、忧郁的气氛。主人公贝奥武甫和世人一样，逃不出命运女神的掌握。

现把《贝奥武甫》的精彩部分译成散文如下：

开场白：丹麦人的早期历史

是的，我们曾经听说过古时候持长矛的丹麦人的君主们多么光荣——那个民族的君主们如何做出了英勇事迹。

许尔德·谢芬经常使敌对方面众多部落丧失喝蜂蜜酒的席位，并且威慑他们的领袖——这是他早年被人发现无依无靠，长大成人以后所发生的事。他后来的经历补偿了早年的不幸。他扬名于天下，荣誉加身，于是居住在他四周的每一个部落都跨过鲸鱼路来向他朝拜、进贡。他是一位好国王。

随后，他又喜得贵子，上帝赐给他的家族一个小男孩，借以造福人民。上帝目睹了长期以来人民由于缺少君主所蒙受的严重灾难。因此生命的主人，天国的统治者，赐给他尘世间的光荣：贝奥——许尔德的儿子——无人不知，他的名声在北方各国广泛传播。一个年轻人应该像这样凭着自己的善行，当自己还没有完全长大成人时就应该乐善好施，为了保证今后在他的一生中亲密的伙伴总会站在自己的身边，当战争发生时总会有人为他出力效劳。通过受人赞颂的行为，一个人必然会无往而不利。

随后，在注定的时刻，勇敢的许尔德离开世间，投身于上帝的怀抱里。他的亲爱的伙伴们按照他的遗愿把他送往海滨，托付给海中水流；当他作为许尔丁人（丹麦人）的保护者用他的命令来统治他们时，他们总是按照他的指示去办事——这位受人民爱戴的君主在位时间很久。在海港停泊着一条船，船首装饰着金环，船身结着一层冰，等待启程——那真是一条君主乘坐的船！于是他们把他们敬爱的统治者，他们的财富赏赐者，安放在船舱中，把这位伟人安置在船桅之旁。远方朝贡的大量珠宝和金帛也放置船中。我没有听说过任何船只比这条船点缀得更华丽，用更好的兵器和战袍、宝刀和铠甲装饰起来。在他的胸上置放着许多珠宝，这些珠宝将伴随他远航到大海的怀抱之中。他们向他提供的贵重礼物——人民的财宝——不亚于人们早年当他幼小时最初送他漂洋过海时为他所提供的那些礼物。随后，他们还在他头上高高地竖立起一面金旗，把他交付给大海，让海水把他带走。他们心情沉重，忧虑哀伤。谁也不能准确说出，不论是议事厅中的顾问，或是战场上的武士，都不能说出什么人接受了那一船的宝物。

随后，许尔丁人的贝奥受到城市居民的爱戴，登上了王位，在各国之间长期享有盛名（他父亲已去别处，老王已离开本土），直到后来伟大的哈夫丹诞生了，成为他的嗣子。当哈夫丹在位期间，在战场上英勇顽强，老当益壮，他是光荣的许尔丁人的可靠支柱。对他，对这位军队的统帅，上天一共赐予了四个子女：赫奥罗伽和赫洛斯伽，以及善良的哈尔伽。我还听说……是奥乃拉的王后，她是那位英勇的许尔芬人（瑞典人）的宠爱的床上伴侣。

与葛伦得之战

随后，赫洛斯伽——许尔丁人的保护人——由他的武士们伴随着走出了大厅。这位战斗领袖准备和他的王后华尔塞奥同床共寝。上帝——如同人们已知的那样——已任命一位大厅守卫者来对付葛伦得；此人对丹麦人的君主有一项特殊使命：他密切监视妖怪的来临。

并且这位耶阿特人确信自己无与伦比的力量，这是上帝的恩赐。接着他就脱去铠甲，从头上卸下头盔，把带有装饰的、最佳铁质的他的宝剑递给一位随从，吩咐他看守好他的战斗装备。于是这位好战士在他就寝之前说了一些豪言壮语，这位耶阿特人的贝奥武甫说道：“我敢断言我自己在战斗力量上和战斗成绩上绝不弱于葛伦得，因此我不会用剑送他入睡，这样来结束他的生命，尽管我完全可以这样做。虽然他是一个战斗强手，但他不会使用好武器来向我进攻，也不能把我的盾牌击成碎片。因此我们今晚将摒弃宝剑——如果他敢于赤手交战——然后，但愿大智的上帝，神圣的天主，把胜利赐给他所赞赏的一方！”

这位英勇战斗者准备就寝，枕头接纳了武士的头。在他四周卧着许多英武的水手，在大厅里休息。他们当中没有一个人存着重返家园、与家乡亲人和父老团聚的念头，因为他们知道流血的死亡已把多不胜数的丹麦人民从这个饮宴大厅里掳走。但是天主同意为他们编织战斗中的幸运，为风暴耶阿特人（Weather-Geats）提供安慰和帮助，以便使他们通过一个人的力量，单凭他的臂力，就能够战胜他们的敌人；这个真理大家都知道，就是：万能的上帝一直在支配着人类的行动。

在那个漆黑的夜晚，那个暗行者的阴影开始迅速移动。那些担负守卫鹿角大厅的武士们都已入睡，一人除外。大家都知道，如果天上的统治者不答应，那个凶恶的敌人就不可能在黑影重重的夜幕下把他们掳走。但是他——耶阿特英雄——却保持清醒、警觉，守候着凶恶敌人的来临，心中充满了愤怒，等待着这场战斗的结果。

于是从多雾的山下那一片沼泽地里，葛伦得动身前来，全身都是对上帝的怨恨。这个邪恶的劫掠者一心想从那座大厅里掳走人类当中的一员。在夜空下他迅速移动，直到他清楚地看见了那座饮宴大厅。那是人们的宝库，那里金银器皿闪闪发光。这不是他第一次拜访赫洛斯伽的府第。在他的整个活在世上的日子里，葛伦得从来也没有，今后也绝不会，遇到更坏的运气，和更勇猛的大厅守卫武士们交手。这个失去了欢乐的怪物来到了大厅前面。当他用双手轻推大厅用炉火锻造的箍带加固起来的大门时，大门马上让路。罪恶的欲望驱使着他，他心里充满了怨恨。他用力把大厅的嘴撕开，打开了大厅的门。进入大厅后，这个凶恶的敌人就愤怒地踏上了发亮的地板。从他的双目中射出一种难看的光亮，最和火焰相似。他看见大厅里有许多人。一群亲属熟睡在一起，他们是一伙战斗的伴侣。于是他心中大笑起来：那个可怖的妖怪心里想着在天亮以前他就能把大厅里每一个人的生命从各人的躯体里夺走，原因是他抱着饱餐一顿的奢望。可是他的命运并不是当那天夜晚结束时他能够吃掉更多的人。

许基拉克的亲属，那位大力士，注视着凶手将如何发动他的突然袭击。那怪物也并不打算推迟进攻，而是马上开始行动。他突然抓住一个熟睡的人，贪婪地撕碎他的肉，咬进他的骨头关节，从他的血管里吸干了他的血，大口吞吃整块的肉；不一会儿他就把那个失去了生命的人吃得一干二净，手脚无存。他走近一步，用臂膀来摸躺在床上的那位勇气百倍的人。然后人类的敌人伸出一只手朝床上摸来。贝奥武甫迅速作出强有力的反应，牢牢抓住怪物的手，用另一只胳膊支撑自己，坐了起来。于是那个罪恶的制造者马上意识到他在世上，在世界上任何一个地方，都从未遇到过任何一个人有比这更强的腕力。他胆怯起来。恐惧笼罩了他的全部心灵，但是他也无法更快地逃走。他心里渴望离开这里，他但愿逃回到他的栖身之地，回到他的魔鬼伙伴身边。但是他在大厅上却遇到了他一生从来没有遇到过的经历。于是这位善良的人——许基拉克的亲属——记起他在当晚宴会上的诺言，笔直地站立起来，紧紧握住怪物的臂膀：他的手指如此用力，以至发出爆裂声。那个庞然大物使劲挣脱，英勇的武士向前又迈了一步。那个劣迹昭彰的人打算尽他最大的努力逃脱这场灾难，从那里逃回他在沼泽地里的栖身之处，但他意识到他的臂力在对手可怕的握力控制下已毫无用武之地。那个可憎的抢劫者的鹿厅之行证明是一次痛苦的旅行。武士们的大厅响彻着不寻常的闹音——对于所有的丹麦人，对大厅中的居民，对每一个勇敢的人，对那些武士们，这是一场可怕的饮宴。两个对手都想控制大厅，他们都被激怒了，他们心中充满了怒火。整个厅堂充满着回响。他们战斗得如此激烈，那个饮宴大厅居然能够经得起这样巨大的震撼，没有倒塌下来，这个美丽的建筑物居然屹立不动，这才是一件令人费解的事！但是这个建筑物无论内部或是外面都是用铁条紧紧地加固起来，用铁匠的高超技巧牢靠地接合在一起的。我听人说，当愤怒的双方拼死搏斗的时刻，有好多张用纯金装饰起来的饮蜜酒的座位都从地板上跳了起来。在这以前，许尔丁人当中没有任何明智的人会想象到任何人用任何方式能够把这座用光亮的鹿角装饰起来的华美厅堂推倒，或用任何技巧把它毁掉，除非火焰把它从四周包围起来，或烈火把它全部吞没。那种非常奇特的声音越来越大了，震耳欲聋。一种极为可怕的恐惧袭击着北方丹麦人，袭击着每一个听见从墙角发出的哭泣声的人：那是上帝的敌人所唱的极为恐怖的哀歌，毫无欢乐的悲歌，那是地狱里的奴隶哀叹自己痛苦的声音。尘世间最强有力的人紧紧地把他抓住，不肯松手。

武士们的保护者绝不肯让那个刽子手访问者活着逃跑：他并不认为这个妖怪的生命对任何民族有任何好处。在厅堂上，贝奥武甫手下有好几位武士拔出他们的宝剑——那些都是古老的遗产传家宝——他们打算尽他们的力量助他们主子一臂之力，来保护那位英名远扬的武士，他们敬爱的主子的生命。他们却没有料到，当他们这些勇猛的战士参加战斗以后，当他们企图从四面八方向怪物砍去、消灭他的灵魂时，这个妖物却是刀枪不入；世上最好的钢铁武器，世上最锋利的战斗宝剑，都没能伤他丝毫：原因是他用符咒使每一种刀剑、每一种胜利武器都成为徒劳无益的东西。他从生命走向死亡的途径将是十分痛苦的；那个敌对的异物注定要做这样一次长途旅行，最终落入恶魔手中。于是那个曾经危害人类、作恶多端的上帝的反叛者感到他的体力已不支，因为许基拉克的那位勇气百倍的亲属死命抓住了他的手，绝不丢开。双方都要取对方的性命。那个可怕的怪物感到身上一阵剧痛，他肩上露出一大片鲜血淋淋的伤口，他肩头的筋肉裂断了，他的骨头关节粉碎了。战斗的胜利终于被贝奥武甫赢得了。葛伦得不得不从那里逃回家里去，他已受了致命创伤，不得不寻找他在沼泽地里山坡下面的阴暗洞穴。他更加明确地意识到他生命的末日已经来临，他在世的日子已全部过完。对所有的丹麦人来说，经过这场血腥战斗，他们的愿望实现了。就这样，新近从远方来的那位既英明又威武的勇士清除了鹿厅里的妖怪，拯救了赫洛斯伽的王室，使他们免受灾难。那位胜利者为他夜间的战功欢欣鼓舞。他的英勇事迹将更加使他扬名海外。耶阿特人的英雄完全实践了他对东方丹麦人许下的诺言；于是他也就解除了他们以前所遭受到的，并且由于严峻的必然性规律所不得不遭受的，一切灾祸和苦难——那绝不是微不足道的痛苦。这个事实毫无疑问地被证实了，因为那个战斗英雄把妖怪的巨手——连同胳膊和肩膀——都悬挂在倾斜的屋顶下面：葛伦得的魔爪全都挂在那里。

鹿厅中的庆祝

于是在第二天早晨，如同我听说的那样，在赏赐礼物的大厅中聚集了众多的武士。人民的领袖们从四面八方跨越漫长延伸的道路来观看这个奇迹，观察妖怪留下的脚印。看到妖怪血痕的人们当中并无一人惋惜他的死亡，惋惜他受了重伤，心情沉重地从那里拖着垂死的脚步走向水怪居住的湖泊，意识到自己必死无疑，但仍挣扎着逃脱死亡。在那里，湖水和着鲜血沸腾翻滚，汹涌澎湃的浪花卷起可怕的漩涡，和热血，和战斗的创伤混合在一起。注定死亡的怪物躲藏在湖底，被剥夺了一切欢乐，在他的沼泽避难所里放弃了生命，放弃了他的不信教的灵魂，这就做了地狱的俘虏。

从那里，年老的侍从们，还有众多的年轻人，从湖边愉快地骑马回归，这些武士们在马背上趾高气扬。他们盛赞贝奥武甫的美名；很多人都说——而且不止一次地说道——在整个地球上，在大海之间，无论南北东西，在天空之下，就持盾牌的人来说，没有一个更好的人，更有资格统治别人的人。但是他们却并不指责他们自己的敬爱的君主，仁慈的赫洛斯伽，因为他是一位好国王。有时一队久负盛名的战斗英雄加鞭使他们的棕色战马疾驰，让他们的良骥沿着美丽的跑道（这里的道路出名的好）快跑。有时国王手下的一名领主——他擅长叙述冒险故事，记忆里储存着许多歌词，能够复述往日发生的许多故事——他就当场用适当的字眼编造出一个新故事。这位歌手运用他的技巧，依次背诵贝奥武甫的功绩，熟练地讲述一个动听的故事，赋给它以巧妙的言辞。

他讲述他所听到过的一切有关西格蒙德[1]的英勇事迹，许多奇闻，瓦尔斯[2]之子的战斗，他的远方旅行，以及有关血亲报仇和其他罪行的故事。这一切都是后人闻所未闻的——除了

1. 西格蒙德（Sigemund）是日耳曼民族传说中的英雄，以斩妖龙闻名于世。
2. 瓦尔斯（Waels）是西格蒙德的父亲。

费特拉[3]一人，此人一直和他在一起。叔父会把一切事情都告诉侄子的，因为他们二人在每一场战斗中总是相互支援的。许多巨人部族都在他们二人的刀剑下丧了命。在他死后，西格蒙德享受到很大的荣誉——尤其是在他英勇地杀死了恶龙之后。那恶龙是一座宝藏的守护者：在灰白的岩石下面这位王子单独作战。那是一场你死我活的战斗，而费特拉却没有和他在一起。可是战斗的结果是对他有利的。他的宝剑刺穿了恶龙的闪闪发光的身体，这把利剑把恶龙牢牢地钉死在墙上：恶龙受到这个致命的打击而身亡。凭借他个人的勇气，这位伟大的战士使他能够随心所欲地享受这座金银和武器宝藏。瓦尔斯的后代把宝藏装满一条海船，把璀璨夺目的宝物放入船舱内。沸腾的恶龙化为乌有。

西格蒙德是一位远近驰名的冒险家，他做出了英勇的事迹——这位武士们的保护人在此之前就已经功成名就——那是在赫雷默德[4]的战祸结束之后，也就是在这位君主失去了他的力量和勇气之后。在耶阿特人当中，赫雷默德落入他的敌人之手，被人出卖，不久就被处死。长期以来，接二连三的厄运压迫着他：他成为他的人民的一大负担，成为所有他的臣民的负担。早年许多明智的人都曾哀叹这位勇士的远征——这些人曾经指望他解救人们的苦难——曾经指望那位君主繁荣昌盛，继承他父亲的事业，保护人民的生命财产，保卫国家的宝库和城堡，保卫英雄们的国土，保卫许尔丁人的家园。许基拉克的亲属赢得了丹麦人的爱戴，也赢得了所有人们的爱戴：而罪恶却

3. 费特拉（Fitela）是西格蒙德的侄子。

4. 赫雷默德（Heremod）是南部丹麦人的早期统治者，他是坏国王的典型；他不奖赏自己的战友，反而把他们处死。后来他众叛亲离，逃亡到耶阿特人的国家里，被耶阿特人杀死。

占领了赫雷默德的心灵。

有时人们赛马，在铺着细沙的道路上飞跑。这时天已大亮，人们向前赶路。许多勇敢的武士都来大厅观看这一奇迹。国王也亲自从后宫出来观看奇迹。他是国家财富的保卫者，远近驰名的好国王。他也带来众多的随从。他的王后和他一同穿过小径来到饮蜜酒的大厅前，后面跟随着一群妇女。

赫洛斯伽说道——他已来到大厅，站在石阶上，看着闪着金光的屋顶和挂在那里的葛伦得的巨手——他说道："让我们立即感谢万能的主赐给我们这个景象：我从我们的敌人葛伦得那里忍受了许多灾难和痛苦。天国的保卫者上帝永远能够创造出一个又一个奇迹。不久以前，我从未料到在我有生之年能见到我的许多灾难能够得到任何解除。当时世上最好的建筑里血满大厅，横尸遍地。我的部下当中没有一个人对付得了这场大规模的祸患，也没有任何一个人能够设想自己能从这些敌对的恶魔鬼怪手中保卫这座人民的坚强堡垒。现在通过天主的力量，有一位战士居然完成此壮举，而我们当中却无任何人有本领做这件事。任何一位能够生出人类当中这样出色的儿子——如果这位妇女还活着的话——她就会这样说，旧世界的天神在她分娩时对她特别仁慈。好了，贝奥武甫，人类的出类拔萃的代表，在我内心深处我爱你如同爱我自己的儿子一样：愿你保持和我——你结识的这位新国王——之间的友谊。我所拥有的世间一切好东西，你将不会短缺。我以前经常奖赏过，用礼物恩赐过，不如你的战士，在战斗中比你差的人。凭你自己的功绩，你自己已取得坚强保证，使你的光荣永垂不朽。愿万能的主，如同现在他已这样做了，将来用最大的幸福来报答你！"

艾基塞奥之子贝奥武甫说道："我们怀着很大的友情进行了

那场战斗，完成了这项英勇的事迹，也冒了很大的危险和那个神秘的怪物较量了一番。我真希望您能亲眼看到您的死敌在您的大厅里被我降服。我原来打算用我的铁掌把它马上击毙，使它在我掌中作垂死的挣扎，除非它的身体能够逃脱。我阻止不了它的逃走，因为天主不这样安排，我自己也没有把这个顽强的死敌牢牢地抓住：敌人在逃命中力气太大了。但是为了逃命，它留下了它的巨手作为到此一游的见证，留下了胳膊和肩膀；但这也并没有让那个恶魔赢得任何安慰；那个可憎的掠夺者，满身都是血债，也毫无指望延长它的生命，那是因为一个致命伤已把它紧紧地锁在死神的铁掌之中。如同一个因犯罪被流放的罪犯一样，葛伦得不得不静候审判，等待光辉的天主对它的判决。”

于是艾吉拉夫的儿子[5]再也无话可说。那些高贵的武士们看到了凭着一个人的臂力夺取到高挂在屋顶上的巨手，看到了恶敌的手指。每一根手指的末梢，每一片指甲，都像钢铁一样坚硬；妖魔手上的肉距像巨大的尖钉一样。大家一致说道没有任何坚利的武器，没有任何古代遗留下来的宝刀，能够损伤这只血债累累的魔爪。

随后，人们奉命从内部立即把鹿厅重新装饰起来。众多男人和女人行动起来收拾那个饮宴厅和接待宾客的大厅。四周墙上仍挂着闪闪发光的金器。每个来这里参观的人看着这些器物都赞赏不已。但是这座金碧辉煌的大厅却遭到巨大的损坏，尽管它的内部结构是用铁条紧紧地加固起来的。大厅的门上铰链已经裂断。只有屋顶还没有毁坏，尽管那只作恶多端的怪物在

5. 他就是头一天晚上在宴会厅里曾嘲笑过贝奥武甫的人，名叫翁非斯。

这里作了垂死的挣扎，拼命逃脱，以求生存。但是命运是不易逃脱的——谁要是不信，让他试试看——受必然规律的支配，人们必须寻找一块为地球上的居民，为有灵魂的人们，为人民的儿子们准备好了的地方，在那里当生命的筵席结束后，人们的躯体能够安稳地熟睡在死亡的床上。

随后，恰当的时刻到了，哈夫丹[6]之子应该来到大厅；国王要亲自参加庆祝宴会。我从来没有听说过任何民族当中有更多的人对待他们的财宝赏赐者更为忠诚。英名远扬的武士们坐在他们各自的席位上，饮宴作乐。他们的亲人——高贵的赫洛斯伽和赫洛苏夫[7]——在高大的厅堂上和大家共饮，分享一杯又一杯的蜜酒。鹿厅中充满了欢乐和友好的气氛：许尔丁人民还没有堕入背叛和谋反的罗网之中。[8]

随后，哈夫丹之子赠给贝奥武甫一面金旗来酬报他的胜利——那是一面装饰华丽的战旗——还赠给他一顶头盔和一身铠甲。众人还看见一把光彩夺目、极为珍贵的宝刀，献给壮士作为纪念。贝奥武甫在饮宴厅中分享蜜酒。在武士们面前，他对这些贵重礼物受之无愧。据我所知，没有很多君主更为友好地把四件金光灿灿的宝物赏赐给一位坐在席上饮蜜酒的客人。沿着头盔顶上的边缘，安装着用铁丝缠绕起来的护头物，免得当持盾牌的武士冲向敌人时受到战斗利剑的创伤。随后，人民的保护者命人牵进大厅墙内八匹饰以金缰绳的骏马。其中有一匹马背上的马鞍用手工镶着闪闪发光的珠宝。那就是当哈夫丹之子亲自出征时的坐骑：这位英名远扬的君主在战场上从未

6. 哈夫丹是赫洛斯伽的父亲，已故的丹麦国王。

7. 赫洛苏夫是赫洛斯伽的侄子。

8. 影射丹麦民族后来的历史：赫洛斯伽去世后，赫洛苏夫谋反篡位。

遭受失败，而别人却一个个倒了下去。随后，英格的朋友[9]，他们的君主把二者——马匹和武器——的所有权都转让给贝奥武甫：他劝他好好地使用这些东西。这位英名远扬的君主，财富的保卫者，如此慷慨地用马匹和财宝来报答那位武士的战绩，以至于没有任何人会嫌这些礼物太轻——任何根据事实说真话的人都不会这样认为。

接着，那位君主还赠送财宝给在座的每一位跟随贝奥武甫漂洋过海而来的伙伴，赠给他们他的祖传的宝物。另外，他还赐给那名被葛伦得杀害了的伙伴以抚恤金——多亏先知的上帝和我们的英雄的勇气阻止了这场灾难，不然葛伦得还会杀害更多的人。在当时天主指挥了全人类，如同现在他仍这样做的那样，但是洞察力和预见性无往而不胜。在世上长期生活、经历了无数苦难的人必然会识多见广。

哈夫丹民族的战斗领袖命歌手奏乐演唱。歌手弹起了木制竖琴，说唱古老的故事，供饮蜜酒的武士们娱乐消遣。他说唱芬恩的侍从们突然遭到灾难性的袭击这一事件。

哈夫丹民族的英雄，许尔丁人的赫纳夫[10]命中注定要在弗里西亚战场上阵亡。希德贝没有必要去称赞朱特人[11]守信用：她无辜地在战斗中失去了两个亲人——她的儿子和她的哥哥；这两个人受了长矛的重伤都逃不出命运的手掌。她的确是个不幸的女人。当霍克[12]的女儿，在第二天早上，看见在天空之下，地面上躺着她的亲人的尸体，她悲叹命运的安排，并不是没有

9. 英格是传说中的丹麦国王，他的“朋友”指的是丹麦人。

10. 赫纳夫是哈夫丹民族的国王，他是希德贝的哥哥。希德贝嫁给弗里西亚人的国王芬恩。芬恩背信弃义，杀死了前往弗里西亚访问的赫纳夫。

11. 朱特人在这里指的是弗里西亚人。

12. 霍克是赫纳夫和希德贝的父亲。

理由的——因为在这场灾难发生以前，她在这里曾享受到世间最大的欢乐。这场战斗剥夺了芬恩所有的武士的生命，除了少数残存的几位，以至于他无力继续在战场上和亨基斯特[13]较量。他也无力和丹麦君主的武士战斗，以保护他的残留的部下。但是双方提出了停战的条件，芬恩方面必须给丹麦人让出另一座大厅，让他们和朱特人的后裔共同使用这座大厅；在赏赐财物的集会上，芬恩每天都必须向丹麦人致敬，像对待弗里西亚人的亲人那样在大厅中把锁子甲一类的金饰财物赏赐给亨基斯特的伙伴。随后，双方批准了这个和约。芬恩向亨基斯特用真诚的誓言保证，他将按照他的参谋们的决定对战斗中生还的丹麦人致敬，使得没有任何人通过言行对条约有所违背，也不许任何人恶意中伤丹麦人，说他们在失去了君主的情况下，由于需要不得不跟随杀死他们自己恩主的那个敌人。如果任何弗里西亚人轻率地提说双方仇杀的原因，那么只好用宝剑的利刃来解决这场纠纷。

火葬用的柴堆准备好了，从宝库里运来了金银。战斗的许尔丁民族武士当中最出类拔萃的一位[14]被放上了柴堆。在这场火葬中，可以看到许多件血迹斑斑的战袍，看到完全用金子制作的野猪头像——坚硬如钢铁的雄性野猪——看到许多位贵族成员受重伤而阵亡：不止一个人在战场上捐躯。随后，希德贝命人把她亲生儿子的尸体也放在赫纳夫的柴堆上，把他放在他舅舅的肩旁，交给了火焰。那位妇女向死者致哀，唱起了她的挽歌。那位武士也就了他的位。[15]最大的一场葬火缭绕着

13. 亨基斯特继承了赫纳夫的丹麦王位，替赫纳夫报仇，杀死了芬恩。

14. 指赫纳夫。

15. 可能指希德贝的儿子被放置在柴堆上。

升上天空，在坟墩前咆哮。随着血浆迸出，人头熔化了——伤口被撕裂得更宽，就像仇人在死人身上留下大口的咬伤。火焰把他们吞没了——火是最贪婪的精灵——在战斗中两个民族所有的丧失了生命的人们都被火焰吞食了：他们已失去了抵抗的能力。

随后，失去了伙伴的武士们[16]回到他们的住所，重新看到位于弗里斯兰的他们的家园和那个巍峨的城池。而亨基斯特却和芬恩在一起共度过一个冬天。那是一个阴暗凄凉的、心中盘算着杀戮报仇的冬天。他想念自己的国土，但却不能立即让他的环形船头的木船漂洋过海——大海正在由于风暴而沸腾，正在和狂风暴雨搏斗。严冬用冰链紧锁住海浪——直到另一年来到人间。如同现在仍然一样，光辉明亮的天气总在那里等待它的时机。随后，冬天过去了，大地的怀抱又变得美丽了，流浪他乡的人迫切想要回家。客人想要离开那个住所：但是他更想为他受到的委屈报仇，比航海更为迫切——如果他能挑起一场战斗，用他的刀剑和朱特人的子孙算账。因此当洪拉夫[17]的儿子把闪闪发光的最好的战刀放在他的怀抱里，他没有拒绝古老的习俗：朱特人知道这战刀的厉害。古斯拉夫和奥斯拉夫[18]也抱怨那场凶恶的袭击和他们漂洋过海以后所遭受的损失。他们怨恨他们的不幸命运：他们的胸腔不能容纳他们按捺不住地跳动的心脏，因此残酷的战斗又一次发生在好斗的芬恩家里。随后，大厅染红了敌人的鲜血，芬恩阵亡了，国王死了，王后被俘虏

16. 指朱特人一方的少数幸存者。

17. 洪拉夫是一名丹麦武士，他被芬恩手下的人杀死。洪拉夫的儿子把父亲用过的战刀放在亨基斯特的怀里，这是要求替亲人报仇的象征。

18. 这两名丹麦武士是洪拉夫的弟兄，他们也要求为亲人报仇。

了。许尔丁民族的武士们把这个国土的国王所有的大厅里的财物都装载到他们的船上，所有他们能够搜索到的芬恩家中的金银首饰和宝贝都载上了船。他们把那位高贵的妇人带上了船，起航回丹麦，把她领回到她自己的国土和她自己的人民当中。

歌手的短篇叙事诗说唱完毕，欢乐顿起。座位上的人们发出愉快的笑声，斟酒者从珍贵的器皿中倾倒出美酒。随后，华尔塞奥[19]戴着黄金王冠，来到了席前，走到侄子和叔父座前：他们二人之间的友谊当时仍未破裂，双方仍以诚相见。[20]在席上，还有翁非斯坐在那里。他是许尔丁民族的国王的代言人。他坐在国王脚下：大家都还相信他的忠诚。他很有勇气，但他在和他自己亲人的战斗中却表现得很不光彩。随后，许尔丁民族的王后开始致词：

"我的尊贵的丈夫，财宝赐予者，举起这个酒杯，像我们应该做的那样，向耶阿特人致敬。想到您以那些来自远方和近处的礼品，慷慨地馈赠耶阿特人，人们说您真想让这位耶阿特武士做您的儿子。光辉灿烂的环形鹿厅现在焕然一新。当您在世时，尽情地享受您的大量的胜利果实。当您不得不服从天主的命令离开人间时，把您的人民和王国留给您的亲人。我深知我们的宽厚仁慈的赫洛苏夫。如果您——许尔丁民族的支柱——比他先离开人世，他会尊重您的年轻的武士[21]。我相信他如果回忆起当他还是个孩子时，我们为他的安乐和荣誉所施的一切恩惠，他一定会很好地报答我们的两个儿子。"

---

19. 华尔塞奥是赫洛斯伽的妻子，丹麦的王后。

20. 侄子和叔父指的是赫洛苏夫和赫洛斯伽。赫洛斯伽死后，他的儿子赫雷斯里克继承丹麦王位，但被赫洛苏夫杀死，被篡夺了王位。

21. 指赫洛斯伽和华尔塞奥的两个儿子赫雷斯里克和赫洛斯蒙得。

随后，她又走向她的两个儿子赫雷斯里克和赫洛斯蒙得所坐的座位，还有那些武士们的儿子，一群年轻人所坐的地方。我们的好人，耶阿特人贝奥武甫，就坐在两兄弟之间。

人们把酒杯拿到了他的身边，人们用友好的言语向他表示欢迎，人们把弯曲的金条恭敬地给他献上，献给他两套臂饰、一件铠甲和金环，还有我所听说过的世界上最大的项圈。我听说天下没有比这更好的饰物，除非那是昔日哈马[22]从布洛辛人[23]那里盗走带回到丹麦城池的那个项圈、链条和镶在里面的珍贵宝石：他逃脱了哀奥曼里克的迫害和仇恨，赢得了长期的恩宠。耶阿特人的许基拉克——他是斯威尔庭[24]的孙子——在他最后一次的远征中曾戴过这个项圈。在他的战旗下，他努力保卫他的宝物，保护他的战利品：当他骄横地挑衅，向弗里西亚人报仇时，命运之神制服了他。当这位强有力的君主坐在海浪上的船中，他戴着这个项圈，戴着这个贵重的宝石。他在盾牌下阵亡了；国王的尸体落入法兰克人[25]的手中，他的胸部铠甲和项圈一同落入敌人手中。次要的武士们也来从死人身上收获战利品：耶阿特人看守着尸体。

大厅中充满了欢笑的声音。当着众人的面，华尔塞奥向他说道："亲爱的贝奥武甫，戴上这枚戒指。年轻人，祝你幸运。使用来自人民的宝藏中的这副铠甲，你将无往而不胜，凭着你的力量和威望扬名于世。扶植这两个男孩：我将铭记在心，酬谢你的功劳。你已经做到无论远近，所有的人将长期称

22. 哈马可能是丹麦人，他从哥特族国王哀奥曼里克那里盗走了极为珍贵的布洛辛人的项圈。
23. 可能指北欧神话中的烧火侏儒，他们为女神弗莱雅制作了这个著名的项圈。
24. 斯威尔庭是早期耶阿特人的国王。
25. 法兰克人与弗里西亚人（朱特人）结盟，共同击败了耶阿特人的国王许基拉克（约公元520年）。

赞你，一直远到围绕大海的岸边——那里是风暴的家园。年轻的王子，在你的一生中你将繁荣昌盛。我祝愿这些财宝让你交好运。你这受到大家敬爱的人，用行动来扶植我的儿子。在我们这里，每一位武士都对另一位武士恪守信用。他们都心地善良，忠于君主；贵族们都团结一致，人民顺从，家臣们兴高采烈地做我命令他们去做的事。”

随后，她回到她自己的座席上。那是最好的宴会，人们喝着蜜酒。他们一点也不知道命运早就作出了残酷的安排。当夜晚来临，赫洛斯伽回房安寝，行将发生的事情会涉及许多位武士。有许多人留在大厅内，如同他们以前经常做的那样。他们挪开地板上的长凳，铺上寝具和枕头。有一位喝蜜酒的武士，时刻已到，命中注定要一命归西。他就在大厅里躺下休息。其他的武士们也都准备安寝。他们把他们的光彩的木制盾牌放在他们的头边。在长凳上可以看到每一位武士的头盔，他的多环的铠甲和他的长矛。他们的习俗是随时作好战斗准备，不论是在家中或是在野外。任何时刻他们的君主有急需，他们呼之即到：那是一个有优良传统和作风的民族。

贝奥武甫与火龙

随后，在后来日子里，在战斗的冲闯中许基拉克阵亡了，战刀也杀死了在盾牌掩护下的赫尔德莱德[26]，因为战斗的许尔芬人[27]，凶猛的战士，侵入他的胜利的国土，残酷地袭击赫莱里克[28]的外甥——于是这个幅员辽阔的王国就落入贝奥武甫之手。他

26. 赫尔德莱德是许基拉克之子，继承了王位，后来被瑞典人（许尔芬人）杀死在他自己的国土上。
27. 许尔芬人是许尔芬的后裔，指的是瑞典人。
28. 赫莱里克可能是许基拉克的王后许伊德的哥哥，也就是赫尔德莱德的舅父。

很好地统治了这个国家达五十个冬天之久——他是一位英明的国王，是国家的一位老年守卫者——直到在很多个黑夜里，一条火龙开始作虐。它在荒原的高处守卫着一座宝藏，那是一个陡峭的石头古墓。在山脚下有一条不被人知的小路。沿着这条小路，有一个人曾经潜入古墓。他走近了异教人留下来的宝藏；他顺手拿了一个杯子，那是一只闪闪发光的大宝杯。那条火龙虽然在它熟睡时被那个窃贼的伎俩欺骗了，但它醒来后并没有隐藏住它的心情。在附近居住的人们发现它的心里胀满了愤怒。

这个人并不是故意要损害火龙的利益，并不想侵犯它的宝藏，而是被迫偷窃。他是某一家的奴隶，因得罪了主人，逃避迫害，落得无家可归，因此他是作为一个罪人来到那里的。他一看见火龙，巨大的恐惧就涌上他的心头；但这个可怜的逃犯居然逃脱了火龙的利爪……当恐惧袭击他的那一瞬间，他却拿走了一只宝杯。在那个地下室里有许多这种古老的宝物，因为在遥远的过去曾有某一位人类的儿子把一个贵族家族所聚集起来的巨大遗产和稀有的珍宝都慎重地埋藏在那里。在此以前，死神带走了这个家族所有的成员，只有一位成员仍然活在世上。他在地球上步行的时间最久，守卫着财宝，哀悼着亲友，想象他自己的命运也会像他们的一样——他也只能短暂地享受这些长期积累起来的珍宝。于是一座古墓就在紧临海浪的岸边竖立起来，在海岬上新近落成。为了牢靠，古墓的几个入口都巧妙地隐蔽了起来。宝物的守卫者把他认为值得珍藏的部分财宝，例如金板，带进古墓。他说了以下的话：

“大地呀，由于人类不能占有古老的贵族财物，现在由您来占有吧。其实，最初那些善良的人从您那里得到了这些财物！战争中的死亡，可怕的和致命的罪恶，夺走了我所属民族的每一位战士，每一位战士的尘世间的生命和人们在饮宴厅中所享受的欢乐。我的民族当中没有一个佩剑的人还活着，没有一个人还活着能够洗净用过的金酒杯——那是多么珍贵的饮器呀！剩下的随从们也都散失了，各人自奔前程。坚硬的头盔注定要被人盗走它的制工精细的金片装饰。应该把这些战斗面具擦得发亮的人们已安睡在地下了。在战场上的盾牌撞击之后，曾经抵御住刀剑砍伤的铠甲也像曾经穿戴它的战士那样化为灰尘。环链金甲也不能和它所属于的战士跟随战斗领袖远走高飞。再也听不到竖琴的乐声，听不到会唱歌的木头发出的欢快笑声，再也看不见好鹰在大厅里翱翔，再也没有骏马在堡垒中的场地上奔驰。灾难性的死亡打发掉人类当中许多部族。”

就这样，这个人心里充满了忧伤，诉说他的烦恼。他是他所有伙伴当中唯一幸存的人。他度过寡欢的白昼和夜晚，日复一日，直到死亡的潮水淹没了他的心灵。古老的夜间劫掠者[29]发现了这个宝藏的大门敞开着，它心里充满着喜悦。这条光滑的、可怖的恶龙用火包围着它的全身在夜间飞行，一面燃烧着，一面寻觅古墓。地上的居民非常害怕它。它一心想在地底下找到一座宝藏。由于它的高龄，它认为自己很智慧，能够很好地看守异教人们留下的金银：但是它并不因此而交好运。

就这样，人民的伤害者拥有地底下一座极大和极富有的宝库，达三百个冬天之久，直到有一个人引起了它心中巨大的愤恨。这个人取走了一只金杯，把它献给他的主人，要求主人饶恕他，与他和解：就这样，这座宝藏遭到人们的搜索，宝库里的宝物减少了。主人答应了那个可怜人的请求：这个奴隶主第一

---

29. 指火龙。

次看到了古代人类留下来的作品。随后，那条龙睡醒了；纠纷的原因发生了：因为那条龙开始在石上移动，愤恨地查看敌人的足迹——那个贼曾偷偷摸摸地走到离龙头太近的地方。（就这样，一个尚未注定要死亡的人，只要他还受到天主的恩宠，能够平安度过他的灾难和痛苦。）宝藏的守卫者迫切地在地面上搜寻那个当它熟睡时损害了它的利益的人。它心中充满了怒火，燃烧着愤恨。它时常出来在古墓四周巡逻，但是四周却空无一人。尽管如此，当它想到战斗，想到拼杀的行动，它不禁喜上心头。有时，它又回到古墓中，寻找它失去的宝杯。它立即发现有人曾动过它的金银和它的璀璨的宝物。宝藏守卫者烦躁地等待着，直到夜晚来临；随后这位古墓的看守人大发雷霆：它要用复仇的火焰来回报那只失去的珍贵酒杯。白昼已经过完了——恶龙满心欢喜。它不愿在海墙上长期等待，而是准备好了大量的火焰，开始喷火。对陆地上居住的人们来说，这是一个可怕的开端，而这件事的结局不久以后将会对他们的财富赐予者带来极大的痛苦。

随后，这个妖怪开始吐火，焚烧敞亮的民房。烈焰升上天空，人们害怕得要命；那个致命的飞行者不愿任何有生命的东西在那里生存。恶龙的战绩很显著，它的残酷暴行近处和远处都能看到——这位蹂躏者多么仇恨耶阿特人民，对他们造成多么大的损害！在天明以前，它又飞回到它隐藏在地下大厅中的宝库那里。它用火焰，用烈火的焚烧来包围陆地上的居民。它凭着它的古墓，凭着它的石墙和它的战斗威力，有恃无恐：但是它的期望落空了。

这场可怕的灾难被贝奥武甫知道了。他很快就知道灾难确实发生了，因为他自己的家，那所最好的房子，也被汹涌的火浪熔化了，连同耶阿特国王的宝座也化为乌有。这场灾难使这位善良的人遭受极大的精神痛苦，给他的心灵以最沉重的打击。这位英明君主认为他得罪了天主，得罪了永生的统治者，因为他的臣民违背了古老的法律。他胸中沸腾着复仇的念头——这并不是他通常的心情。那条火龙用它的火焰毁坏了人民的堡垒，蹂躏了沿海岸的地区，侵入到国家的心脏。由于这个缘故，这位战斗国王，这位风暴耶阿特人的统治者，筹划如何惩罚那条恶龙。这位战斗人民的保护人，这位贵族成员的领主，命人用纯铁铸造一个极好的战斗盾牌。他知道得很清楚，森林中的木材帮不了他的忙——椴木抵挡不住火焰。这位从往日开始就证明是一个英明、善良的君主，注定不久即将过完他在世间的日子，结束他的生命，和那条恶龙同归于尽，尽管后者长期以来占有了那些聚集起来的财富。随后，这位金环君主不屑于率领一支军队和众多武士去寻找那个远飞的怪物。在与怪物的战斗中，他对自身的安危无所畏惧，他也不认为恶龙的战斗力，它的体力和它的勇气有多么了不起，因为他自己曾身经百战，藐视险境，度过重重危难。这些经历都发生在他替赫洛斯伽清洗了鹿斤之后。这位胜利的战士在战斗中制服并杀死了葛伦得的亲属，消灭了这个可憎恨的族类。

这些经历还没有包括绝不是他的最微不足道的一次战斗。在那场战斗中许基拉克阵亡了。耶阿特民族的国王，人民的高贵君主，赫莱塞尔的儿子，在和弗里西亚人的战斗风暴中受到剑伤而不幸身亡。贝奥武甫从那场战斗中得以生还，那是他凭着个人的体力，创造了游泳的奇迹；当他渡海回国时，在海水中他的臂上挂着三十名贵族武士的铠甲。当赫特瓦雷人[30]在执

30. 赫特瓦雷人是弗里西亚人的盟军。

盾牌与他交锋时，他们也没有理由为他们战斗的胜利而欢跃：极少有人能够从这位武士手中生还回家。随后，艾基塞奥之子游泳渡海，心里充满了孤独凄凉，回到他本国人民当中。在那里，许伊德[31]以国库和国土相让，赠送给他金环和君主的王位。鉴于许基拉克已不在人世，她对她的儿子信心不足，不相信他有能力从外国人手中保住本国的王位。但是群龙无首的人们也并不能更好地说服这位高尚的英雄，并不能得到他的同意，答应他自己君临于赫尔德莱德[32]之上，或接受君主的权力。[33]他以善意、友好的劝告扶植王子在人民当中的威信，对他既尊重，又仁爱，直到他长大成人，有能力统治耶阿特民族。

奥赫塞若[34]的两个儿子遭受流放，从海外来投奔耶阿特国王赫尔德莱德。他们背叛了许尔芬人的保护者——在瑞典赏赐财宝者当中奥乃拉是最好的一位海上国王，也是一位著名的君主。对赫尔德莱德来说，这件事导致了他的生命的结束：由于他的慷慨好客，许基拉克的这位王子才在那里受到了结束他生命的刀伤。赫尔德莱德死后，昂根塞奥的儿子收兵回国，把耶阿特王位留给贝奥武甫，让他统治耶阿特人：贝奥武甫是一位好国王。

后来，贝奥武甫没有忘记为阵亡的君主报仇。他成为无依无靠的艾亚吉尔斯[35]的好友。他发动了人民，用武士和武器支

31. 许伊德是许基拉克的王后。

32. 赫尔德莱德是许基拉克和许伊德的儿子。

33. 贝奥武甫拒绝接受王位，他愿维护赫尔德莱德的合法权利。

34. 奥赫塞若继承他父亲昂根塞奥，成为许尔芬人（瑞典人）的国王，但他死后，王位被他弟弟奥乃拉所篡夺。奥赫塞若的两个儿子名叫艾安蒙德和艾亚吉尔斯。耶阿特国王赫尔德莱德把他们收容在宫中。为此，奥乃拉发兵攻打耶阿特王国。赫尔德莱德和艾安蒙德阵亡。奥乃拉把耶阿特王国留给贝奥武甫来统治。

35. 艾亚吉尔斯是奥赫塞若幸存的儿子。贝奥武甫支持并帮助他夺回瑞典国的王位，并杀死篡位者奥乃拉。

持奥赫塞若的儿子过海报仇。后来通过袭击和战斗，他成功地为他报了仇：他结束了篡位国王的生命。

就这样，艾基塞奥的儿子经历了每一场战斗，每一次危险的战役，每一件英勇的事迹，而活了下来，直到他必须和恶龙交战的那一天。于是，这位耶阿特人的君主，心中充满了愤怒，带着十一名武士，去寻找那条恶龙。他那时已知晓这场仇恨发生的原因，为何火龙对人类如此凶残；那只宝杯已由它的发现者献给国王所有：这个人是贝奥武甫的同行者当中的第十三名。他就是引起这场战斗的罪魁祸首，也就是那个倒霉的奴隶：他沮丧地不得不给他们指路。他很不情愿地走向他所知道的那个地下大厅。那是一个位于地下、临近海涛和澎湃的海浪的古墓：墓里满是珍宝和金环。这个金库由一个凶恶的看守者守护。它年深月久地蜷伏在地底下，随时准备战斗。对任何人来说，这个交易都不是一件轻而易举的事。于是那位饱尝战斗的国王坐在岬角地上；他在那里向他的伙伴们打招呼——他是耶阿特人的慷慨施主。他心里感到哀伤和不安，准备好迎接死神的降临：行将来到这位老人身边的命运之神已很临近，她将搜索他的灵魂宝藏，从他身上夺取他的生命；缠绕在这位高贵老人肉体上的生命之线已不是很长了。

艾基塞奥的儿子贝奥武甫说道："在青年时代我经历了许多战斗风暴和战争岁月。我记得这一切。我七岁时，受人民爱戴的国王，财富的主人，赫莱塞尔[36]国王从我父亲手里把我认领下来，把我抚养成人，赐给我财富和饮宴，他总是想到我们之

---

36. 赫莱塞尔是耶阿特人的国王，他的子女有：赫莱巴德、哈斯金、许基拉克和贝奥武甫的母亲，因此他是贝奥武甫的外祖父。贝奥武甫七岁时就被他外祖父收养。后来赫莱塞尔由于他的一个儿子哈斯金偶然杀死了他的另一个儿子赫莱巴德而伤心死去。

间的近亲关系。当他在世期间，我在他的宫廷里受到和他的儿子们同样的待遇：他们是赫莱巴德和哈斯金，和我自己的君主许基拉克。由于亲人的不慎行为，这就错误地为他的长子铺好了一张死亡的床：哈斯金用他的弯弓射出了一支箭，没有打中目标，反而射死了他的亲人——同胞兄弟。一个用嗜血的箭头杀死了另一个，而死者一贯对他友爱，而且是他的君主。那是一场灾难性的战斗，没有和解和补偿的希望；那是一件令人迷惑不安的错事，可是竟然发生了：一个君主无端丧命而无法报仇。[37]

“让一个老人忍心地看到他的年轻的儿子挂在绞刑架上，那该有多么悲惨呀！要他的儿子高挂在空中，成为乌鸦的战利品，他年迈的心灵真是想不出一点办法来。每个黎明都带来他对死去的儿子的哀痛。他心中不再抱后嗣的希望，因为这个继承人已安睡在墓中。在他儿子的住宅里，他悲哀地凝视着那无人问津的饮宴大厅。寒风扑面，空洞洞地毫无欢乐残存。武士们和英雄们都已入土，寂无声音。既没有竖琴的乐声，也没有往日款待宾客的作乐欢笑！他带着沉重的悲伤走到他儿子的床边，唱了一支哀歌，孤独一人唱给死者听。他觉得似乎陆地和住房都变得广阔无垠了。

“就这样耶阿特人民的保护人在他心中怀着对赫莱巴德的日益增长的忧伤。他毫无办法和杀人者算账，使他的血仇得到和解。尽管他不很喜欢他的小儿子，但他也并不愿意用仇恨的行动来伤害这位武士。随后，由于过于残酷地降临在他身上的这种忧伤，他终于抛弃了人间的快乐，选择了上帝的光明。正

37　因为这个人命案不是蓄意谋杀罪行，所以不能用付给受害者亲属赔偿金额（wergeld）的办法来调解。况且受害者亲属就是国王本人，他同时是受害者和杀人者的父亲。国王本人不能替被害的儿子报仇，因为他是执法者。他只能判处杀人者以死刑。

像一位幸运的人那样，当他脱离生命时，他把他的土地和城池都留给了他的后人。

“赫莱塞尔死后，瑞典人和耶阿特人跨过一条宽阔的河流，相互交锋，经常战斗，发泄他们之间的民族仇恨。昂根塞奥的儿子们[38]无所畏惧，英勇善战。他们不愿与海外邻邦和平共处，而经常计划在赫来奥斯纳贝奥[39]一带进行可怕的屠杀。众所周知，我的朋友和我的亲属们曾为此报仇雪恨，但他们当中有一人却付出了生命代价，为国捐躯：那场战斗对耶阿特人的君主哈斯金[40]是致命的。我听说，在清晨一位亲属用宝剑的利刃替另一位亲属报了仇，杀死了后一位亲属的杀害者。这事发生在当昂根塞奥向埃奥弗尔[41]进攻的时候。那位年迈的许尔芬人跌落在地，战盔被砍裂，身受重伤：他的饱经血亲报仇多次考验的右手，却没有抵挡住这最后的致命的一击。

“我在战斗中报答了他（许基拉克）对我的厚赐——用我闪闪发光的宝剑立下了汗马功劳，感谢命运对我的恩惠，来酬报他赏赐给我的土地和华丽的住宅。他没有必要，也没有理由，要到伊夫萨斯人[42]当中，或在长矛丹麦人当中，或到瑞典去用重金雇佣一名更劣的武士。我在战斗中总是身先士卒，独自一个走在最前面。我决心终生使用这把宝剑进行战斗。它随我久经沙场，自从我在浴血奋战正酣时杀死了达伊赫

---

38. 指的是奥乃拉和奥赫塞若。

39. 赫来奥斯纳贝奥是耶阿特王国一个地区的名称。瑞典国王昂根塞奥和他的两个儿子，在他们最后战败在乌鸦森林以前，曾多次侵略这个地区。

40. 哈斯金无意中杀死了他的兄长赫莱巴德。后来他继承他父亲赫莱塞尔，成为耶阿特人的国王。当瑞典人入侵时，哈斯金战死。许基拉克继位，替哈斯金报了仇，杀死了昂根塞奥。

41. 埃奥弗尔是许基拉克的部下。他伴随许基拉克追赶昂根塞奥至乌鸦森林，杀死了昂根塞奥。许基拉克把女儿嫁给埃奥弗尔作为奖赏。

42. 伊夫萨斯人是东日耳曼民族的一个部族。

莱芬[43]——胡伽人[44]的战士——以来，它一直助我成功。那名战士不能把铠甲和胸饰带回给弗里西亚人的国王，而是在战斗中身亡——他是一名旗手，一位高贵的人。我的宝剑的利刃并不是他的杀害者，而是我的战斗的握力撕裂开他的心泉和他的身躯。现在我的宝剑的利刃，我的手和我的坚硬的利剑将要为那座宝藏而战斗。”

贝奥武甫向火龙进攻

贝奥武甫最后一次自豪地说道：“在青年时代，我参加过多次战争。作为人民的一位年老的保卫者，我还要应战，做出英勇的战绩，如果那条恶龙愿从那所地下大厅钻出来和我交锋的话。”

接着，他最后一次向他手下的每一位武士打招呼——他们都是英勇的戴着头盔的战斗者，也是他个人的亲密战友。他说道：“如果我晓得按照我的豪言壮语我该怎样做才能和那个妖怪搏斗，如同早年我对付葛伦得那样，如果我知道该怎样做，我决不愿带着宝剑或其他武器去会见那只妖龙。但这一次我预料到会有炽热的火焰、毒气和毒液。因此我带着盾牌，穿上铠甲。我决不会从那个古墓看守者身边逃跑一步，但是在古墓墙边进行战斗的结果将取决于命运如何对待我们，因为命运支配着每一个人。我心中满怀自信，因此我愿放弃援助，只身和那个战斗飞行者交锋。请你们在古墓上面等候。你们都穿上铠甲，以防万一。请你们等着看我们血战的结果如何，看我们

---

43. 达伊赫莱芬是胡伽部族的战士和旗手。

44. 胡伽人就是法兰克人。许基拉克在与法兰克人的战斗中阵亡，贝奥武甫在这场战斗中却杀死了法兰克人的旗手。

双方哪一方更能承受战斗的创伤。这场战斗不是你们大家的任务。除了我一个人以外，谁也不应该冒险去奋力制服那个妖怪，替我为民除害。凭着我的勇气，我将会为大家赢得财富，要不然战斗将会把你们的国王带走，带他上西天，因为战争是人生的一大可怖的罪恶。”

说完这番话，那位英勇的老战士用盾牌支撑着自己站了起来。他戴着头盔，穿着铠甲，勇敢地走下多石的山崖，对自己的力气充满了信心，信赖他一个人的力气：怯懦的人绝无此勇气。这位经历过多次战争的战士，既勇敢，又善良，在两军遭遇中饱尝了战斗的碰撞。随后他看见墙边立着一道弓形门。有一条从古墓里迸发出来的小溪从这个弓门流出。小溪里火流滚滚。他无法停留在宝藏附近的那个坑里而不被恶龙的烈火烧着。于是那位风暴耶阿特民族的英雄，满腔愤怒，从心底大吼一声。他勇气百倍地叫喊。他的声音若雷鸣，嘹亮似军号，发自灰色岩石下面的底层。宝藏守卫者听出了那是生人的声音，这就激起了它的仇恨。再也没有时间谈判和平。那妖怪先从石头里喷出它的呼吸——滚热的战火。地面发出了回响。在古墓底下的那个人——耶阿特人的君主——挥舞着他的盾牌来迎接那位可怖的来客。随后，那个盘曲的生物心中激起了战斗的意图。善良的威武君主拔出了他的宝剑——那是一个古老的传家宝，刀锋一点也不钝。双方恐吓着对方，同时也畏惧着对方。恶龙迅速地盘曲着它的身体，人民的保护人穿着铠甲等待应战。他守在那里，坚定地高举起他的盾牌。随后恶龙盘曲成火焰，在地面上滑行，急速走向它的命运。坚实的盾牌保护着那位声名彰著的君主的生命和身体，但是这种情况比他预期的时间要短。在他一生当中，那还是第一次，也是第一天，他没有取胜，因为命运之神没有把战场上的荣誉分配给他。耶阿特人的君主举起他的手，用锻造成的利剑猛击那发亮的怪物，但是刀锋没有起作用，光闪闪地停留在龙骨上，没有像危难中人民的君主所期望的那样刺入龙身。由于受了这一猛击，古墓的守卫者心里狂怒起来。它口里喷出死亡的火焰——战火蔓延开来。耶阿特人民的财富赐给者再也没有夸耀他的伟大胜利：战斗的武器，那个从古时候留传下来的好铁刀，却在白刃相接最需要的时刻帮不上忙。这是不应该发生的事。那不是一次愉快的旅行，那不是艾基塞奥的著名儿子所愿意做的一次出国旅行。他不得不违背他自己的愿望在他乡找一个住处——如同每一个人都必须结束分配给他的岁月。

双方都是你死我活的对头，不久又开始相互交锋。宝藏的守卫者鼓起勇气。它的胸腔又一次膨胀起来呼吸，喷射火气。以往曾统治过一个民族的那个人此时被火焰包围，感受到剧烈的痛苦。他的伙伴们，虽然都是贵族的子孙，却没有像战士们那样勇敢地站在他的周围来掩护他，反而悄悄地躲进树林里，去保护他们自己的性命。他们当中只有一个人心里汹涌着忧愁：没有任何事情能够使这个善良心肠的人忘却血缘关系。

他名叫威依拉夫，威奥斯坦[45]的儿子——他是一位罕有的持盾牌的战士。他也是许尔芬民族的一员，是阿尔夫赫雷的亲戚。他眼见他的君主在头盔的面罩下忍受不住火烤。他想起了以前他的君主赏赐给他的那些荣誉，想起了威依蒙丁家族豪华的住宅，还想起了他父亲所拥有的每一项民族权利。在这样的紧急关头，他岂能退缩不前，袖手旁观？他紧握着

45. 威奥斯坦是奥乃拉的随从。他杀死了艾安蒙德。威依拉夫是威奥斯坦的儿子。

他的盾牌——那是用黄色椴木制作的。他拔出了他的古老的宝剑。这宝剑是奥赫塞若的儿子艾安蒙德的传家宝。威奥斯坦在战场上用剑锋杀死了艾安蒙德。随后，他成为一个无依无靠的流亡者。他把奥乃拉赐给他的战利品传给了他的亲人：闪闪发光的头盔、锁子铠甲和古时候巨人制作的宝剑——这些都是奥乃拉的亲人的战斗装备。尽管威奥斯坦杀死了他哥哥的儿子，奥乃拉并没有记仇。他（威奥斯坦）保存着这副铠甲和这把宝剑多年之久，直到他的儿子长大成人，能像他年迈的父亲那样做出英勇事迹。随后，当他衰老到行将走上离开生命的旅途时，他把无数副各式各样的铠甲分赠给耶阿特人，也把上述的铠甲和宝剑赠给了他的儿子。对于这位年轻的武士来说，和恶龙交战是他首次伴随他敬爱的君主进入战斗风暴之中的一次经历。他心中的勇气毫不减弱，他的亲人赐赠给他的传家宝在战斗中也不会令他失望。这是恶龙在交锋中所发现的情况。

威依拉夫心中悲戚。他向他的伙伴们说了很多得体的话。他说道："我记得当我们饮蜜酒的时刻，我们在饮宴厅里曾向我们的君主——是他赐赠给我们这些金环——许下了诺言，说当像现在所发生在他身上的情况那样的危急时刻到来时，我们一定要酬报他的恩赐——那些武器、那些头盔和坚硬的宝剑。他为了进行这次冒险，从他的军队当中主动地挑选了我们，认为我们有资格争取荣誉——还赠给我们这些宝物——因为他认为我们是一些善战的勇士，是大无畏的戴着头盔的人，尽管我们的君主，作为人民的保护人，一心要单独承担起这个英勇的重任。那是因为在人们当中他曾经做出了最光荣的英雄事迹和最勇敢的行动。现在时刻到了，我们的恩主迫切需要善战的勇士们的力量。让我们去到他的身边，在这熊熊烈火的包围中助我们的战争领袖一臂之力。上帝晓得我的性格。我情愿让这片烈火把我的身体和我的恩主包裹在一起。除非我们先消灭了敌人，保卫住风暴耶阿特民族君主的生命，否则若我们带着盾牌回家去，我认为那是很不应该的。我知道得很清楚，在一队耶阿特人当中，让他独自去受苦，让他独自去战斗，那样怎能算酬报了他过去的功绩？因此，我们两人都要在这场刀剑和盔甲游戏中扮演我们各自的角色。”

接着他困难地穿过那层致命的烟火，戴着他的战斗头盔来救援他的君主。他简短地说道：“敬爱的贝奥武甫，拿出您最大的本领来，因为自从您青年时代以来，您说过只要您还活着，您决不让您的荣誉减色。现在，您这位勇敢、高贵的君主，想到您自己的英勇事迹。您必须尽全力保护您自己的生命，我会帮助您。”

当他说完了这些话，恶龙开始向他进攻。那个愤怒的、可怕的、充满了仇恨的敌人，身上发射出光亮、汹涌的火焰。它恨人类，它第二次寻找它的敌人。火焰像海浪般滚滚向前；盾牌烧得只剩下上面的浮雕；铠甲对那位持矛的青年战士来说，也成为无济于事的东西；但是当他自己的盾牌被火焰烧掉时，那位青年人迅速躲到他的亲戚的盾牌后面。随后，那位战斗国王重新记起他自己的名誉，用他的战刀奋力一击，击得太猛，以至于战刀插牢在恶龙的头骨里：纳衣格陵[46]宝刀折断了，贝奥武甫的古老的、钢灰色的宝刀在这场战斗中发挥不了作用。命中注定在这场战斗中铁刃帮不了他的忙。我听人说他的手臂

46. 纳衣格陵是贝奥武甫在许基拉克战败后，用来杀死胡伽族英雄达伊赫莱芬所使用的那把宝刀。在他和恶龙交锋时，这把宝刀却失去了作用。

力气太大了。当他带着铸弯了的武器上战场时，他的手力只要一击就扭歪了每一把刀剑：这对他是没有什么好处的。

接着，那个人民的伤害者——那只可怕的火龙——第三次记起了它的仇恨。它趁机向那位英勇的老人扑来。那只发烫的、进行严峻战斗的怪物用它的尖锐的毒牙紧紧咬住他的整个的脖子：生命的鲜血染红了他，血液像海浪那样涌出。

接着，据我所知，当人民的君主处在这最危难的时刻，他身旁的那位青年武士本能地显示出他的英勇、他的力量和他的机敏。他不顾那妖龙喷火的头部。这位勇敢的人在帮助他的亲戚战斗时被龙火烫伤了他的手。由于他猛击了那个可怕的敌人的偏下一点的部位，于是他的宝剑——那把闪闪发光和雕着花纹的武器——插进了龙身；这样一来，那龙火就开始减弱。接着，君主自己保持着镇静，抽出他佩在铠甲上的战刀——那把锋利和刺痛的宝剑：风暴耶阿特民族的保卫者把恶龙的身体从中间斩为两截。他们二人合力砍倒了敌人，他们这两位高贵的亲人共同消灭了恶龙，他们的勇气剥夺了火龙的生命。男子汉大丈夫就应该这样行事——从危难中救出自己的主子。对那位君主来说，这是他一生最后一次的胜利时刻，是他活在世间所创事迹当中最终的一次。

随后，那地龙使他遭受的创伤开始肿痛、烫热起来；他立即感觉到致命的邪恶在他胸中沸滚。那是龙毒在他身上作祟。那位英明的君主走向墙边，想要坐下来休息片刻。他观看古代巨人们留下来的建筑工程，看那年深月久的地下大厅用牢固的柱子支撑着拱形石头屋顶。随后，那位无限忠诚的青年武士双手用水洗净他的恩主——那位名扬海外的君主——的饱受战斗创伤的身上的血迹；他替他卸下了头盔。

贝奥武甫不顾他所受的致命重伤开始说话了。他很明白他已过完了他活在世上的日子和欢乐；他的寿命已尽，死亡已离他很近。他说道："如果我有亲生骨肉在我死后做我的继承人，现在我情愿把我的战斗铠甲遗赠给我的儿子。我统治这个民族已经经历了五十个冬天。在我们周围居住的民族，他们的人民君主没有一个人敢于和我动干戈，敢于向我发出进犯的恐吓。在我自己的国土上我安分知命，把我自己的国家治理好，不出卖邻国，也不向他们挑衅，我也决不无理地乱发脾气。虽然我已受了致命重伤，奄奄一息，我仍以我说的这一切感到欣慰，因为当生命离开我的身体时，上帝将不会责备我，说我犯过杀害亲戚的罪行。亲爱的威依拉夫，既然恶龙受了重伤，再也不能重新得到它的宝杯，它现在躺在那里睡着了，你不妨马上下去察看一下灰色岩石底下的宝藏。动作要快，让我有机会看到那些古代的财富，那些金制器皿，让我清楚地看看那些发光的、精致的宝石，使我得以更安心地离开生命，离开我长期以来所统治的国家，因为这些宝物增加了我国人民的财富。"

我听说威奥斯坦的儿子立刻听从他的伤势很重的君主的吩咐，遵照他的话去行动。他身上仍穿着铁环连锁的铠甲和紧织密缝的衬衣，俯身走进古墓的大厅。接着，这位勇敢的青年卫士满心高兴地走到宝座旁边，看见许多珠宝和亮闪闪的黄金布满地上，还看见墙上挂着的奇珍异宝，还有那只火龙——年迈的夜间飞行者——的洞穴里的宝杯和古代的许多器皿。这些器皿是被剥夺了这些装饰品的古人所遗留下来的，年深月久，没有人去把它们擦亮。他还看见许多生锈的古代头盔和许多精制的铠甲上的铁环。（这些埋藏在地下的珍宝和金器，不管你藏得多么好，却很容易道出每个民族的秘密。）他还看见高悬在这片宝藏之上的一面金旗，那是用手工制作的艺术品当中最大的奇迹。这面金旗发出亮光，借着这亮光他才能看清地上，细看那些工艺美术品。那里没有火龙的踪影，因为刀剑已把它处理掉了。我听说，这个人取走了古墓中的宝物，这些东西都是古代巨人们的作品。他尽量地把宝杯和金盘装满他的怀中。他也拿走了那面金旗——那是所有旗帜当中最灿烂夺目的一面。他的年迈的君主用他的铁刃利剑已使那火龙受了重伤。它长期以来一直守护着这片宝藏，热衷于它的职责，午夜升空，散布它的烈焰恐怖，直到它在战斗中一命呜呼。

这位使者，受这些财宝的驱使，急着回去复命。他也急于知道在他专注寻求的同时，风暴耶阿特民族的已经奄奄一息的君主是否仍活在他离开他时所停留的地方。当他带着那些财宝回到他的伟大的君主身边时，他发现他血流不止，已到临终的时刻。他开始又一次向他身上洒水，直到话语的尖锋透过他的胸腔迸发出来声音——饱经忧患的年迈国王看着那些金器说道："我要说出我心里感谢上帝的话，感谢我们所有的人们的恩主，感谢那最光荣的国王和永恒的君主，赏赐给我这些宝物和我在这里所看到的这些东西，使我能够在我生命结束以前为我的人民赢得这些财富。既然我已用我的老年生命换得了这个宝藏，今后你也要注意人民的需要；我不可能再留在世上了。吩咐以善战著称的人们，在火葬的火焰烧红了天空之后，在海角筑起一座坟墓。这座坟墓将屹立在'鲸鱼岬'上，作为我给我国人民的纪念物，以便今后航海的旅客们，当他们乘船远航在大海的黑夜里，看到这个光亮时，会把它叫作贝奥武甫之墓。"

那位勇敢的君主从自己的颈上取下金项圈，把它赐给那位持长矛的青年战士——他的臣子，还赐给他金光闪闪的头盔、锁甲和战衣，并且叮嘱他好好地使用这些东西。“你是我们家族威伊蒙丁人仅存在世间的一员。命运把我所有的亲属，把那些尚在壮年的贵族武士，都驱赶到注定了的死亡之门。我也不得不随他们而去。”这就是老王临终时说的话，这就是他遭受火葬架上的熊熊烈火之前心里想要说的话。他的灵魂离开了他的胸腔，去寻找那些忠贞不渝的人们的归宿。

贝奥武甫的葬礼

随后，当那位年轻人看到他在世上所最敬爱的人十分痛苦地和生命作最后的挣扎，他心里难受极了。杀害他的恩主的那条可怖的地龙，恶贯满盈，也躺在那里僵死，失去了生命。那条盘绕成圈的恶龙再也不能占有那座军器宝库了，因为铁锤捶打成的坚硬、锋利的铁刃已制服了它，于是那只远飞的怪物因受重伤而安静下来，在宝藏附近坠落在地面上。它再也不能在午夜作空中飞翔，炫耀它的财产，显示它的面孔，国王的双手使它坠落在地上。可是我从来没有听说过世上有任何一位大力士，不论他如何事事勇敢，能够成功地抵御毒龙的呼吸或敢于侵犯那座宝藏的大厅，要是他发现居住在古墓里的那个守卫者保持警觉的话。贝奥武甫付出了生命的代价才换得了这些珍贵的宝物：二者都完成了生命的旅程。

过了不久，那些逃避战斗的懦夫从树林中钻了出来。他们是十名懦弱的违背誓言的人，在他们的君主最危难的时刻，不敢用长矛战斗来保卫他们的恩主。他们仍然持着盾牌，穿着战衣，满脸羞愧地来到躺在地上的老王的身边，看着威依拉夫。威依拉夫筋疲力尽地坐在那里。他坐在他的君主的肩旁，还企图用冷水使老王能够复苏过来：但是毫无效果。不论他如何渴望此事能够实现，他也无此回天之力，不能使生命在他主子的身上延续下去，也不能丝毫改变上帝的意图：上帝的裁判在那时控制着每一个人的行动，如同今日一样。接着我们不难听到那位青年武士向那些失去了勇气的伙伴们所作的严厉批评。威依拉夫——威奥斯坦的儿子——心里满怀悲伤，看着那些不受敬爱的人们，说道：

“的确，说实话的人会说那位君主白白地把战斗装备浪费掉了，因为当战争来临时他处于危难之中。那位君主赐给了你们珍宝和你们身上穿戴的战斗装备。在大厅饮宴的场合，他以君主的身份经常赏赐给他坐在大厅中饮宴座位上的臣子们他从远近各处所能收罗到的最坚固的头盔和战衣。人民的国王不需要夸耀他的战斗伙伴，因为主宰胜负的上帝允许他独自用自己的宝剑为自己报仇，在危难的关头行英勇之事。我在战斗中未能完全保护住他的生命，但是我不自量力却决心助我的亲戚一臂之力。在我用剑击中那个凶恶的敌人以后，敌人逐渐疲软了。从它头部喷射出的火焰也不再是那样炽烈。在危难的时刻，在我们国王的周围，护卫他的人未免太少了！从今以后，你们的家族将不再受到珍宝和刀剑的赏赐，快乐家庭的一切欢乐和安慰将告以结束。当远方的高贵人士得知你们临阵脱逃的可耻行为时，你们家族中的每一个成员将被剥夺掉他的土地继承权。对任何一位贵族武士来说，死亡胜过受人谴责的生活。”

随后，他站立在悬崖边上，命令人把战斗的结果向城中居民宣布。那一天整个上午，那些执盾牌的武士们坐在悬崖边上，心中充满了焦虑和忧思，不知道那将是他们敬爱的恩主的末日或者他仍能恢复知觉。那位信使骑马上到山头。他不辱使命，宣布了最新的消息，向全体城中居民真实地报告说："现在风暴民族的安慰者，耶阿特人的君主，熟睡在他的死亡床上。由于恶龙的伤害，他躺在他的阵亡榻上。在他身旁躺着他的死敌，它是受短剑创伤而被击毙的——因为他用自己的宝刀未能使怪物受到任何伤害。威依拉夫——威奥斯坦的儿子——坐在贝奥武甫身旁，看护着他：一位贵族武士怀着一颗沉重的心坐在那位失去了生命的君主旁边，看守着那位深受人民爱戴的人和那个人民最憎恨的敌人的尸体。

"现在当国王逝世的消息传播开来被法兰克人和弗里西亚人知晓，那么我国人民将要预期到战争岁月的来临。早先，当许基拉克率领他的海上军队来到弗里西亚人的国土时，我们就和胡伽人[47]结下了深仇大恨。在那里，许基拉克受到了赫特瓦雷人[48]的战斗袭击。来势很猛，使他措手不及，而且寡不敌众，结果这位身穿铠甲的武士国王倒了下去，阵亡在队伍之中：那位君主再也不能把财富赏赐给他的随从了。自从那个事件以后，我们就失去了墨洛温王朝[49]君主的良好愿望。

"我也不期望瑞典人会和我们和平共处或信守协议，因为众所周知，当耶阿特人怀着过度的骄傲最初向战斗的许尔芬人[50]发动进攻时，昂根塞奥[51]在乌鸦森林附近杀死了赫莱塞尔[52]的儿

---

47. 胡伽人是法兰克人的一个部族。

48. 赫特瓦雷人是法兰克人的另一部族。他们和胡伽人及弗里西亚人联合起来打败了许基拉克和他率领的耶阿特人。

49. 墨洛温王朝是法兰克民族的国王建立的。

50. 许尔芬人就是瑞典人——许尔芬的子孙后代。

51. 昂根塞奥是瑞典人（许尔芬人）的国王，奥赫塞若和奥乃拉的父亲。昂根塞奥在乌鸦森林附近打败并且杀死了哈斯金，不久后，他又被许基拉克打败，被埃奥弗尔杀死。

52. 赫莱塞尔是耶阿特人的国王，许基拉克的父亲，也是贝奥武甫的外祖父和监护人。

子哈斯金[53]。奥赫塞若的年迈、谨慎但是毫不容情的父亲[54]立刻反击，砍倒了那位海上国王[55]，援救了他的妻子——奥乃拉和奥赫塞若的母亲。她是一位被人抢走了黄金的旧时代的老妇人。随后他追逐他的死敌，直到他们在群龙无首的情况下痛苦地逃跑到乌鸦森林。然后他用一支大军把他们——那些刀下幸存、疲惫、受伤的敌人——团团包围在森林内，整夜不时地向那一群可怜的人发出恐吓和威胁，扬言在第二天早晨他将用刀刃把他们切成碎块，并把一些人绞死在绞刑架上，供鸟儿游戏。黎明给这些沮丧的人们带来了救援。当他们听见许基拉克的号角和军号，听见他的声音，他们才知道那位英雄带着一队随从跟踪到那里。在远处仍能看见瑞典人和耶阿特人留下的血迹。那是人们相互残杀和抗争遗留下来的痕迹。在那两个民族之间掀起了血亲报复的世代仇恨。随后，那位年迈的、悲伤的英雄，那位贵族武士昂根塞奥，带着他的亲戚们撤退到他的堡垒里去。他以前曾经听说过许基拉克的战斗，听说过那位英雄的武功。因此他没有把握进行抵抗，没有把握能把那些航海的敌人击退，使他的财宝和他的妻儿老小免遭那些好斗的水手们的劫掠。于是这位老人退避到他的土城墙内。

“随后，瑞典人民受到追击。赫莱塞尔的臣民拥向堡垒，许基拉克的战旗飘扬在堡垒的上空。在那里，白发苍苍的昂根塞奥被迫作困兽斗。那位人民的国王不得不屈服于埃奥弗尔[56]

53. 哈斯金是耶阿特王子，许基拉克的哥哥。

54. 指的是昂根塞奥。

55. 指的是哈斯金。当时许基拉克不在场。随后他带着援军赶到战场上，打败了昂根塞奥。

56. 埃奥弗尔是一名耶阿特武士，他是万雷德的儿子。他跟随许基拉克追赶昂根塞奥到他的城堡。先是埃奥弗尔的哥哥武尔夫被昂根塞奥刺伤，随后埃奥弗尔杀死了昂根塞奥。后来为了奖赏他，许基拉克把自己的女儿嫁给了埃奥弗尔。

的裁判。先是万雷德的儿子武尔夫用他的武器向他猛击，以至于受此袭击鲜血从他的头发下一股一股地涌冒出来。但是那位年迈的许尔芬人并不因此而气馁。这位人民的国王转过身去，迅速地用更加猛烈的反击予以回报。万雷德的强壮的儿子对那位老人的攻击却没有还手之力，原因是昂根塞奥已先砍破他头上的铁盔，使他满脸是血，跌落在地上：但他还没有注定身亡。虽然受了伤，他还是恢复了知觉。许基拉克的英勇武士[57]，当他看见他哥哥倒在地上，拔出他的大砍刀——那是古代巨人们铸造的，透过盾牌砍破老王头上的铁盔；那位国王——人民的守卫者——被击中要害，倒地身亡。

“随后，当那些人能够控制战场时，他们迅速地把他那位受伤的哥哥抬了起来，并把他的伤口包扎好。接着，一位武士从另一位武士身上剥光了他的衣物。他夺取了昂根塞奥身上的铁甲和他的硬柄宝剑，还有他的头盔；他把那位老战士的铠甲和武器带去献给许基拉克。他接受了这些财宝，并且当众正式宣布他将酬谢那位赠予者，而且这样履行了他的诺言：耶阿特人的君主，赫莱塞尔的儿子，当他回到家中，用大量的财物来报答武尔夫和埃奥弗尔的战功，赐给他们每人十万［平方米］土地和连接在一起的金属环：世上没有任何人有必要指责他如此重赏这二位武士，因为他们做出了英勇的战绩。随后，许基拉克还把他的独生女儿许配给埃奥弗尔，作为友谊的保证——使他家中四壁生辉。

“这就是人们之间的世代血仇和敌对行动，也就是不共戴天的仇恨。因此我预料瑞典人——那些在他们的君主阵亡后幸

57. 指埃奥弗尔。

存的勇敢的执盾牌的战士们，当他们得知我们的君主已离开人世，他们将会进犯我国。我们的君主以前一直保卫着我们的财富和我们的国土，使我们的敌国不敢侵犯我们。我们的君主造福人民，而且更加可贵的是：他树立了一个做人的典范。现在我们最好赶快行动起来，让我们去看望躺在那里的人民的国王，把以前赏赐我们财宝的恩主抬往那火葬柴堆。伴随那位慷慨无私的伟人一同火化的将不仅是少量的殉葬品，而是整个宝藏，是那付出你死我活的代价换来的数不清的金银和那些最后用他自己的生命赢得的宝物。这些东西将要付之一炬，将要被火焰吞没——没有一位贵族武士会戴上留作纪念的饰物，也没有任何一位漂亮的姑娘用项圈为她的美丽添增光辉；相反地，他们的金银财宝将被剥光，他们将满心悲伤地经常，而不是一次，在异国流浪——因为他们的军事领袖已经结束了他在人间的欢乐和游戏，再也笑不出声了。为了这个缘故，在寒冷的清晨，许多人的手指将紧握长矛，高举武器；唤醒战士们的声音将不是竖琴的音乐，而是黑老鸦的吵叫，它们低飞在那些阵亡者的尸体上空，向老鹰讲故事，叙述它们如何与饿狼共享美餐。”

那个勇敢的使者宣布不幸的消息。他所说的话和所作的预言都没有不实之处。那群武士听后都站了起来。他们怀着沉重的心情走下了鹰岬[58]，含着眼泪去观看那不平凡的战斗结果。他们看见沙滩上躺着一位失去知觉的人，他就是以前赏赐给他们珍宝的恩主。这位长者的末日已经来临，这位战斗国王，风暴耶阿特人的英明君主为民降妖除怪而牺牲了性命。他们先看

58. 鹰岬指的是贝奥武甫与火龙战斗的地方所邻近的海角。

见了那个怪物，那个躺在国王对面的可憎的妖龙。火龙身上被火焰烧成多种颜色，狰狞可怖；它躺在那里，足足有五十英尺长。往日它夜间出来在空中飞行、作乐，然后下到地面，回洞穴休息。现在它被死亡牢牢地捆住，最后一次使用了它的地下穴洞。在它身旁摆着金杯银瓶，还有被铁锈腐蚀的金盘和宝刀，正像它们在大地的怀抱里沉睡了一千年之久的样子。随后那座巨大的财富遗产——古人留下来的黄金——被禁咒锁住，于是没有任何一个凡人有权摸一下这座金山，除非上帝——真正无往而不胜的国王，凡人的保佑者——亲自批准他所信得过的人，任何他认为合适的人，去打开那座宝藏。

随后，人们认识到那个错误地把这些精致的手工制品埋藏在地下墙内的人做了一件徒劳无益的事。先是宝藏的守卫者杀死了一位非凡的人，然后人们又凶狠地报了这个血仇。人们觉得诧异：为什么一位英名远扬的贵族武士会这样结束他的生命旅程——今后再也不能享受他的饮宴大厅了，再也不能和他的亲属们共同庆贺，论功行赏。当贝奥武甫开始向古墓的看守者寻衅时，情况就是如此：他本人事先并不知道他将采取什么方式告别人世。古时候把宝物埋藏在那里的伟大君主们曾经向敢于抢劫或盗窃这座宝藏的人发出严厉的诅咒，直到世界的末日仍还有效，诅咒他将成为十恶不赦的罪人，被囚禁在异教神龛之中，受到地狱镣铐的禁锢，忍受各种苦难的惩罚，除非万物的所有者事先已明确地显示出他对渴望得到这些金银的那个人赐予了恩准。

威奥斯坦的儿子威依拉夫说道：“经常由于一个人的固执，许多人必然蒙受苦难，如同在我们当中所发生的事情那样。我们无法劝服我们王国的保卫者，我们敬爱的君主，不要走近那些金银的看守者，而是让它卧在它长年累月所躺卧的地方，让它生活在它的住所，直到世界的末日。他坚决执行他的崇高使命。那座宝藏终于被人发现，经过你死我活的战斗才被人占有。驱使那位人民的国王到那里去的力量是过于强大的命运。我曾进入那里，并且查看了那里的一切，室内的那些稀罕的宝物，因为我得到了许可——但我被批准去往土墙下面一行的那个举动却远非一次友好的旅行。我匆忙地用双手抓了一大把宝库中的珍品，都有十足的大小，把它们抱出来放在我们的国王面前。那时他仍然活着，头脑仍然清醒，仍能辨别事物。那位饱经忧患的老人谈到许多事情。他让我向你们致意，命令你们为了纪念你们恩主的事迹，在他的火葬柴堆处修起一座高大、显著的坟墓。那是因为当他还能够在他的城堡内享受他的财富的时期内，他是广大地球上人类当中最杰出、最受人尊敬的一名战士。

“现在让我们赶紧再一次去查看那些在土墙下面的奇珍异宝，那些成堆的宝石和贵重饰物。我给你们引路，让你们在你们身旁近处见识一下足够多的金环和又宽又厚的金块。当我们出来后，让我们赶快把尸体架准备好，然后让我们把我们敬爱的君主——那个最受敬爱的人——抬到他能够受到天主长期保护的地方。”

随后，威奥斯坦的儿子，那位英勇的战士，命令许多战士、有房产的人和人民的领袖从远处运送木柴来供应那位贤明君主的火葬堆的需要。他说道：“现在火焰将要吞没战士们的领袖——烈火将变得暗淡——当从弓弦上发出的箭矢暴雨般飞过盾牌护墙时，他经常能从枪林箭雨中生还。”

随后，威奥斯坦的英明儿子从部队中召唤了国王的贵族武士，共七名，他们都是经过精选的。他是八名战士当中的一员。他们一同下到那邪恶的屋脊下面。走在最前面的那个人手举火把。没有必要抽签决定该由谁去掠夺那里的宝藏，因为大家都看见那宝藏的每一部分都弃置在大厅中，无人看守。没有任何人因看到他们匆忙地搬走那些奇珍异宝而感到哀伤。他们还把那条死龙，那个可怕的怪物，从峭壁上推下海去，让海浪把它带走，让潮水把宝藏的看守者拥抱在怀里。随后，扭弯的金条被装上大车，还有数不清的珍品。那位头发灰白的战士，人民的君主，被抬上鲸鱼岬。

随后，耶阿特人民在地面上为他准备好一个不小的火葬柴堆，如同他吩咐的那样，并且在柴堆上挂起许多件头盔、盾牌和光灿灿的铠甲。然后，在柴堆当中他们放置着那位伟大的君主，哀悼他们的英雄，哀悼他们最敬爱的恩主。接着，那些战士们开始在那座坟山上点燃了最大的一场葬火；柴烟升起，黑黑地笼罩在红色火焰上面。咆哮的烈火和哭声混杂在一起——奔腾的火浪逐渐平息——直到烈焰烧穿了骨骼，在骨骼的心脏部位烧得最烫。他们满怀忧伤，哀悼他们最心痛的事情，就是他们为之尽忠的君主的逝世。一位长着波浪形头发的耶阿特妇女唱了一首挽歌，哀悼贝奥武甫。她一遍又一遍诉说她痛切地为她自身的安全担忧，惧怕敌军的入侵、大规模的屠杀、军队的暴行、自身的屈辱和被俘虏。苍天吞没了那场烟火。

随后，风暴耶阿特民族的人民在海岬上修起一座坟墩，又高又大，能让航海人从远处看见。在十天之内他们为那位战场上的英雄建成了一个纪念物。他们用一座墙把火葬的灰烬围绕起来。这座墙是最熟练的能工巧匠所能设计的最壮丽的建筑物。在墓中，他们放进许多金环和珠宝，放进那些哀伤的人们新近从那座宝藏里取出的所有的饰品。他们让大地保存贵族武士们的财富，保存地下的黄金。那些宝物现在仍旧睡在地下，如同往日一样对人类毫无用处。随后，十二名战场上的英勇战士，贵族世家的子孙，骑马围绕着那座坟墩转圈，悲叹他们的损失，哀悼他们的君主。他们歌唱挽歌，并且述说他的事迹。他们颂扬他的丰功伟绩和他的英勇行为，并对他的杰出的才能给以高度的评价。当领主的灵魂必须离开身体的时刻，武士用言辞赞颂他为之尽忠的领主，并且对领主满怀爱戴之心，这是十分恰当的。就这样，耶阿特民族的人民，以及他的家庭伙伴，哀悼他们的君主的死亡。他们说他是世界上国王当中最温和的人，对人民最慷慨、最仁慈，对荣誉最热切。

（二）晚期古英语史诗《马尔登之役》（*The Battle of Maldon*）

这首古英语英雄史诗纪念发生在公元 991 年的一个历史事件。当时英国遭受斯堪的纳维亚人的侵略。马尔登位于英国东南部埃塞克斯郡黑水河入海的河口，斯堪的纳维亚侵略者就驻扎在河口一个小岛上。这个小岛在退潮时有一条堤道和陆地相通。敌人以小岛为根据地，随时登陆骚扰。埃塞克斯伯爵比尔赫特诺斯率领由英国农民组成的民兵队把守堤道登陆的一端，使敌人无法上岸。敌人派遣使者传话："如果你们明智，纳贡称臣；否则就起来应战。"六十多岁的比尔赫特诺斯回话说他愿战，随即部署好他的民兵队伍，准备迎敌。由于他占的位置有利，敌人无从靠近，于是敌方喊话说："你们固然在堤道那一端十分勇敢，可是你们不敢让我们靠近。"比尔赫特诺斯过于自信，他竟然十分慷慨地，也十分愚蠢地，允许敌人在他所坚守的堤道那端登陆。随后展开了一场恶战。由于寡不敌众，比尔赫特诺斯和他的部下都英勇牺牲了。虽然这首英雄史诗只留传下来一个片断（325 行），读者并未读到英方的最后失败，但史诗的严峻气氛和比尔希特沃德的著名讲话暗示了灾难性的结局。

这一史诗片断一方面保存了早期日耳曼民族诗歌的英雄理想，歌颂勇敢和忠诚，蔑视并谴责贪生怕死和背信弃义，另一方面也反映了基督教的影响：歌颂基督徒伯爵的英勇、仁厚和顾全大局的无私、忘我精神。这和那些异教徒侵略者的残酷、贪婪、劫掠的海盗行为恰成对照。关于比尔赫特诺斯伯爵过于自信地让侵略者登陆靠近这一行动，批评家们有不同的解释。有些人认为伯爵这样做出于战略考虑。他的目的在于消灭入侵的敌人，而并不满足于仅仅保卫住他的家乡。如果敌人无法在他固守的马尔登地方登陆，他们势必要离开那里，而去骚扰和蹂躏英国其他地方。他让敌人上岸，双方才能交锋，才能达到消灭敌人的目的。另外一些批评家认为伯爵的行动包含了英雄的自豪感和大度，不仅仅是一种骄傲和自信的表现。伯爵相信自己的事业是正义的：抵抗异教徒的侵略，保卫基督教的英国。同时他也相信自己的英勇和战斗力量，因此才作出让敌人登陆的决定。无论是哪一种解释，读者都能意识到伯爵的高贵品德闪耀着日耳曼民族的英雄理想和基督教的救世爱民的精神。

这一史诗片断的艺术特点是：精练和淳朴，事件严格集中，语言极端克制。它的艺术成就值得高度赞扬。现把《马尔登之役》翻译如下：

……随后，他[59]命令他手下的一名战士[60]从马上下来，把马牵开，赶快冲上阵去，加入战斗的行列，相信自己的双手和一颗大无畏的心胆。那位奥发的亲戚[61]意识到伯爵绝不允许怯懦

59. 比尔赫特诺斯伯爵，英国抵抗部队的指挥者。

60. 这名战士是奥发的亲戚，见下文。

61. 奥发是比尔赫特诺斯手下的主要随从之一，但是我们无从知道他的这位青年亲戚的名字。

或恐惧。于是他让他心爱的猎鹰从他手上飞入树林中去，自己迅速奔上前线；通过这个行动我们得以知晓那个小伙子手握宝剑时绝不会临阵怯懦。

艾亚德里克[62]在战斗中也坚定地站在他的领主身旁；他手执长矛勇跃向前；当他强有力的手中紧握着大刀和盾牌时，他胸中充满了刚毅的决心；他实现了和他的主子并肩作战的诺言。

比尔赫特诺斯开始激励他手下的战士；他骑着马来回指挥，告诉他们应该如何压住阵脚，守住阵地。[63]他命令他们把盾牌紧紧握在手中，不要气馁。当他充分鼓起了他的队伍的士气后，他自己也从马上下来，在他认为是个合适的地方下马参战，那里有他所知道的最忠诚和最精锐的家臣和侍从。

随后，北欧海盗的使者站在海滨，高声喊话，把水手们的威胁口信抛向岸上的伯爵："那些大无畏的海员派我来到你的面前，命令我向你说你必须赶快把赎金送来，以换取和平；你与其让我们向你们发动一场恶战，还不如用贡金买脱一次长矛交锋。如果你应允，我们也就不需要浪费气力；你出金钱，我们就和你讲和。你是这里最有势力的人，如果你同意替你的人民出赎金，答应按照那些海员们所提的数目把金钱付给他们，以换取友好亲善，而且愿意从我们手上接受和平，我们就带着金银回到我们的船上，离港出海，遵守和约。"

比尔赫特诺斯向他讲话，挥动他的盾牌[64]，摇撼柔韧的梣木长矛，用愤怒而坚决的言辞回答他说："海盗，你听得见我的人民说的话吗？他们将要送给你的贡金，不是别的，而是长矛贡

62. 艾亚德里克是比尔赫特诺斯的另一名随从。

63. 他们在一个山坡上列开阵势，居高临下。

64. 挥动盾牌表示要求对方静听他的正式答复。

金，古代宝刀的利刃和浸透毒药的矛头，这些武器在战斗中也帮不了你们多大的忙！海盗使者，把这个答复带回去传达，向你们的一伙宣布更可怖的消息：站在这里守卫我的君主艾特尔雷德的国土和海岸、保卫他的江山和他的百姓的人不是一个出身微贱的人，他率领的军队也不是一支不光彩的军队。异教蛮子将在刀剑碰撞中丧生。你们既然大老远地来到了我们的国土，如果我们让你们毫不费力地带着我们的贡金上船，我认为那太便宜你们了。你们将不会这么容易地把我们的金银载走，而是在我们给贡金以前，宝刀的利刃和长矛的尖头先要作出决定。”

随后，他命令战士们拿起盾牌前进，在河岸上形成队列；但是，由于涨潮，双方都还未能发起进攻。在落潮后，潮水又涨了起来，两股水流锁在一起。[65]人们要等待太长的时间才能拿起长矛交战。在黑水河上，双方列好了队伍，一方是东撒克逊[66]的队伍，另一方是梣木船里的北欧海盗；双方军队都不能伤害对方，除非利用飞矢才能取敌人性命。

退潮了；海盗军队侵略者作好了准备，迫切待战。人民的保卫者——那位伯爵——命令一位饱经战斗的武士——名叫伍尔夫斯坦[67]，切奥拉的儿子，武将门第——去守卫那座桥[68]。这位武士用长矛刺向那第一个敢于上桥的人。和伍尔夫斯坦站在一起的是大无畏的战士阿夫赫若和马枯斯。这二人都极英勇，他们绝不会从渡口退却；只要他们还能挥动武器，就要和敌人战

65. 潮水从海里涌入河口，与河水汇合在一起。

66. 东撒克逊指的是埃塞克斯郡的人民。

67. 他是比尔赫特诺斯的亲戚。

68. 所谓桥，实际上是一条石头砌成的堤道，甚至在低潮时也处于水面以下；在堤道下面就是渡口。

斗到底。

当那些海盗看到，而且明白地知晓，他们遭遇到誓死抵抗的桥头守卫者，那些北欧海盗船员们开始掩饰他们的意图，请求对方允许他们抵达岸边，涉水渡过渡口，把他们的部队从海上撤走。这时伯爵过于自信，竟然轻蔑地把过多的地盘让给了敌军。比尔赫塞穆[69]的儿子开始喊话，他的声音越过森冷的水面，对方的战士们静静地听着："现在路已让开，赶快来和我们交战。只有上帝才知晓我们两家谁是战场的主人。"

那群好战的恶狼向前推进，不顾海水的阻力向西渡过黑水河。北欧海盗们的部队举着盾牌渡过闪耀的水面。比尔赫特诺斯和他的战士们站立在对面，随时准备和凶恶的侵略者交锋。他命令他的部下用他们的盾牌形成一道树篱[70]，并且坚守阵地，抵御敌人。现在战斗就要开始了，荣誉已近在咫尺。命中注定阵亡的人们，他们的时刻就要到了。喊声四起，乌鸦和老鹰渴望享用成堆的尸体。大地在咆哮。人们让锉刀测验过强度的钢矛和磨尖了的标枪从手中飞出。弓箭繁忙，盾牌承受着箭头。战斗的冲击十分激烈。双方皆有武士阵亡，年轻的战士捐躯疆场。伍尔夫迈尔受了重伤，他选择了沙场作为安息之床。他是比尔赫特诺斯的亲戚——他妹妹的儿子[71]——他遭到乱剑砍身的惨死。随后，他们向那些北欧海盗进行报复。我听说艾亚德华挥刀砍死了一个，他并不吝惜这一击，于是那名命中注定的战士卧倒在他的脚下。由于这个功劳，他的恩主后来对他予以酬谢。这些勇敢的人们就这样坚守阵地，英勇杀敌。年轻的战

69. 他是比尔赫特诺斯的父亲。

70. 用盾牌筑起一道围墙。

71. 甥舅之间的血缘关系在早期日耳曼社会里特别亲密。见《贝奥武甫》第 194 行及以下。

士们争先恐后地竞赛谁首先能够用长矛或其他武器送那个命中注定的人上西天。横尸遍地；他们仍坚定不移地保卫自己的疆土；比尔赫特诺斯激励他的部下，命令每一个愿从战胜丹麦人的战斗中争得荣誉的人一定要全心全意地奋力拼杀。

一名经过战斗锻炼的北欧海盗冲向前来。他挥舞着他的武器，举起他的盾牌保护他自己，向比尔赫特诺斯扑来。伯爵和那个农奴[72]同样果敢。双方都决心消灭对方。随后那名水手掷出他的南方制作的[73]长矛，于是武士们的领袖受了伤。但是他却用他的盾牌把那长矛狠猛地推开，以至于那长矛的杆折断了，矛头脱落，弹落在地上。那位战斗领袖被激怒了；他用自己的长矛刺戳那名伤害了自己的傲慢的北欧海盗。他熟练地用长矛刺穿了那人的咽喉；用他的手准确地结束了那个凶狠敌人的性命。接着他又迅速地刺杀另一名敌人，刺透了敌人的铠甲。敌人的胸部受了重伤，长矛浸了毒汁的矛头刺穿了敌人的心脏。伯爵因此而感到高兴；那位勇猛的首领破颜欢笑，感谢上帝赐给他那一天的胜利。

北欧海盗当中的一员，手中飞出一根长矛，刺中了艾特尔雷德[74]的高贵的领主。在伯爵的身旁侍立着一位少年，在这场战斗中他还是个未成年的孩子，他是年轻的伍尔夫迈尔——伍尔夫斯坦的儿子。这个小伙子勇敢地从那位战士的肋部拔出来那根鲜血淋淋的长矛。他把那根结实的长矛飞掷还给它的主人；矛头准确地刺中要害，那个使他的领主受了重伤的敌人应

72. 这是古英语诗歌里的套语，意为“贵族与贱民”二者之间的对照。

73. 即在北欧以南的地方（例如英国或法国）制作的长矛武器。这种武器似乎是很珍贵的。

74. 艾特尔雷德是英国国王，在位时间为978—1013，1014—1016年。他手下的高贵领主在这里指的是伯爵比尔赫特诺斯。

声倒卧在地上。

随后一名海盗战士向伯爵身边走来。他想把伯爵的战斗装备作为战利品，据为己有：珠宝和宝石、锁子甲和他的精制的宝剑。但是比尔赫特诺斯把宝剑从鞘里抽了出来——那是一把宽厚、亮刃的好剑——向着劫掠者的铠甲砍去。那些船员当中的一员抢先阻挡住他的进攻，伤了伯爵的手臂。于是那把金柄宝剑坠落在地上；他再也不能握住那利刃、使用他的武器了。可是他还能说话，那位头发灰白的战斗领袖振作他的部下，命令他们集合起来继续战斗。他再也不能站稳脚步，但他眼望着苍天，说道："我感谢您，噢，人们的上帝，赐给我在世间的一切欢乐。噢，慈悲的天主，我迫切要求您现在拯救我的灵魂，让我的灵魂来到您的天国，噢，天使们的领袖，让我的神魂平安地离开人世，受您的指挥。我向您祷告，不要让地狱里的魔鬼伤害我的灵魂。"随后，那些异教恶棍们杀死了他和站在他身旁的两位战士。艾尔夫诺斯和伍尔夫迈尔一同阵亡；他们在他们的领主身旁献出了他们的生命。

随后，那些怯懦的人们做了逃兵。奥达的儿子们首先逃跑。葛德里克退出战斗，不顾那位曾经赐赠给他多匹良马的恩主。他跳上那匹属于他的领主的战马，骑在那些他没有权利享用的马饰上面，他的两个弟弟也和他一同疾驰而逃。葛德温和葛德维毫不恋战，逃离战场，奔往树林里去，躲入堡垒，苟安偷生。还有不该如此众多的人也逃避战斗，他们也不想想他们的恩主曾经赏赐给他们那么多的礼品供他们享受。当年奥发在一次集会上曾警告他的恩主说，许多大发豪言壮语的人们[75]到

75. 早期日耳曼民族的风俗是在宴会或集会上战士们依次发出豪言壮语，以表示他们的英勇和战斗决心。

了紧急关头并不能实践他们的诺言。

人民的领袖，艾特尔雷德属下的伯爵，阵亡了。他所有的炉旁伙伴都看见他们的恩主已失去了生命。这些英武的随从们勇敢地前进；大无畏的人们迫切地奋力向前。他们大家都渴望实现二者之一：或替他们的领袖报仇，或者在战场上捐躯。艾尔夫里克[76]的儿子激励他们前进。那位年轻的战士说话了；艾尔夫温勇气百倍地说道："想一想当战士们坐在饮宴厅里的长凳上，饮着蜜酒，说古道今，夸下海口说我们在激烈战斗中要立下汗马功劳。现在时刻到了，看谁是真正的勇士！我自己决心向大家证明我的出身和家世。我是麦西亚[77]人，来自一个强大的宗族。我祖父名叫艾尔赫姆[78]，他是一位显赫、明智和富有的郡长。我宗族当中将不会有人责备我临阵脱逃，溜回家去，眼看着我的阵亡的领主倒卧在沙场上。在一切灾难当中，这对我来说，是最大的不幸和痛苦，因为他既是我的亲戚，又是我的恩主。"说完这话，他一马当先向前冲杀，一心要替恩主报仇。他用长矛尖头刺死那群海盗中的一员，那人倒在地上，一命呜呼。随后，艾尔夫温激励着他的战友们、亲属们和伙伴们奋勇杀敌。

奥发挥舞着他的梣木长矛，说道："艾尔夫温，你在这危难时刻鼓起了我们大家的斗志。现在我们的恩主，我们的郡长，已经阵亡，我们大家必须互相激励。只要我们的双手还能拿起宝刀和长矛，还能握住剑柄，我们作为战士一定要继续战斗。

76. 可能是 983 年成为麦西亚郡长的那个人。此人于 985 年受到放逐处分。这或许是他儿子艾尔夫温没有夸耀他父亲，而夸耀了他祖父的原因。由于他父亲被放逐后需要投靠另一位恩主，艾尔夫温才随着他父亲为比尔赫特诺斯效力。

77. 位于英格兰中部，公元 8 世纪时麦西亚王国为当时七国之雄。

78. 艾尔赫姆曾任麦西亚郡长（约 940—约 951 年）。

那个偷偷溜走的胆小鬼，奥达的儿子葛德里克，出卖了我们大家。当他骑马逃跑时，他骑的是我们的恩主的骏马，许多人还以为那骑在马背上的人是我们的恩主哩！现在战场上我们的队伍已有分裂，我们的盾牌防御墙壁已遭损坏。这个逃兵真该死，他的行为造成这么多人逃避战斗。”

雷奥夫苏努举起他的椴木盾牌，他的防身木板，说道：“我敢向你保证我决不肯后退一步，而是决心战斗在最前线，与敌人决一死战来为我的恩主报仇雪恨。斯图尔河畔[79]的坚定战士们将不会责备我，说由于我的恩主已经阵亡，我就背弃了领主，退出战场，逃回家去。我决不会这样做。让剑锋和矛头来袭击我吧！”他满腔怒火地冲向前去，勇猛地战斗；他鄙视那些逃兵鼠辈。

年迈的自由农民[80]杜乃雷挥舞着他的盾牌，大声向大家喊话，命令每一位战士都要奋力为比尔赫特诺斯报仇：“谁要是真心想为他的领主报仇雪恨，惩罚这些外族人，谁就绝不会裹足不前，也就绝不会吝惜自己的性命。”随后他们大家都冲向前去，不顾自己的死活。这些英勇的家臣们，凶狠的持长矛者，开始刚毅地拼杀，向上帝祈祷，使他们能够为阵亡的恩主复仇，使他们的敌人遭受死亡和毁灭。

随后，一位人质[81]也助了他们一臂之力。他出身于诺森布里亚部族当中一个英勇显赫的门第，他是艾吉拉夫的儿子，名叫艾希弗斯。在战斗竞技中他毫不退缩，而是横冲直撞在飞矢

---

79. 斯图尔河位于埃塞克斯郡。雷奥夫苏努就住在河畔的村里。

80. 最下层的自由民，自耕农。

81. 根据早期日耳曼民族的习俗，住在接受人质贵族家中的出身贵族的人质一方面享受这个贵族家庭成员的特权，另一方面也有义务帮助这个家庭的领主保卫领土，抵御敌人的侵略。

枪林之中，时而射穿敌人的盾牌，时而刺透一名海盗的铠甲。只要他还能挥动手中的武器，他就无时无刻不给敌人以致命的打击。

大个子艾亚德瓦尔德仍站在最前线，武艺超群，斗志昂扬。他发誓不后退一步，眼看着他的恩主倒卧尘埃，他岂肯袖手旁观？他粉碎了敌人竖起的盾牌护壁，和丹麦人决一死战。在他自己在战场上倒下去之前，他狠狠地教训了那些强盗水手，替他的恩主报了仇。

艾塞里克也是这样做的，他是西比希特的弟弟，高贵的战友，迫切渴望战斗；他奋勇杀敌，和众多其他战士齐心协力：他们粉碎了敌方的盾牌防线。盾牌的边缘破裂……[82]铠甲发出凄惨的悲鸣。随后，奥发袭击了敌方一名水手，把他砍倒在地上；在那里噶德的亲属也倒卧沙场。不久，奥发也在战斗中丧生。可是他已做到了他以前向他的领主所作的保证，实践了他以前对他的金环赐给者所盟许的誓言，这就是，他们二人或者共同骑着战马平安地回到领主的庄园，或者在战斗中倒下，因受重伤而捐躯疆场。这位受赐封地的贵族，他静卧在他的领主身旁，尽了他对领主服兵役的义务。

随后，一阵盾牌破裂声，海盗们勇猛地向前推进；尖矛刺穿了命中注定的人们的生命的房子（即身躯）。苏尔斯坦的儿子威士坦急忙冲向前，和那些丹麦人拼杀。在威耶木[83]的儿子阵亡前，他已在激烈的战斗中结束了三个敌人的性命。战斗极为严峻，战士们坚强勇敢，毫不动摇；受重伤的勇夫一个个倒下。死亡笼罩着大地。

---

82. 此处手稿脱落数行。内容可能叙述一名北欧海盗向奥发发动袭击。

83. 威耶木可能指的是奥发的父亲。

与此同时，奥斯沃德和艾雅瓦德这两兄弟集合了他们的队伍，鼓励他们的亲朋好友在危难中坚定不屈，充分发挥他们手中武器的威力。

比尔希特沃德说话了——他是领主的一名年老的侍从——他举起盾牌，摇撼着他的梣木长矛；他勇气百倍地激励他的部下："随着我们力量的减弱，目的要更加坚定，精神要更加抖擞，勇气要更加高涨。[84]在这里的地上躺着我们的好领主，鲜血盖满了他的身上。谁要在这个时刻想要放弃战斗，临阵脱逃，他将要后悔一辈子。我年纪大了；我决不屈服，我情愿最终躺在这里，躺在我的领主、躺在我最敬爱的人的身旁。"

阿塞伽的儿子葛德里克也激励大家奋勇向前。他向那些北欧海盗一次又一次地投掷标枪和长矛。他挺身战斗在最前线，砍杀、劈倒一个又一个敌人，直到他自己倒了下去。他不是那一个同名的葛德里克，那个人从战场上逃了出去[85]……

（三）《布鲁南堡之役》（*The Battle of Brunanburh*）

在《盎格鲁-撒克逊编年史》中，公元937年年份下记录了一首短诗（共73行），取名为《布鲁南堡之役》。此诗篇歌颂英格兰国王艾特尔斯坦（Athelstan）和他弟弟埃德蒙（Edmund）率领英格兰军队抵御由北欧海盗和苏格兰、威尔士部队联合组成的侵略大军，在布鲁南堡垒（Bruna's borough）前打了一场大胜仗，因此载入史册。本诗作者除赞扬

84. 这几句话的古英语原文是 Hige sceal þe heardra, heorte þe cenre, / mod sceal þe mare, þe ure maegen lytlað.

85. 这是一个轻描淡写的陈述（understatement），运用这种修辞手法作者想要达到冷嘲热讽的目的，因为根据氏族社会的道德准则，当自己的领主战死在疆场上而自己生还，那是极端可耻的事。

这两兄弟外，还称赞了英格兰军队，写道：

西撒克逊人
以雷霆万钧之力整日奋勇前进，
向前推进，追赶敌军，
用磨快了的军刀把逃跑的敌人
从背后凶狠地砍倒在地。麦西亚人也不示弱，
丝毫也没有饶过那些跟随安拉夫[86]
漂洋过海坐船来侵略我国海岸的人们，
这些军人命中注定要在与我们的交锋中丧生。

值得注意的是，这首短诗还表现出国家意识的诞生和爱国思想的萌芽。这种意识和思想超越了为某一位君主或某一个王朝效忠尽职，而是一种忠于一国和忠于一个民族的思想。请看诗中对于这场战役所作的历史评论：

像这样一次大屠杀，
死人之多，在此之前，在我们这个岛国，
尚属空前，即用军刀的利刃所杀死的敌人，
多不可数（如果书本或识多见广的老人
所告诉我们的话属实），这是前所未有的事，
即从那时算起，当盎格鲁人和撒克逊人
从东面来到这里，来到我国的海岸，
他们渡过广阔的海域寻找不列颠岛，
从这些英勇、智慧的战士征服了威尔士人，
从这些令人崇敬的常胜武士赢得了
这片国土算起。

86 安拉夫（Anlaf）是北欧海盗部队的首领。

古英语诗歌给后世留下了这首诗艺成熟、热情洋溢的爱国颂歌，值得人们纪念。

（四）古英语诗歌的格律和修辞

古英语诗歌的形式是采用押头韵的长诗行，诗行末端不押韵。长诗行由不同数目的音节组成，这些音节有的重读，有的轻读。每一个长诗行又分成两个半行，中间有个停顿，拉丁文称作 caesura。尽管这两个半行所包括的音节数目不等，但每半行都具有两个重读音节，而这些重读音节都相互押头韵。所谓押头韵是说这些重读音节都是以同一个辅音开始，或者都用元音开始，而任何元音都可以相互押头韵。每一长行所押的头韵由每一长行的第二个半行的第一个重读音节所决定。例如，

Rófne ránd-wigan • réstan lýste;

（英勇的盾牌战士渴望休息;《贝奥武甫》，第 1793 行）

Ádl ne ýldo • ne him ínwit-sórh

（疾病或老年，伤人的烦恼对于他都…… ;《贝奥武甫》，第 1736 行）

在 1793 行中，第二个半行的第一个重读音节是 rés(tan)，这个音节开始位置的辅音 r 就成了这一长行所选中的押头韵的辅音字母，因此也就出现了第一个半行中的重读音节 róf(ne)、ránd-(wigan) 和第二个半行中的 rés(tan) 三个重读音节共同押辅音头韵 r 的现象。在 1736 行中，第二个半行的第一个重读音节是ín(wit)，这就决定了元音 i 成为这一长行所选中的押头韵的元音字母。任何一个元音字母都可以和任何其他的元音字母相互押头韵。因此第一个半行中的重读音节 ádl（疾病）和 ýl(do)（老年）就和第二个半行中的第一个重读音节ín(wit) 相互以不同的元音 a、y、i 押头韵。

古英语诗歌的韵律一点也不死板，而是富于各式各样的节奏，主

要利用变换重读音节的位置和非重读音节的数目和位置来达到这个效果。古英语的诗歌语言富于表达性，主要利用复杂的比喻和生动的描述短语，叫作“比喻名称”（kenning），一般采取复合名词的形式，来达到这个效果，例如，称“船只”为“海洋雄马”（ocean-stallion），称“大海”为“天鹅路”（swan-road），或“鲸鱼路”（whale's path），或“塘鹅浴场”（gannet's bath），称“牡鹿”（stag）为“荒原跑手”（heath-stepper），称“人体”为“骨骼寓所”（bone-chamber），称“旅行者”为“地球步行者”（earth-walker），称“坟墓”为“死亡寓所”（death-chamber），称“死亡”（动词）为“收起笑声”（to lay aside laughter），等。古英语诗歌动人之处在于辞藻华丽，情调悲壮，节奏有力，感情强烈。

（五）古英语诗歌的特点

斯塔尔夫人（Madame de Staël，1766—1817）在《论文学与社会制度之关系》（*De la littérature considérée dans ses rapports avec les institutions sociales*，1800）一书内，把文学分为“南方文学”与“北方文学”两类。南方文学包括希腊、罗马、17 世纪法国、意大利和西班牙文学，其源乃始于荷马。北方文学包括英、德及斯堪的纳维亚文学，以莪相（Ossian，古爱尔兰诗人）为鼻祖。南方文学重理性和形式美，温暖如南国的阳光。北方文学重感情和灵魂的痛苦，阴霾如北海的天色。这两种文学各有所长，同时也象征人的两种心境，而风格气度之不同正如《楚辞》之与《诗经》。

西方文化有两大思潮。一源于希腊之理性的个人主义，重现实生活及知识的追求。一源于希伯来之情感的救世主义，重未来生活及灵魂的得救。前一种思潮影响了南方文学，后一种思潮浸润了北方文学。南方文学是异教的，北方文学是基督教的。

德国哲学家康德把美分为两类：一称刚性美（崇高美——the sublime），一称柔性美（秀丽美——the beautiful）。前者如崇山峻岭，惊涛骇浪，迅雷骤电，乃一种惊心动魄、骇人心目之美。后者如春花秋月，鸣鸠乳燕，榆钱柳絮，乃一种怡心养性、动人爱怜之美。南方文学具有柔性美，北方文学具有刚性美。

英国文学是北方文学，因此具有上述北方文学的各种特点。在最早的英国文学作品中，即有对于寒冷、可怕的北海的描写。人们视航海为畏途，但为了谋生仍不得不航海，遂有“北海为死海”（Die Nordsee ist eine Mordsee）之谚语。所谓“死海”者，不仅恶浪翻船、葬身鱼腹之谓，亦谓冰天雪地，草木凋零，一片肃杀之气。所以最早的英国文学作品中，多有咏叹生命之无常，身世之飘零，上天不仁以万物为刍狗之感情，与《古诗十九首》及古乐府的作风有些相似，接近中国文学中的边塞诗歌。

古英语诗歌尤其具有这种特点。这是北方文学中日耳曼民族文学英雄史诗传统（Germanic heroic tradition）和哀歌体抒情诗传统（elegiac lyric tradition）所共有的情调。这个共同的情调又和基督教题材结合起来，这样就产生了严肃、哀伤、逆来顺受、相信命运，同时却又表现出具有强烈责任感、荣誉感、忠诚、坚忍、爱乡爱民的性格和表现这种性格的文学作品。也就是说，盎格鲁-撒克逊民族在大约公元6世纪末的时期开始形成了一种新型的文化。这种文化包括原有的日耳曼成分和新加入的基督教成分。这两种成分相互作用，相互渗透，这就逐渐形成了古英语时期的艺术风格和诗歌传统。1939年在英国南部萨顿胡（Sutton Hoo）地方发现了一个公元7世纪中叶撒克逊国王的墓葬，其中包括一只船，满载着珠宝和用具。这些出土文物证明在7世纪中叶异教文化已和基督教文化结合在一起。同样，在公元7世纪也出现了古英语诗歌中运用欧洲大陆时期原始的日耳曼诗歌技巧来处理基督教题材的现象。另外，《漂泊者》和《航海者》这两首个人抒情短诗，虽然处理的并不是基督教题材，却也利用了基督教成分，采取了基督教观点。这两首诗都从无家可归的叙事者立场出发，叙述尘世间生活之艰辛、困苦，但却把尘世的痛苦和天国的欢乐加以动人的对照，使个人的感情纳入宗教感情的轨道。另一方面，处理基督教题材的圣经诗篇《创世记》《出埃及记》和《但以理书》却又使宗教题材和英雄史诗中的异教主题（例如，封建诸侯和家臣之间权利和义务的关系）结合在一起。又例如，宗教诗篇《关于十字架的梦》中，十字架发出声音，叙述耶稣蒙难的故事。耶稣被描绘成一位被判罪的日耳曼武士君主般的形象，受到极端的凌辱和酷刑。这样诗篇中的叙事人加深了他的宗教信念，相信自己的灵魂能够得救。在英雄史诗《贝奥武甫》中，异教成分和基督教成分也糅合在一起。主人公贝奥武甫不仅是一位命中注定要为拯救人民而牺牲自己生命但却视死如归的日耳曼民族英雄，而且成为上帝与邪恶作斗争的工具。全诗对于英雄时代人们所关心的事情有不少的评论，例如，看守或找寻财宝、氏族之间的血仇、封建诸侯与臣民之间的关系等。这些评论一方面颂扬英雄时代的传统美德，另一方面却又暗示这些传统美德的局限性。只有主人公贝奥武甫的体力和决心（意志）受到很高的称赞，但这些也不是绝对的价值。

第四章

古英语散文

（一）古英语散文的内容

随着丹麦人的入侵和诺森布里亚王国的灭亡，古英语诗歌创作时期告一结束。随着阿尔弗烈德大王（Alfred the Great，849—899，在位时间 871—899）的即位和他的文治武功的成就，开始了古英语散文创作时期。丹麦侵略者摧毁了北方的宗教和文学中心，全国和全民都陷入愚昧无知的危险境地。阿尔弗烈德大王为了启蒙人民，首先努力提高自己的文化水平，孜孜不倦地学习拉丁文。他聘请了一些欧洲有名的学者作为他的老师，并组织人力，而且亲自动手，把一些重要的学术著作从拉丁文翻译成古英语。这些译著就是最早的一些古英语散文作品。阿尔弗烈德亲自翻译的著作有：教皇格列高利一世（Pope Gregory Ⅰ，540—604）所著《牧羊人之书》（*Cura Pastoralis*），为教育僧侣阶层和教士所用。这部译著的“序”（“Preface”）非常重要，因为在这个序里阿尔弗烈德描述了当时英国文化低落、学术衰退的情况，并且告诉读者他希冀恢复教育、繁荣学术的决心和计划。我们今天读这篇序时仍能感受到这位英明君主爱国、爱民的崇高品质，使我们景仰不已。阿尔弗烈德还亲自翻译了奥罗修斯（Orosius，约公元5世纪）的世界史和世界地理著作《讨伐异教徒七卷史》（*Historiarum Libri VII adversus Paganos*）。在这部译著里，阿尔弗烈德还插入了他从探险家那里所得到的有关白海（White Sea）和波罗的海航行的第一手材料。这些段落，今天的读者读起来，仍能感受到当时读者的激动、兴奋心情。此外，阿尔弗烈德还亲自翻译了博伊西斯（Boethius，约480—约524）的哲学名著《论哲学之安慰》（*De Consolatione Philosophiae*），也对此书增添了一些新的内容。他请别人翻译了比德（Bede，672 / 3—735）的名著《英格兰人教会史》（*Historia Ecclesiastica Gentis Anglorum*，完成于731年），其中包括凯德蒙《赞美诗》的西撒克逊方言译文。阿尔弗烈德的另一重要贡献就是组织人力编写历史，给后世留下了珍贵的文化遗产。这就是古英语散文著作《盎格鲁-撒克逊编年史》（*The Anglo-Saxon Chronicle*）。这部历史著作用西撒克逊方言记录发生在英国的重大事件，从基督教公元开始，到12世纪中叶（1154年）为止。它包括了为了抵御丹麦侵略英国人民在阿尔弗烈德亲自率领下进行英勇斗争的历史。在有关10世纪的历史部分插入了几首重要诗篇，其中以《布鲁南堡之役》最为有名。《盎格鲁-撒克逊编年史》的早期部分（892年以前）出自阿尔弗烈德的手笔，或由他口述别人记录。

另一位值得一提的古英语散文作家是埃尔弗里克（Aelfric，约1010年逝世）。他的作品主要是一些布道演说和圣徒传记。他的散文风格比较雕琢，其特点是押头韵和具有节奏感，把散文艺术提高了一步。另一位散文作者名叫伍尔夫斯坦（Wulfstan，1023年逝世），著有《狼对英国人民的布道》（*Sermo Lupi ad Anglos*，1014年），包括对遭丹麦侵略者蹂躏后英国国土满目疮痍惨状的描述，以及对英国人的罪恶和道德败坏的谴责。

（二）阿尔弗烈德大王的文治武功

阿尔弗烈德大王是英国历史上最伟大、最英明的一位君主。为了帮助读者更深入地了解这位贤君圣主，现把阿塞尔（Asser，约死于公元909年）写的拉丁文《阿尔弗烈德大王传》中某些段落翻译如下：

阿尔弗烈德的教养

在他所有的兄弟当中，他最受父母和一切人的宠爱。他和他所有的兄弟们一同在宫廷里受教育，一同长大成人。随着他从幼儿进入青年时期，他比他的兄弟们长得更为英俊，在容貌、言谈和举止方面都比他们更讨人喜欢。他的高贵出身和他的高贵品性从孩提时代起就在他心中牢固地树立起热爱智慧胜过尘世间所有的东西的习惯；但是，说来怕人见笑，由于他父母和家庭教师的不称职的疏忽，他直到12岁或更大一些还不识字，尽管不分白昼和黑夜他总在那里洗耳恭听经常有人在宫廷里歌唱的那些古老的撒克逊歌曲。而由于他聪慧敏捷，善于学习，因此他都能把这些歌曲的歌词牢记在心。他又热衷于学习打猎，学习这项技艺的不同门类，并且勤于实践，因此取得了极大的成功；这是因为他的打猎技巧和幸运，以及在上帝赐给他的其他天赋才能方面，他总是——如我经常目睹那样——超过任何人的技巧和幸运。

阿尔弗烈德和撒克逊歌曲书卷

某一天，他母亲手里拿着一册书卷，向他和他的兄弟们说道："你们当中谁把这册书卷学得最快，我就把它奖给谁。"受了这番话的鼓舞，或许更由于神圣的灵感，同时也被卷首那个用鲜明色彩和图画装饰起来的美丽的第一个字母所吸引，阿尔弗烈德虽然年纪最幼小却最受上帝的恩宠，于是抢先回答他母亲说道：“您真的要把这本书奖给我们当中谁最先领会并能背诵给您听的人吗？”听了这话他母亲满意地微笑着再一次肯定她说过的话：“是的，我一定这样做。”于是那个孩子就从他母亲手中接过那册书卷，去找他的家庭教师，学会了书中的歌词，并且牢记在心。接着他把书卷拿回给他母亲，向她背诵了书中的词句。

阿尔弗烈德对学问的爱好

他经常从内心深处发出叹息和悲伤，直言不讳他这一生最大的困难和障碍之一就是当他还年轻、有空闲和能力学习时却没有老师，而当他更年长时他昼夜不断地被如此众多的疾病所困扰，这些疾病是英伦岛上群医所不熟悉的，再加上君主在内政和外交上的焦虑和异教徒来自海上和陆地上的侵略，以至于这时他虽然有了数十名教师和写作人员，但他自己却没有时间来研究学问。但是，尽管如此，在这个尘世间的一生当中，从儿童时代到现在，我相信，甚至到他逝世的时刻，他仍无时无刻继续不断地怀着对学问同样的从不满足的、如饥似渴的爱好。

阿希登之役

受到这场灾难和耻辱，那些基督徒们振作起来，四天以后，率领了他们的部队，勇气百倍地去和上述敌军交战，双方会师于阿希登，这个地名在拉丁文中意为“梣木山”。异教徒们形成两个分队，排列成两个一般大小的盾牌防御护墙；由于他们由二位国王和许多名郡长率领，他们把整个队伍的中部交给二位国王指挥，头尾部分由郡长们指挥。看到这样的阵势，基督徒们也把队伍分成两部分，也同样积极地排列起盾牌防御护墙。如同诚实可靠的目击者告知我的那样，阿尔弗烈德迅速地带着他的部下奔往战场，而艾特尔雷德国王却长久停留在他的营帐中祷告，听弥撒，并且宣称他不愿在神甫做完弥撒之前活着离开那里，还说他不想背弃为上帝服务而为凡人服务，因此他完全按照这样的信念来行动。这位基督教国王的虔诚，如同我将要在后面更加充分地显示的那样，对天主的安排有很大的影响。

基督徒方面事先已决定由艾特尔雷德国王率领他的部下向那两个异教徒国王发动进攻，并让他弟弟阿尔弗烈德带着他的部队冒战争的风险去对付异教徒军队所有的其他领袖。双方都作好了这样的准备，但英国国王仍在继续祈祷，而异教徒方面迫切渴望战斗，已赶赴沙场。这时，阿尔弗烈德，虽然他的地位仅次于国王，却不再能够容忍敌军的前进。要么他撤退，要么他不再等待他哥哥的命令就立即向敌军冲锋陷阵。最后，犹如一头野猪那样猛冲，他奋勇地率领基督徒部队向敌军发动进攻，如同他事先已筹划好的那样。他如此行动的缘故是，虽然国王尚未来到战场，阿尔弗烈德听从的是上帝的命令，并且信赖的是上帝的帮助。因此，当他适当地紧缩并整顿好他的盾牌防御护墙，他高举他的军旗向敌人冲去。终于，艾特尔雷德国王祷告完毕，驾临战场，在祈求宇宙主宰的保佑之后，开始交战。

在这里我必须向那些不明真相的人们说明一下实际情况：战场上双方并不是处在相同有利的地位，因为异教徒一方已占据了较高的地势，基督徒一方则是朝山上发起进攻。在那个地方生长着一棵孤零零的矮荆棘树，这是我亲眼看到过的。围绕着这棵树，交战的双方部队展开了激烈奋战，一齐发出战斗的吼叫，震耳欲聋。一方决心进行罪恶的侵略，另一方则致力于为保卫生命、保卫亲人和保卫祖国而战斗。两军勇猛激战相当长时间之后，异教徒军队，由于上帝的决定，再也抵挡不住基督徒军队的进攻，他们的有生力量的大半已被歼灭，因此不得不采取可耻的溃逃行径。两名异教徒国王当中的一名已和五名郡长一同阵亡在沙场上；他们的数千名战士或横尸在这里，或漫山遍野地倒卧在整个阿希登战场上。就这样，在那里阵亡了巴葛塞吉国王、西得洛克郡长父子、奥斯奔郡长、弗莱纳郡长和哈罗德郡长。全体异教徒军队继续溃逃，不仅直到夜晚，而且直到第二天白昼，甚至于直到他们逃回到他们出发的大本营。基督徒们的军队紧紧地追逐，歼灭他们所能赶上的敌人，直至天黑。

阿尔弗烈德的各种各样的爱好

在这期间，阿尔弗烈德国王处在战争和尘世间日常生活经常的困扰和束缚之中，一方面要抵御异教徒的侵略，另一方面还要和他自己每日的疾病作斗争。在这种情况下，他仍继续坚持处理政府的事务，与此同时，他还练习各种狩猎，指导他的首饰匠和他的所有的其他工匠，以及他的猎鹰饲养员、驯鹰员和养狗员；他还按照他自己的新设计修建超过他的先人的一切惯例的雄伟、华丽的住宅；此外，他还朗读撒克逊文书籍，尤其擅长背诵撒克逊文诗篇，并让别人也这样做，而且自己从来也毫不松懈地尽他自己的全力最勤奋地学习知识和文化。他每天都听弥撒，并参加其他的宗教礼拜仪式；他背诵某些赞美诗，配合祈祷，并且遵守白昼和夜晚的定时礼拜；他还经常夜间去到教堂，如同我已提到的那样，为了独自一人在那里祷告，免受别人干扰。他对本国人和来自各国的外国人一视同仁，对他们予以施舍和赏赐；他对所有的人都极为和蔼可亲和礼贤下士；他还擅长于探索未知的和未被发现的事物。许多异教徒法兰克人、弗里斯兰人和高卢人，以及高贵、淳朴的威尔士人、爱尔兰人和布列塔尼人，都自愿地服从他的统治；对于这一切人，按照他们各自的身份和才能，他分别加以控制、恩宠、敬重，并奖以金钱和权力，犹如对待他自己的臣民一般。另外，他孜孜不倦和热情洋溢地倾听他自己的同胞朗读《圣经》，如果碰巧有从国外来的客人访问英国，他也经常和外国客人一同听祈祷。他热爱他的主教们和所有的教士，热爱他的郡长们和他手下的贵族，以及他的个人侍从和伴侣。这些人的子弟也在宫廷中受教育，他对待他们犹如对待自己的儿子一般；他不懈地教导他们各方面的优良品行，并且在百忙中还日以继夜地给他们讲授文学。但是他好像从这一切当中还不能得到安慰，他好像并不被任何其他内忧外患所困扰，却日夜为此事而苦恼：他向天主诉苦，并向所有和他亲近的人悲叹，因为万能的上帝使他对于神圣的智慧和文科七艺愚昧无知。在这方面他竭力仿效希伯来国王虔诚的、著名的、富有的所罗门。这位国王最初睥睨尘世间一切荣华富贵，只向上帝乞求智慧，结果却二者兼而有之，即智慧和现实的荣誉二者俱来，如同《圣经》上写的那样："你们要先求他的国和他的义，这些东西都要加给你们了。"……他不惜利用一切机会去寻求助手以实现他的良好计划，帮助他努力追求智慧，以期达到他为自己订下的目标；犹如一只深谋远虑的蜜蜂，在夏天黎明即从她的甜蜜的蜂房起身，沿着空中不易确定的航道迅速飞行，降落在许多不同种类和各式各样的青草、药草和灌木的花朵上，尝试她最喜欢的东西，把它带回家去，阿尔弗烈德也同样高瞻远瞩，从外面寻求他内部，也就是他自己的国土内，所缺少的东西。

阿尔弗烈德的博学的伙伴：魏尔弗里斯、普来格蒙德、阿塞尔斯坦和威尔吴夫

为了对那位国王的仁爱和善行稍加安慰，那时上帝不再忍心听到他的合理的和合法的诉苦，给他派送来某些“光明的使者”（学术名流），例如，魏尔弗里斯，伍斯特教会的主教，精通《圣经》的饱学之士。国王指示他讲经，他是最早的一位把教皇格列高利和他的弟子彼得之间的《对话录》（*Dialogues*）从拉丁文解释成撒克逊语的学者；有时逐字逐句翻译，但整个的解释十分明晰和典雅；其次是普来格蒙德，出生于麦西亚，他是坎特伯雷教会的大主教，是一位德高望重、才智超群的人；还有阿塞尔斯坦和威尔吴夫，他们也都是出生于麦西亚的教士和学者。阿尔弗烈德国王把这四位大师从麦西亚请到他的身边，让他们在威塞克斯王国内居高位、掌大权，更不用说普来格蒙德大主教和魏尔弗里斯主教在麦西亚王国内原有的职位和权力了。在所有这些人的教导和启迪之下，国王的求知欲不断增长，而且得到了满足。不分昼夜，只要他有一点空暇，他就请这些人来给他念书——他从不让他自己身边缺少他们当中的一位——结果是他对几乎每一本书的内容都有了一些了解，尽管因为他还没有学会独立阅读，他自己单独还不能读懂书里的文字。

阿尔弗烈德的手册

某一天，我们二人正坐在国王的寝室内，谈论各方面的问

题，如同我们经常所做的那样，碰巧我从某一本书中找到一句可供引用的话，于是念给他听。他竖起双耳，全神贯注地倾听那句话，并且在他心灵深处仔细地思考了它的含义，随后他忽然从怀中拿出一本小册子给我看。这个小册子是他随身携带的记事本，里面记着每天的课程，还有一些他在青年时代读过的赞美诗和祈祷文。接着他让我把刚才念给他听的引语记录在他的小册子里……由于我在那小册子里找不到抄写那个引语的空白处，因为那里面写满了各式各样的内容，我耽搁了片刻，主要为了激发国王的高超理解力，使其对《圣经》中上帝的箴言达到更高的认识。他督促我赶快把引语记下来，我向他说："您愿不愿意让我把那句引语写在另外一张纸上？或许我们还会找到一两个或更多的让您喜欢的引语。如果真是这样，我们将会因为我们把这个引语分开保存而感到高兴。"他回答说："你的计划很好。"于是我兴冲冲地赶忙用四张纸制作了一个小册子，在卷首抄写了他让我记下的那条引语。在同一天，不出我所料，他还请求我记下来另外三条他所喜欢的引语。从那时起，我们每日都要一起讨论，借助于我们所发现的并且是他喜爱的那些引语更深入地钻研同一个题目，结果是那个语录册子逐渐被写满了；理应如此，因为书上是这样写的："一个正直的人在适度的基础上建筑自己的房屋，逐步升高到更宏伟的殿堂。"……

在那条最早的语录被抄写后，他迫切地立即读它，并把它翻译成撒克逊语，然后把它教给许多其他的人。……他受到上帝的启迪，开始阅读《圣经》中关于圣马丁节日的基础知识。然后，按照自己的能力，他开始继续阅读他的任何一位和所有的教师从各方面收集到的文学精华，并把这些杂乱无章的段落整理成一本书的形式，直到它几乎具有《圣经》中《诗篇》的规模。他把这本书叫作他的手册，因为他不分白昼和黑夜都把它小心翼翼地放在手边，并且经常说他从那本书中得到了不小的安慰和乐趣。

阿尔弗烈德的困扰

如今国王的王权固然已经确立，但他却被许多磨难的铁钉刺伤他的精神和肉体。从他年满二十岁起，直到今年他已四十五岁，他经常受到一种不知名的疾病的极其剧烈的袭击，以至于他无时无刻或被那种疾病折磨，或由于那疾病所引起的恐惧导致了他的近乎绝望的忧郁。此外，他还不断受到来自陆地和海上外族的骚扰和侵略，没有片刻的宁静。这也构成他的国土不安定的一个极大的原因。

关于他屡次出击异教徒的远征，关于他进行的保家卫国的战争，关于他日以继夜的勤政和筹划，我该提到哪些事例呢？……我又该说哪些有关这一切的事例呢？有关他对城市和乡镇的修复和重建，以及那些新开和新建的城镇，有关那些在他亲自指导下修建起来的用金银装饰的极为精美的建筑物，那些他所指挥用木石巧妙盖成的皇宫大厅和住房，以及国王自己命令用从旧建筑原址拆除下来的石料重建于更加适当的新址的壮丽的皇家别墅？

除了上面提到的疾病外，他还受到他手下臣民之间的争吵和纠纷的困扰，因为这些人不肯为了国家的共同利益和需要主动地出力报效国家。只有国王一个人，一旦承担了治理国家的重任，在上帝的支持和帮助下，像一名精于航海的舵手，千方百计地设法引导他的航船（上面满载着金银财宝）朝向他的国家长期渴望的安全港驶去，而他的船员们几乎所有的人都厌倦这次航行，但他处在尘世间的汹涌澎湃的海浪和众多的漩涡之中，绝不允许他的水手们胆怯或犹豫。因此他手下的主教、郡长、贵族、宠臣和高级文武官员，他们受命于上帝和国王，理应担任治理国家的全部责任，不断地受到国王的教导、赞扬、告诫和命令。不仅如此，最后，如果他们敢不听命，国王的耐心毕竟有它的限度，他就要严厉地谴责他们，不遗余力地斥责他们庸俗的放荡行为和顽梗不化；他终于明智地把这些人说服感化过来，使他们服从于他自己的愿望和全国的共同利益。但是，如果由于人们的懒散，国王的这些劝告或者未被实施，或者过迟地在事故发生时方才开始执行，因此由于国王的主张未被及时下达，那些负责执行的人未能受益于国王的指示——例如那些他所命令修建的要塞，当敌人的部队或从海上，或从陆上，或从两路俱来，已发动侵略进攻，而这些要塞或尚未开始修建，或开始过迟，尚未全部完工，那么那些抗拒国王命令的人就要受到撤职的羞耻，徒呼无可奈何，悔恨无穷。

阿尔弗烈德为穷苦百姓主持公道

国王在所有的断案当中都要亲自细心调查，弄清事实真相，尤其对待穷苦百姓的案件更是如此。国王在日理万机处理日常事务的过程中，对于穷苦百姓的利益总是日以继夜地加以细心保护。这是因为在全国当中，除了国王一人外，极少有人为老百姓说话。几乎国内所有的有权有势的人物和贵族们都把他们的心思用在世俗的事物上面，而忽视宗教的教导和神圣的东西。每个人都一心想着尘世间的地位和财富，专注于个人的利益，而把公众的幸福置之度外。

阿尔弗烈德对不公正和不称职的官吏加以惩罚和改造

在郡长和县长会议上，贵族和平民时常激烈争吵，几乎没有任何人承认那些郡长和县长们的判决是公正的，因此国王为了他的贵族和平民双方的利益，也努力作出他自己的判断。由于双方顽固地坚持各自的不同意见，大家都感到有必要作出保证，听从国王作出最后的决定，双方立即按照自己的诺言忠实执行。但是如果有人自觉理亏，尽管他绝不心甘情愿地主动地到来，但是根据法律和协议他不情愿地被迫来到像这样的一位法官面前接受裁判，因为他知道在那个地方他做的坏事当中没有一件会包藏得住。这不奇怪，因为国王明察秋毫，在断案当中，如同在做所有其他事一样，他都进行了极为精确细致的调研。他离国出征归来后对全国几乎所有的未经他过问的案件都要审核一遍，看看是否判决公正合理。如果他发现这些判决当中有任何不公正之处，他就会亲自主动地、温和地询问那些法官，或委托他所信赖的人替他询问那些法官为何断案如此不公正，是由于不明真相还是有意为恶，也就是说，由于宠爱或惧怕某人，由于对某人怀有仇恨，或贪某人之财。调查结果，如果法官们承认由于他们无知才作出这样的判断，国王就会用这样的言辞慎重地、温和地责备他们的愚蠢和缺少经验：“我十分惊讶你们的自负，凭借上帝的恩惠和我的批准，你们才担负起贤者的职位，而你们却疏懒成性，忽略了贤者的学习和尽职。因此，两条道路供你们选择：或者立刻放弃你们所占有的尘世间权利的行政职位，或者更加积极努力地学习智慧所提供的经验教训。这就是我的命令。”听了这番话后，那些郡长和县长们畏惧再受到国王更加严厉的处分，就会尽他们的全力研究法律，于是，说来也奇怪，几乎国王手下所有的郡长和县长们，虽然他们从小就不识字，却开始竭尽全力专心致志地学文化，宁愿费力地去学会一门不熟悉的学科，而不愿丢掉他们的乌纱帽。但是，如果他们当中任何人，由于年老或由于头脑迟钝，学习难得进步，国王就会命令他的儿子（如果他有后代），或他的亲属之一，或者，如果二者皆无，就让他的获得自由的农奴或仆人（这些人国王已事先训练成为朗读官）昼夜向他朗读用撒克逊文字写的书籍，让他在空闲时获得教益。这样，他们就会深深地慨叹，从内心深处懊悔他们在年轻时错过了学习的机会。他们认为当前的青年十分幸运，愉快地接受自由人所需要的文化和粗浅的科学知识，而认为他们自己十分不幸，因为在他们年轻时他们既未学过这些学科，而现在由于年老他们也已无法学习。我特别提出这一点作为国王的个性，就是他十分重视使年轻人和老年人都要学会文化和知识。

（三）阿尔弗烈德大王作品选

阿尔弗烈德大王可称作英国散文之父。在他以前，英国虽有一些散文作品和记录，但绝大部分都是用拉丁文书写的。阿尔弗烈德大王的散文作品是用古英语西撒克逊方言书写的。这些作品主要是从拉丁文翻译或意译过来。阿尔弗烈德因此也可以被看作英国文学史上最早的一位杰出的翻译家，因为他的译文毫不生硬、机械，而是生动、活泼，富于幻想和感染力，充满了他自己栩栩如生的个性。阿尔弗烈德的翻译作品因此也是创作，具有知识性、艺术性和巨大的教育作用。

阿尔弗烈德的翻译作品显示出他的广阔的兴趣。这些作品包括地理和历史教科书（奥罗修斯）、英国历史（比德）、哲学手册（博伊西斯）

和教会用书（奥古斯丁和格列高利）。阿尔弗烈德译著的一大特点是他亲自写的那些"序"，其中有大量的关于他个人的描述。格列高利《牧羊人之书》的"序"通常被视作阿尔弗烈德的著作的总序。阿尔弗烈德译著大多数约作于公元9世纪最后十年之间。

1. 格列高利《牧羊人之书》"序"

格列高利一世（Gregory I，540—604）是罗马天主教教皇（590—604）。他派遣奥古斯丁（Augustine）率领40名传教士于公元597年来到英国南部传播基督教。格列高利的著作《牧羊人之书》（*Cura Pastoralis*，"牧人的职责"）是一部有关教士（牧人）职责和教学技术的手册，是"每一位教士必备之书"（埃尔弗里克语）。阿尔弗烈德大王的翻译活动即从翻译此书开始。他译此书之目的在于对负责教育人民的人（教士或僧侣阶层）进行精神上的再教育，因此他把他的这本译书让人抄写若干副本，分赠给国内各教区的主教，鼓励教士们认真学习。在为他的这本译书所写的"序"里，阿尔弗烈德表现出他是一位伟大的教育家，令后人景仰不已。另外，从翻译风格上来看，阿尔弗烈德的早期译文十分忠实于原文，对原文的改动一般只限于间或插入一个解释性的短语或参照说明。现把阿尔弗烈德的"序"译为中文如下：

阿尔弗烈德的"序"

此书赠给伍斯特教区[1]

阿尔弗烈德国王用这些话向魏尔弗里斯主教致以亲切的和友好的问候。我愿向你说明，我经常想到从前英国全国有多少圣哲贤士，他们充任神职或政府职位。那时全英国人民有多么幸福；那时治理国家的君主多么虔诚地服从上帝的意志和上帝的代理人的教导；君主们维护国内的和平、道德和秩序，同时

1. 此书其他副本中教区和主教的姓名随之而异。

还在国外扩大他们的疆土；他们的文治武功都很显赫，国家因而富强；而且那时神职阶层的人士多么热心、积极地教别人学文化，同时自己也在不断地学习，以及尽上帝委托他们办理的一切职责；那时外国人来到我国寻求智慧和教益，而现在我们若想获得这两样东西，就不得不求诸海外。在英国，学术衰落的现象如此普遍，以至于在亨伯河的此岸[2]极少有人能够读懂英文本的宗教仪式书，或把一封简单的拉丁文书信译成英文，而我也不相信在亨伯河的彼岸[3]会有很多人具有这种能力。在我初登王位时，我不记得在泰晤士河以南当时哪怕有一个人有此本领，当时有文化的人竟然少得如此可怜。感谢万能的上帝，我们的国家现在居然有了几位教师。因此我命令你做我相信你愿意做的事，就是尽你的可能经常摆脱尘世间的俗务，以便你能随时和到处应用上帝赐给你的智慧。想一想我们因为一心专注在尘世间的事物上将会受到什么样的惩罚。如果我们自己既不爱好智慧，又不允许别人获得智慧，我们就只徒有基督教徒之名，而很少有基督教徒的美德之实。当我想到这一切时，我又记起我曾亲眼看到过英国全国的教堂里（那时还未受到蹂躏和焚毁）装满了珍宝和书籍。当时虽然也有众多的上帝的仆人［指教会人士］，但是他们很少有书本知识，因为他们读不懂那些书籍，原因是那些书籍不是用他们本国的语言写的。但是不久以后我就自己找到了答案，我向我自己说道："他们那时并不曾想到后来的人会如此疏忽，也不曾想到学术会如此衰落。他们由于把希望寄托在后人身上，才没有承担起译书的任务，因为他们希望随着我们对外国语言知识的增长，我国人

2. 指英国南部和中部。

3. 指英国北部。

民的智慧就有可能日益增长。”随后我又想起《圣经》中摩西《律法书》最初是用希伯来文颁布的，后来希腊人学习了《律法书》，他们便把《律法书》的全文译成他们自己的文字，同时还把《圣经》中其他各书都译成希腊文。再后来，罗马人学习了《圣经》各书，又通过博学的翻译能手把全部《圣经》译成他们自己的文字。接着所有其他信奉基督教的国家和民族都把《圣经》的某一部分译成它们各自的文字。因此，如果你同意，我认为我们最好也把一些最需要让大家都知道的书籍翻译成我们大家都能够理解的语言，最好你能做如同我们都能够很容易做到的事，如果我们有足够的太平日子好过，这就是说，就当前英国所有的自由民的子弟来说，如果他们有足够的财力能够专心笃志地从事学习，在他们还不适合从事任何其他职业以前，给他们提出学习的任务，直到他们能够很好地阅读英文书籍。对那些还要继续深造、日后将被提升到更高的位置上的青年来说，要让他们在此以后更着重学习拉丁文。当我想到在此以前全英国的拉丁文知识衰落到多么可怜的地步，尽管能够阅读英文书籍的人数还不算少，于是在我处理本国众多的、各式各样的其他事务和困扰的同时，我开始把那本拉丁文叫作 *Pastoralis*（意为“牧人的”）、英文叫作《牧羊人之书》的著作译成英文，有时逐字翻译，有时根据原文加以重述，因为我以前学会了拉丁文，这是我的大主教普来格蒙德、我的主教阿塞尔，以及我的弥撒神甫葛里木巴德和约翰教会我的。当我学会了拉丁文，当我能够尽我的全力最充分地理解它，并且当我能够最清楚地解释它时，我就把它译成英文。我要把我这本译书的副本之一送到我的王国的每一个由主教管辖的教区内。每一个副本里都夹着一个值50曼卡斯[4]的书签。我用上帝的名义发出命令，任何人不得擅自把书签从书里拿走，或从修道院里把这本书拿走。我说不准过多长时间以后，我们还会有像现在几乎到处都有的（感谢上帝的恩惠）这样博学的主教，因此我愿这本书的副本永远保存在它们应该被保存的地方，除非有哪位主教想要把书取走，或借给别处，或借给任何想要把此书转抄一部的人。

2. 奥罗修斯《讨伐异教徒七卷史》选段

奥罗修斯是公元5世纪西班牙人。应圣奥古斯丁（Saint Augustine，354—430）的请求，他写了一部简明扼要的世界史，书名为《讨伐异教徒七卷史》（*Historiarum Libri VII adversus Paganos*，最佳版本：维也纳，1882年）。这部著作的写作目的在于为基督教作辩护。因为基督教传入后，罗马帝国陷入混乱和流血的局面。从这方面看，这部著作与圣奥古斯丁本人所写的《上帝之城》（*De Civitate Dei*；22卷，413—426年）相似，因为圣奥古斯丁的书驳斥了认为基督教应对罗马帝国的衰落负责的说法。奥罗修斯的历史从开天辟地说起，并包括一些地理的描述。第4—6卷叙述罗马历史。全书一直写到公元414年的历史事件。在翻译奥罗修斯的世界史时，阿尔弗烈德大王对原作作了不少的更动，删去了奥罗修斯的冗长乏味的说教，对全书缩减了整整一卷，并且增添了极为重要的内容，即奥赫特海若和伍尔夫斯坦的航行。

这一部分完全是阿尔弗烈德大王自己的创作，原文里是没有的。阿尔弗烈德所增加的这一部分显示出他对考察勘探、对外国人和对不同民族的风俗习惯的强烈兴趣，以及他对记录新知识的热情。奥赫特海若沿着挪威和拉普兰的北海岸航行到白海。伍尔夫斯坦在波罗的海航行，从

4. 曼卡斯（mancus）是古英语时期的钱币，值30便士。

石勒苏益格沿着梅克伦堡和波美拉尼亚前进。现把这一部分翻译如下：

奥赫特海若的初次航行

奥赫特海若告诉他的君主阿尔弗烈德国王，说他自己，在所有的挪威人当中，居住在最北的地方。他说他住在挪威的北部，在西海沿岸附近。尽管如此，那块陆地还一直向北延伸；但却是一片荒野，除了偶尔有少数地方居住着芬兰人，他们被那里冬季的狩猎和夏季的海上捕鱼所吸引。奥赫特海若还说道，在某一个时期，他曾经想要勘探陆地延伸到最北的什么地方，调查一下在那大片荒地以北是否还有人居住。于是他朝着正北方向沿着海岸出发，航行了三日，荒地在他的右舷方向，公海在他的左舷方向。那时他已在捕鲸者所到达的最北的地方了。在此以后，他朝着正北方向前进，到达了连续三天航行所能到达的最远的地方。在这个地方，或者是陆地向东弯曲延伸，或者是大海侵入到陆地上来，他说不清是哪种情况；他只记得他在那里等待天上刮起西风，或稍微刮一点西北风，好让他靠近陆地朝东航行，直到尽他航行四日所能达到的最远的地方。到了这个地方，他又不得不等待天上刮起正北风，因为在那里或是陆地又朝正南延伸，或是大海又侵入地面，他也说不清是哪种情况。从那里他又靠近陆地朝正南方向前进，直到尽他航行五日所能达到的最远的地方。那里，一条大河深入陆地。于是他和他的伙伴们把船驶入这条河；他们不敢把船驶到河的彼岸，免遭敌人的袭击，鉴于在河的彼岸陆地上到处都有人居住。自从离开他自己的家乡以后，他还从未看到过有人居住的陆地，因为在他的右方，一直都是无人居住的土地，除了捕鱼的、捕野禽的和打猎的人以外，真是渺无人烟，那些渔人和猎户都是芬兰人；在他的左方，总是一片汪洋大海。彼尔姆人[5]善于耕种，但是他们不敢进入那个地方。特尔芬人的土地，除了狩猎、捕鱼或捕禽者扎营的地方外，都是一片荒芜。

彼尔姆人给他讲了许多故事，既有关于他们自己国家的，又有关于他们周围的一些国家的，但是他说不清那些情况是不是真的，因为他没有亲眼看见。他认为芬兰人和彼尔姆人说的几乎是同一种语言。他做这次航行，除了想看看这个国家以外，主要是为了猎取海象，因为海象的牙齿有极好的骨头——他们把一些海象牙带回国献给国王，还因为海象的皮是制作船索的极好材料。海象属于鲸鱼类，它比其他种类的鲸鱼小得多，不超过 7 厄尔[6]长；但是最好的捕鲸业却在他自己的国家内——那里的鲸鱼有 48 厄尔长，最大的长达 50 厄尔。他说他曾参加过由六个人组成的捕鲸队，在两天之内共捕杀了 60 只最大的鲸鱼。

奥赫特海若拥有大量的财富，也就是说，他拥有的野兽相当多。当他回到国王身边时，他还有 600 只尚未售出的鹿。他们把这些鹿叫作驯鹿。其中有 6 只是诱饵鹿，这些鹿芬兰人视为极为珍贵的动物，因为他们用这些鹿来捕获野鹿。奥赫特海若是他的国家当中最高层的人物之一，尽管他只拥有不超过 20 头有角的牛、20 只羊和 20 只猪；此外，他还用马匹种一点田。但是挪威人收入的主要来源是芬兰人对他们所纳的贡品——动物的皮革、鸟类的羽毛、鲸鱼的骨头和鲸须，以及用鲸鱼皮和海豹皮制作的船索。每个人都按照自己的财力纳贡；最富有的

5. 彼尔姆人（Permians）的语言属芬兰–乌戈尔语族（Finno-Ugric），或乌拉尔语族（Uralic）。他们居住在今俄罗斯北部临近芬兰的地方。

6. 厄尔（ell）是英国旧时量布的单位，等于 45 英寸。厄尔的词源意为“从肘到中指指尖之间的长度”。

人要交15张貂皮和5张驯鹿皮、一张熊皮、40蒲式耳的鸟毛、一件熊皮或海獭皮制作的男外衣和两根每根长60厄尔的船索，其中一根由鲸鱼皮制作，另一根用海豹皮制作。

奥赫特海若还说北方人[7]的国土非常狭长。他的国人所能用来放牧或耕种的土地只限于滨海的地区，就连这个地区的某些地方也是多岩石的；在东面，紧挨着居民点，就是一望无际的荒芜的沼泽地。在这片沼泽地里居住着芬兰人。在东方，居民区最广阔，愈往北就变得愈来愈狭窄。在东方，居民区可能有60英里宽，或甚至更宽一些；在中间地段，居民区宽30英里，或更宽一些；到了北方，那里的居民区变得最窄，他说那里居民区只有3英里宽，旁边就是沼泽地。而且，沼泽地是如此宽阔，在某些地方要用两周的时间才能穿过它，在另外一些地方，沼泽地所达到的宽度，一个人大约用六天时间便可穿过……

伍尔夫斯坦的航行

伍尔夫斯坦说他从哈德比[8]出发，经过七个白天和夜晚抵达特鲁梭，船一直扬帆而行。在他的右舷是文德兰[9]，在左舷是朗厄兰、洛兰岛、法尔斯特和斯科尼；这些土地都属于丹麦。随后，在我们[指航海者们]的左舷是勃艮第人（博恩霍尔姆岛[10]的居民），他们有他们自己的国王。离开勃艮第人的国土后，在我们的左手是那些起初被叫作布莱金厄和麦奥若[11]的

7. 北方人（Northmen，或Norsemen）指的是古代斯堪的纳维亚人。
8. 哈德比（Haddeby）位于东石勒苏益格（Eastern Schleswig）。
9. 文德兰（Wendland）指的是梅克伦堡（Mecklenburg）和波美拉尼亚（Pomerania）。
10. 博恩霍尔姆（Bornholm）岛位于瑞典以南波罗的海中，现属丹麦。
11. 布莱金厄（Blekinge）和麦奥若（Meore）指的是厄兰岛（Öland）对面的瑞典本土大陆。

土地，还有厄兰岛[12]和哥得兰岛[13]；这些岛屿都属于瑞典人。在我们的右手，直至维斯图拉河[14]河口，那一片土地都叫作文德兰（文德人[15]的国土）。维斯图拉河是一条极大的河流，它是威特兰和文德兰之间的分界线；威特兰属于爱沙尼亚人。维斯图拉河从文德兰流出，注入淡水湾。淡水湾约宽15英里。埃尔平河也流入淡水湾，这条河自东向西从德劳森湖流出，特鲁梭城位于这个湖的岸上；于是两条河一同流入淡水湾：埃尔平河从东方来自爱沙尼亚，维斯图拉河从南方来自文德兰。维斯图拉河就是埃尔平河从淡水湾流出向西再向北流入大海的那一段河流；因此埃尔平河自淡水湾流出的出口就叫作维斯图拉河的河口。

爱沙尼亚（意为“东方的国土”）疆域极大，那里有很多城镇，每一个城镇里都有一位国王。那里还出产大量蜂蜜，捕鱼量也很大。国王和最富有的人饮马奶，而穷人和奴隶则喝蜂蜜酒。他们之间常有斗争。爱沙尼亚人不会酿麦芽酒，但是他们有足够的蜂蜜酒。

爱沙尼亚人有一种风俗：一个人死后，他的尸体留在他家里一个月——有时两个月，才被火化，他的亲友也都停留在他家里；那些国王和其他高层人士，按照他们的财富比例，在家中停尸的时间要更长一些；有时要停留半年，躺在他们家中，才进行火化。在整个停尸期间，家中一直饮酒和作乐，直到火化的那一天。在火化的那一天，人们把死者抬往火葬用的柴

12. 厄兰岛（Öland）位于瑞典东南海岸外波罗的海中。

13. 哥得兰岛（Gotland）位于瑞典东南海岸外波罗的海中。

14. 维斯图拉河（Vistula）从欧洲中部喀尔巴阡山脉（The Carpathians）流经波兰，入波罗的海。

15. 文德人（Wends）是日耳曼民族对斯拉夫民族的称呼。文德人又称索布人（Sorbs），现为德国的一个少数民族。

堆，同时把亲友饮酒和作乐之后还剩下的死者的财物分成五份或六份——有时，按照他的财物的数量，分成更多的份数。随后，人们把分好的最大的一份放在离城镇大约一英里的地方，然后是次大的一份，再来是再其次的一份，直到所有各份都被放置在离城镇一英里距离范围之内的不同地方；最小的一份必须放在距离死者躺卧的那个城镇最近的地方。随后全国所有有快马的人都被召集在一起，距离那些放置好了的各份财物大约五或六英里远。接着他们都骑马奔向那些财物，骑着最快的一匹马的人最先跑到第一堆，也就是最大的那一份财物旁，如此类推，直到所有各份都被人取走；最后达到离城镇最近的那堆的人所得到的就是那最小的一份。于是每一个得到财物的人都可把财物带走，而且把它据为己有；为了这个缘故，在那个国家里快马是极为昂贵的。当人们如此分完了死者的财物以后，他们就把死者抬出家去，把他和他的兵器和衣服一齐烧掉。通常人们会花光死者的全部财产，部分由于停尸在家中的时间很久，部分由于人们把死者的财物沿路放置，供外人赛马夺标。

爱沙尼亚人的另一风俗是：每一部落的人都必须火化。如果有人发现一根未被烧掉的骨头，他们就必须为此而付出大笔的赔偿费。

爱沙尼亚人当中有一个部落懂得如何制冷。由于他们会制冷，他们才能使尸体如此长久保持不会腐烂。如果有人把两个大桶放在他们面前：桶里或装满麦芽酒，或盛满水，不分冬夏，他们都要把酒或水冰冻起来。

四大帝国

第一个是巴比伦帝国，统治者为尼努斯。第二个为希腊帝国，统治者是亚历山大。第三个为非洲帝国，统治者为托勒密王朝各位国王。第四个是罗马帝国，现仍占统治地位。由于上帝的神圣安排，这四大帝国位于地球上四个不同的地域。首先是巴比伦，位于东方；其次是希腊，位于北方；第三为非洲，位于南方；第四为罗马，位于西方。

奥罗修斯为基督教时代所作的辩护

那些谴责我们基督教时代的人们，我愿他们意识到自从有了基督教，世上才有了仁慈，而在基督教来临以前，世上有多少灾难。我还愿意让他们知道我们的上帝以前关于帝国和王国所作出的决定是多么恰当，如同上帝他根据自己的意志，现在正在决定和改变一切帝国和每一个王国的命运那样。最初这两个城市何其相似，在善和恶两方面它们二者的时代又多么相像！但是这两个城市所属的不同帝国的结局却大不相同，因为巴比伦人和他们的君主生活在多种罪恶和奢侈淫乱之中，毫无悔改之意，结果上帝用最大的耻辱来灭他们的威风，使他们失去了君主和主权。而罗马人有了信奉基督教的君主，他们侍奉上帝，于是上帝赐给他们以君主和主权。因此我奉劝那些反对基督教的人们不要使用过激的言辞，如果他们想一想他们先辈的邪恶，想一想这些人给老百姓带来巨大灾难的多次战乱，想一想他们的各种分歧和不和，想一想他们是如何野蛮地对待上帝和相互对待，以至于他们不可能造成和睦的局面，除非基督教出来解救他们，而基督教本身目前却受到他们极大的诋毁。

奥古斯都

在这以后，全世界都愿接受奥古斯都的和平和友好；对于所有人来说，没有比赢得奥古斯都的恩宠和屈从于他的统治更好的事了。因此没有任何一个民族愿意坚持自己的法律，而是按照奥古斯都的命令去加以执行。那时，雅努斯[16]神庙的大门又一次关闭，雅努斯神的头发生了锈，这后者是以前从未发生过的事。在这一切事件发生的同一年——奥古斯都在位时间的第 42 年——我们的主和拯救者基督诞生了，他给全世界带来了和平。……在此以后，罗马大大地繁荣富强起来，历 12 年之久。在这期间奥古斯都一直保持着他最初就具有的对上帝的谦恭态度——也就是说，他禁止人们称他为神，而其他在他以前的君主，相反地，都情愿人们像对待天神那样向他们礼拜，并向他们献祭。

3. 博伊西斯《论哲学之安慰》选段

博伊西斯（Boethius，约 480—约 524）是狄奥多里克[17]在位时期一位罗马贵族和执政官。他把柏拉图和亚里士多德的许多著作译为拉丁文，并为这些著作写了大量的评注；他还用拉丁文写了一本哲学著作《论哲学之安慰》（*De Consolatione Philosophiae*，约 524）。博伊西斯对中世纪西方哲学和文学都产生了很大的影响。《论哲学之安慰》在西方直到文艺复兴时期一向被人们视作标准的哲学手册。这部著作有数百个手抄本。许多名人都曾翻译过它：阿尔弗烈德译它为古英语，乔叟译为中古英语，让·德·墨恩[18]译为古法语，英国女王伊丽莎白一世译为早

---

16. 雅努斯（Janus）是罗马神话中的天神之一。最初此神为光明之神，黎明时把天打开，日落时把天关闭。雅努斯神的神庙位于古罗马广场旁。在战时，神庙的大门开着，和平时期则关闭。从最初到奥古斯都统治时期，该神庙的大门共关闭四次，其中两次发生在奥古斯都统治时期。

17. 狄奥多里克（Theodoric，约 454—526）是意大利东哥特王国国王（在位时间 493—526），征服意大利，于 493 年诱杀意大利蛮族国王奥多亚克（Odoacer），登位后，维持和平统治 33 年。

18. 让·德·墨恩（Jean de Meun，约 1240—1305）是中世纪法国名著《玫瑰传奇》（*Roman de la Rose*）的两位作者之一。

期现代英语。但丁喜读此书，贝雅特里齐死后，但丁读此书求得安慰。在但丁的散文作品中，博伊西斯此书也常被他提到或引用。在《神曲》“天堂篇”中，但丁把博伊西斯放到“太阳天”的境界。其他受博伊西斯影响的作家还有薄伽丘（《十日谈》的作者）、高尔（著有《情人的忏悔》等）、15 世纪乔叟的模仿者们、斯卡利杰（著有《诗论》等）、托马斯·莫尔（著有《乌托邦》）、斯宾塞（著有《仙后》）等。《论哲学之安慰》是以对话形式写的，散文和诗体轮流出现。对话的一方是作者本人，另一方是一位华贵的女士——她是作者的监护人，同时也是哲学的化身。她用哲学来安慰不幸的作者（关在狱中，等候处决）。她的哲学是一种经过改造的新柏拉图主义和斯多葛哲学。她试图说明尘世间的幸与不幸都不是真实的，并试图证明最高的善和最高的幸福都存在于上帝身上。她还试图解决这些矛盾：既然上帝是至善和全能的，为什么会存在恶；既然上帝对一切都早作了安排，为什么会存在人的自由意志。

阿尔弗烈德大王对《论哲学之安慰》的翻译是十分自由的，他的译文充满了解释性的评论、边注的翻译，以及他自己的思想。现把阿尔弗烈德的译文和他写的序译成中文如下（博氏原文中所没有的字句都在字下加以着重号）：

阿尔弗烈德的“序”

阿尔弗烈德国王是这本著作的译者，他从拉丁文把它译成英文。有时他逐字逐句翻译，有时只译大意，他总是按照他能够尽量解释得明白清楚、能够被人理解的方式去做，因为他时间很紧，经常有各式各样的、众多的职责和事务困扰他的身心。我们今日很难列举当时降临在他所继承的国土上的种种忧患；但是，尽管如此，他仍研读这本书，并从拉丁文把它译成英文，然后又把它写成诗体。现在他请求，并且用上帝的名义恳求每一位愿读此书的人都为他祈祷，而不要责备他不如读者对该书理解得那样好；因为每一个人都不得不根据自己的理解程度和根据自己的闲暇来说话和行事。

阿尔弗烈德对博伊西斯的记述

当哥特人在他们的国王拉达盖苏斯和阿拉里克的率领下，从锡西厄[19]他们的国土出发，向罗马帝国发动进攻，他们占领了罗马城，并且征服了位于从山脉到西西里岛之间的整个意大利王国。继上面提到的两位国王之后，狄奥多里克登上了王位。这个狄奥多里克属于阿马尔人的皇族；他是一个基督徒，但他坚持阿里乌[20]派的异端邪说。他向罗马人起誓要对他们友好，要让他们继续享有他们以前所享有的权利；但是他没有守他的诺言，而且由于犯下了一个严重的罪行而落得一个悲惨的下场；这个罪行就是，在做了其他数不清的坏事以外，他还处死了约翰教皇。在那时有一位执政官——我国人称作“指挥官”[21]——名叫博伊西斯；这个人的智慧极高，书本知识丰富，也精于处世之道。他看到狄奥多里克国王对基督教和对罗马元老院议员犯下了许多罪行。随后他又回忆起他们以往的君主——那些罗马皇帝——所赐给他们的恩惠和古老的权利；于是他开始思考，并且心里盘算，如何才能把这个王国从那个不正义的国王手中夺回，并把这个国家置于正统的和正直的人们的控制之下。于是他秘密地寄信给君士坦丁堡的皇帝。君士坦丁堡是希腊人的最主要的城市，也是他们的皇室所在地。他这

---

19. 锡西厄（Scythia）是古代欧洲东南部以黑海北岸为中心的一个地区。

20. 阿里乌（Arius，约 250—336）是希腊神学家，在亚历山大讲学。他的学说认为耶稣不是神，仅为高于其他生物的被造物。

21. “指挥官”（heretoga）——古英语指一个郡的民兵指挥官。

样做是因为那个皇帝和他们以往的君主都属于同一个家庭。在他写给那位皇帝的几封信中，他恳求他帮助他们有信奉基督教信仰和享受他们以往权利的自由。当那个残暴的狄奥多里克国王得知此事，他就下令把博伊西斯关进监狱，并把他监禁在那里。当这样一个好人落到如此悲惨境地，他心里有说不出的痛苦，因为他一直都生活在顺境中，享受荣华富贵；在狱中，他没有心思再贪恋安逸，而是匍匐在地上，痛苦、绝望已极，失声悲叹；他如此诉说：

真正的财富

“一切真正的财富和真正的荣誉都是我自己的奴仆，我走到哪里，他们就跟随我到哪里……我的奴仆不是别的，而是智慧和能力，这些东西才是真正的财富。我以永远和这些奴仆在一起为乐；和他们在一起，我能囊括全宇宙，我把最低贱的东西带到最崇高的存在面前，又把最崇高的东西带给最低贱的生命；也就是说，我把谦恭带上苍天，又把上天的恩惠带给谦恭的人们。但当我带着我的奴仆登上天国的旅程时，我们不禁用蔑视的眼光俯视着这个多灾多难的世界，如同一只雄鹰冒着暴风雨天气飞到云层上面，使得狂风暴雨对它无可奈何。”

黄金时代

当理性说了这番话后，她开始歌唱道：“噢！这个世界的远古时代是多么幸福，因为在那时每个人都感觉到地上的物产用之不尽，取之不竭。那时世上没有华屋、美食和佳酿，人们也不着妖装艳服，因为尚未出现这些东西，尚非时人所见所闻。人们并不喜爱奢侈品，而是极有节制地顺乎自然。他们总是日进一餐，时间是在傍晚。他们吃的是树木和植物的果实，喝的不是未掺水的纯酒，也不晓得如何把蜂蜜和任何液体混合起来，也并不喜爱穿着各种颜色的绫罗绸缎。他们总是在树荫下睡觉，喝的是清澈的泉水。还没有哪一位商人见过岛屿或海岸，也没有任何人曾听说过一队船只，甚至也还没有听到过有关战争的话语。地球尚未被受屠杀的人们的鲜血所污染，甚至还没有一个人因战争而受伤。尚未出现任何怀有恶意的人们；他们如果出现，不会得到良好的名声，不会受到任何一个人的爱戴。唉！我们的时代怎么不是这个样子！当今人们的贪婪欲望炽热得像地狱里的熊熊火焰，地狱就位于西西里岛上的埃特纳火山里。那座火山上的硫黄总是在燃烧；它烧光了四周的一切土地。唉！谁是那个最早的守财奴？他开始挖掘地底下的黄金和宝石，发现了那些以前埋藏在地下、被层土掩盖的危险的财富！”

一位国王的理想

当理性唱完了这首歌曲，她缄默了，智力这样回答说："瞧，理性，你知道贪婪和世间权力的荣誉从来不是我所喜欢的东西，我也丝毫没有取得这种世间权力的欲望；但是我却愿意具备执行交付给我的任务所需要的工具和材料；这就是：正直地和妥善地掌握和行使委托给我的权力。你当然知道没有工具和材料，谁也不能显示出自己的才能，也不能行使或运用任何权力；就是说，没有它就不能从事任何一种行业的那种材料。国王的材料，以及他为了统治所需要的工具，就是一个人口众多的国土；他还必须拥有从事祈祷的人、从事战争的人和从事劳动的人。瞧！你当然知道没有这些工具国王就无法显示出自己的才能。此外，为了他的材料，他还得为上面提到的这三类人提供必需的条件。他们所需要的条件是：居住的土地、赏赐物、武器、饮食和衣着，以及这三类人所必需的一切东西。如果没有这些东西，国王就不可能保存他的工具，没有工具，他也就不可能执行他的职责中的任何一项。因此我渴望有这些材料，以便运用它们来统治国家，使得后人将不会忘记或忽视我的统治才能和力量。因为每一种才能和力量，假若它们缺少智慧，就会迅速变旧，再也无人提起；这是因为没有智慧谁也无法显示任何才能，而任何愚蠢的行为绝不会被认为是才能。简言之，这就是我所渴望的事情：当我活着，我就要活得有价值；在我死后，我要把我所做的好事留给后人作为纪念。

荣誉的空虚性

理性说完这番话后又开始唱起歌来。她唱道："谁要是想要得到虚假的名声和空虚的光荣，就让他看看他的四周苍穹是多么广阔，而地球的空间，尽管我们看它很宽，却又是多么狭窄。那么他就会对自己的名声所达到的范围感到羞愧，那是因为它连这个狭窄的地球都不可能布满。啊！你们那些骄傲的人，你们为什么渴望给你们的脖子套上这致命的枷锁？或者说，你们为什么这样徒劳无效地致力于把你们的名声扩展到许多不同的民族当中？事实上，尽管最边远地区的不同民族有可能用不同的语言颂扬你们的名字，并对你们赞不绝口，尽管由于高贵的出身、由于发财或荣耀加身而显赫一时，但是死亡却不看重这些东西，而视高贵出身如粪土，把贫困和富有的人们同样吞下肚去，使他们降为相同的等级。那位著名的和智慧的金匠魏兰德的骨头如今在哪里？我说的'智慧者'是由于这个理由，即能工巧匠绝不会失去他的技能；要想从他身上取走他的技能，也绝不会比从太阳的位置上取走太阳来得更为容易。魏兰德的骨头如今在哪里，谁又会知道它们在哪里？那位著名和精明的罗马执政官，名叫布鲁图[22]，又名卡西乌，他如今又在何方？还有智慧的和坚贞不渝的加图[23]——另一位罗马执政官，他又在哪里呢？他被人们认为是一位哲学家。这些人难道不是早就消失得无影无踪？没有人知道他们现在在哪里。他们除了一点名声外，除了用几个字母拼成的名字外，现在还留下什么东西呢？还有不如他们的人，我们知道许多有名的人值得纪念，一旦故去了，就只有极少数的人对他们有任何概念。但是大多数人死后就完全被遗忘，甚至于生前的名声也不为人知。尽管你们想要并且渴望在世上活得长，这对你们到底有什么好处？难道死亡不会来临吗，即便它姗姗来迟，难道它不会从这个世上把你带走吗？那么，荣耀对你们到底有什么用，至少对那些将要被第二次死亡[24]扔在火湖里并且永远把他们拘留在那里的人们来说，到底有什么用？

上帝的难以用语言表达的力量

噢，天主，您是多么伟大，多么神奇！您奇妙地创造了您的一切看得见的和看不见的生物，并且用理性支配它们；您建立起四季的秩序，从开天辟地算起直到世界的末日，以便它们前进和回归；您根据您的意志支配着一切运动中的生物，而您自己却永远静止，亘古不变！那是因为没有人比您更强大，没

22. 布鲁图（Brutus，公元前 85—前 42）是古罗马贵族派政治家，刺杀凯撒的主谋者，后逃到希腊，集结军队对抗安东尼、屋大维联军，因战败自杀。

23. 加图（Cato，公元前 95—前 46）是古罗马政治家、大加图的曾孙、斯多葛派哲学信徒，支持元老院共和派，反对凯撒和喀提林，因共和军战败而自杀。

24. 第二次死亡：参看《圣经·新约》中《启示录》20∶14。

有人是您的对手；没有任何需要教导您去制作您所制作的东西，而是根据您自己的意志和凭借您自己的力量您制作了一切生物，尽管您自己并不需要其中的任何一个。您的善良具有非常奇妙的性质，因为您和您的善良二者完全合一；善良并不从外面来到您身上，而是您自己的特性。相反地，世间我们所有的一切善莫不来自外面，也就是说，莫不来自您。您不羡慕任何生物，因为没有人比您手更巧，更聪慧，也没有人是您的对手；因为根据您自己的想法，您设计并且创造出来一切善良的东西。没有人为您树立榜样，因为在您以前没有人制作过或销毁过任何东西。而您制作了一切非常好和非常美的东西，您自己就是最高的善和最高的美（至善至美）。如同您设计的那样，您创造了这个世界；您随心所欲地统治这个世界，随心所欲地分配一切美好的东西。您制作一切生物使它们互相相像，却又在某些方面不相像。虽然您把万物都叫作同一个名字，把它们合起来叫，称它们为世界，但您却又把那个单一的名字分给四个元素：第一个是土，第二个是水，第三个是空气，第四个是火。对每一种元素您指定了它们各自的领域，可是每一种却和另一种共同取名，遵照您的命令二者和谐地结合在一起，于是没有一种元素越过另一种的界限，于是冷可以容忍热，湿与干也能和平共处。土和水的性质是冷的；土是干冷，水是湿冷。空气被描述为既冷又湿又暖。这不奇怪，因为空气形成于干冷的土和热火之间的中间地带。火位于世间这一切元素的最上面。您的想法真奇妙，您竟然使这两种现象都得到实现：您使这些元素各自区分开来，却又使它们混合在一起；您使干、冷的土位于冷、湿的水下面，以便易变形的、流动的水在固定的地上有一个底座，因为水自身不能站立起来。而地球把它托住，把它的一部分消耗掉，由于喝了水地球才变得湿润了，因而生长出植物，开花、结果；因为如果没有水来滋润它，土就会干涸，就会像尘土或灰烬那样被风吹撒在各处。没有任何活着的人能够享受土或水，也不能居住在二者之一里面，因为二者都太冷，除非您使它们或多或少地与火混合在一起。用神奇的技巧您设法使火不把水和土毁掉，尽管火与二者混在一起；而另一方面，您又设法使水和土不至于完全把火熄灭。水的领域既在地上，又在空中，还在天外。[25]而火的住所是在世间一切看得见的元素之上，但它却也和这一切元素混在一起；尽管如此，它却不能完全压倒任何一种元素，因为万能的主不允许它这样做。土的确比其他的元素要重一些、稠一些，因为土比任何其他元素都要低，天空除外；这是因为天空永远是在外面，而土无论在哪里都不能接近天空；无论在哪里天都是同样近，既在上面，又在下面。我们在上面所说的这些元素的每一种元素都有它各自分开的领域，但每一种却和另一种混在一起，因为没有任何元素能够单独存在，如果没有另一种元素和它共存，尽管这另一种共存的元素是不易辨别出来的。例如，凡夫俗子很难看见或发现火里面存在着土和水，而二者却都与火混在一起。同样，石头中和水中的火也很难辨认，但火却都在那里。您用最牢不可破的链条把火锁住，以至于它不能回到它自己的住所，那就是，回到在我们上空的那团最大的火的所在地，以免它脱离地球；如果火完全离去了，由于极端的寒冷，一切其他的元素都会消灭掉。您非常奇妙地，却又非常牢固地，把地球竖立起来，使它不会固定在一边，地球却也并不

25. 参看《创世记》1∶7。

站立在任何世间的物体上，世间也没有任何东西能够使它不至于下沉，而使地球下沉并不易于使它上升到天空。

俄耳甫斯和欧律狄刻的故事

从前有一个时候在希腊人居住的王国色雷斯国，有一个竖琴师。这位琴师名叫俄耳甫斯，他的琴艺超凡地好；他的无人可比的妻子名叫欧律狄刻。人们传说这位琴师演奏时，树木和山石都因听到美妙的声音而摇曳和移动，连野兽都会跑到奏乐处，伫立静听，好像它们已被驯服，如此安静，以至于它们不怕人或狗出来攻击它们。人们说，那位琴师的妻子去世了，她的灵魂被送入地狱。那位琴师如此悲痛，不愿停留在人群当中，而愿独自躲往林中，日日夜夜坐在山头悲泣，弹他的竖琴，使树木颤抖，河水停止流动，雄鹿不避狮王，野兔不躲猎犬，任何其他兽类由于听到妙音而喜悦，因此变得对于任何其他兽类既不凶暴，也不畏惧。当那位琴师感到世间再无乐趣，他想到他可以去寻找阴间的神灵，用他的琴艺来讨好它们，恳求它们放还他的妻子。当他来到阴间，人们如此传说，看守地狱大门的狗名叫刻耳柏洛斯，向他走来；据说那狗有三个头；那狗直向他摇晃尾巴，由于他的弹琴和他玩耍起来。那里还有一位可怕的守门人，据说名叫卡戎；他也有三个头，年纪很老了。那位琴师恳求卡戎，当他停留在阴间时对他予以庇护，并且使他平安地从阴间走出去。卡戎同意这样做，因为那罕闻的乐声使他非常喜欢。随后那位琴师又往前进，直到他遇见那几位通常人们称作命运三女神的凶恶女神，据说她们对任何人都不留情，而是按照每个人的行为来惩罚他，又据说她们控制着每个人的命运。那位琴师赶快乞求她们的恩典，她们一反常规，和他一同哭泣。他又往前走，地狱里所有的人都向他跑来，把他领到冥王面前。大家都替他说情，恳求他所恳求的事。拉庇泰人的国王伊克西翁因犯罪受罚被缚在上面的那个永远旋转的车轮，也因他的弹琴奏乐而停止不动。坦塔罗斯国王也安静下来，他在世时极为贪食，正是贪食罪伴随他到了阴间。人们还说，兀鹫停止撕扯提堤俄斯国王的肝脏，在此之前它正是用那种办法来惩罚提堤俄斯。阴间人们所受的一切折磨和痛苦，当他在冥王面前弹琴演奏期间，都停止了。当他演奏了很长、很长一段时间之后，阴间的国王发话了，说道："让我们把他的妻子还给这个人吧，因为他用他的弹琴演奏把她赢回去了。"随后，冥王又命令他，当他离开阴间时千万不要回头看；冥王说，要是他当真朝后看，他一定会失去他的妻子。但是爱情很难控制，或完全无法控制。呜呼哀哉！俄耳甫斯领着他的妻子一直走到光明和黑暗的交界处。他的妻子一直跟在他身后。但当他走进光明世界时，他回头朝他妻子望去；她立即从他身边消失。

（四）埃尔弗里克作品选

埃尔弗里克（Aelfric，约 955—约 1010）是古英语时期最重要和最优秀的散文作家。他的散文作品包括 120 篇讲道演说词（homilies）和圣徒列传（saints' lives）、一篇论《旧约》和《新约》的论文（*De Veteri et de Novo Testamento*），以及《圣经·旧约全书》首七卷（*Heptateuch*）的古英语译文。此外，还有一部拉丁文语法（*Grammar*）和对话体作品（*Colloquy*）——这些对话包括教师与学生之间的对话，以及教师与农夫、牧人、猎户等人之间的对话。埃尔弗里克的布道词结构严谨，表达准确、明晰，常用押头韵修辞技巧和整齐的节奏来加强说服听众的效果。他写的圣徒列传往往和布道词混杂在一起，运用寓教于乐的原则来感动听众，勉励人们向善避恶，因此他写的圣徒列传的故事性强，颇似后来中古英语时期的传奇故事。埃尔弗里克对《旧约》首七卷的翻译既忠实于原文，又兼顾英语的习语，同时也运用押头韵和规律节奏的修辞手法。他有时删去原书中一些他认为不适合于非教会读者阅读的段落，结果使他的译文读起来更有趣、更紧凑。现选译埃尔弗里克散文作品如下：

《创世记》译文“序”

修道士埃尔弗里克以极大的谦恭特向艾特尔韦德郡长致敬问候。

尊敬的朋友，当您表示愿意让我把《创世记》那卷书从拉丁文译成英文，我表示不愿答应您的请求。因此您使我放心，说我只需要译到有关亚伯拉罕的儿子以撒的叙述即可，因为已经有人为您把那卷书从那里开始到卷末为止译就了。我现在关心的是：我担心这项翻译任务对于我或任何别人都有风险，因为我害怕如果某个愚蠢的人读了此卷书或听了别人朗诵它，他就会以为他现在在新的教规下也可以完全像在旧法律制定前人类的祖先那样生活，或像人们在摩西的法律下那样生活。以前我曾意识到某一位教士（当时他是我的老师，他懂得一些拉丁文）手头有一卷《创世记》。他无顾忌地告诉人说祖先雅各有四个妻子——两个是他的姐妹，另外两个是她们的婢女。他所说的固然是事实，但是他完全没有意识到，我那时也还没有意识到，旧教规和新教规之间的巨大区别。在远古时代，兄弟娶他的姐妹为妻；有时父亲和他的亲生女儿生下了孩子；许多人为了繁殖自己的民族娶了好几个妻子；人们当时只能和他们的亲属通婚。自从基督来到世间以来，谁要是现在还像在摩西法律以前或在摩西法律之下的人们那样生活，谁就不是基督徒；的确，他不配和基督徒一同进餐。无知的教士们对他们的拉丁文书籍的意义有了一知半解的认识，就立即自命他们自己为了不起的教师；但是他们不懂得精神意义，不懂得《旧约全书》是对未来事物的预言……谈到保罗时，他们往往想要知道他们为什么不可以像使徒彼得那样有好几个妻子；但是他们既听不进去，又不想知道，神圣的彼得一直都生活在摩西法律下，直到基督来临，并向人们宣讲他的神圣福音，而彼得就是基督所选中的第一个伙伴；他们也不想知道，彼得立即脱离了他的妻子。还有那些有几个妻子的十二位使徒，他们也都抛弃了妻子和财产，跟随基督，皈依他的教导，遵守他亲自树立起来的新教规和贞洁生活……我预先说明这卷书具有非常深刻的精神含义，我只承担叙述原本的事实的任务。未受过教育的人们会认为所有的含义都包括在简单的叙述之内，但实际情况绝非如此……我不敢用英文写下多于拉丁原文的东西，也不敢轻易变换词序，除非英文的惯用法这样要求。从事翻译拉丁文为英文的人，或用英文来教人学拉丁文的人，都必须总是如此安排他的英文译文，使英文合乎习惯用法，否则会使不懂拉丁习语的人误入歧途……现在我郑重宣布从今以后我既不敢，也不愿，翻译任何拉丁文书本为英文；我恳求您，敬爱的郡长，再不要劝说我这样做，以免我不服从您的命令，或不守我的诺言。愿上帝永远保佑您！

《语法》的英文“序”

我，埃尔弗里克，在翻译完了两卷八十篇布道词之后，打算把这本语法小书翻译成英文，因为语法是打开这些书卷的意义的一把钥匙。我设想这本小书或许能够帮助幼童开始那门学科，直到他们获得更重大的知识。每一个有任何才能的人都有责任使自己的才能对别人有用，把上帝委托给他的一磅银子转交给别人[26]，使上帝的钱不至于废置无用，也免得自己被斥责为恶仆，被捆绑起来丢在外面黑暗里，如同神圣的福音书中所说的那样。让年轻人获得知识，让老年人把智慧教给他们的青年，这是十分恰当的事，因为，通过学习，信仰得到了巩固，同时每一个爱好智慧的人也会更加幸福；相反地，凡是能够学习或教书的人，如果他既不愿学，又不愿教，他的头脑就会变得对神圣的学问漠不关心，因而逐渐背离了上帝。如果这些人在青年时代不学习，上帝的人民哪里会有智慧的教师呢？没有学问，没有教师，信仰焉得加深、加强？因此上帝的仆人们和修道士们现在必须严防，务必不使神圣的学问在我们的时代受到冷落或变得日益衰微，如同若干年前英国人当中所出现的那种情况，以至于没有一个英国教士能够书写或理解一个拉丁文字母[27]，直到邓斯坦大主教[28]和艾特尔沃尔德主教[29]重新建立起修道院生活中的学术活动。因此我不是说这本书能够帮助许多人获得知识，而是说，如果人们愿意这样做，这本书，可以说，对每一种语言都可能是一条通道。

“元旦”（《布道词》I. 98—102）

我们常听见人们把这一天叫作元旦，似乎这一天就是一年

26 参看《马太福音》25∶14 以下；《路加福音》19∶12 以下。

27. 参看阿尔弗烈德译格列高利《牧羊人之书》“序”。

28. 邓斯坦（Dunstan，约 909—988），英国高级教士，坎特伯雷大主教，辅佐国王埃德加（Edgar）进行宗教改革及政治统一，遵行本笃会会规，恢复自身虔修，兴办教育。

29. 艾特尔沃尔德（Aethelwold，908？—984），英国高级教士，温切斯特主教，帮助邓斯坦进行宗教改革，兴办教育，复兴学术。

中的第一天；但是在基督教的书籍中我们找不到任何解释，说明为什么这一天应被认为是一年的开始。古时罗马人，在异教时代，是用这一天开始一年的；希伯来民族是从春分开始；希腊人则从夏至算起；而埃及人却从秋季收获期开始计算他们的一年。现在我国的历法，按照罗马人的惯例，从这一天算起，这并不出于任何宗教原因，而是由于古老的风俗。我们有些礼拜仪式书以耶稣基督的降临节为开始，但降临节并不因为这个缘故就成为一年的开始，我们也没有任何理由把一年的开始放在这一天，尽管我国的日历都在这一天重复礼拜仪式书的开始。似乎最合理的做法是把一年的起始定在万能的造物主创造日、月、星辰和使四季开始运转的那一天，也就是说，希伯来人从那里开始计算他们的一年的那一天，如同摩西领袖在《律法书》[30]中所写的那样。关于那一个月，上帝真实地向摩西说道："这一个月对你们来说将是所有的月份的开始；它将是你们的一年的第一个月。"[31]这以后希伯来人就在春分这一天过一年的第一天（元旦），因为每年的四季都从那一天开始。

我们叫作三月的那个月——你们把它叫作"咆哮的月"[32]——的第十八天，是这个世界的第一天。在那一天上帝创造了光明、早上和夜晚。随后的三天没有计算时间，因为到了第四天，那些天体才被创造出来。在第四天，万能的上帝树立起所有的天体，安排好一年的四季，并且命令这些天体和四季作为日子和年份的标记。从此希伯来人就把四季被确定的那一天当作他们的一年的起始日，也就是说，上帝创造世界的第四

30. 摩西是犹太人的古代领袖，传说《圣经》首五卷为摩西所制律法。

31. 参看《出埃及记》12：2。

32. 古英语 Hlyda，为"喧闹的月"，从古英语 hlud "loud" 演变而来。

天。比德[33]导师极为精确地算出那一天是三月二十一日，就是我们纪念圣徒本尼狄克[34]的那一天，因为他有杰出的贡献。就连大地也在这时用她重新恢复了生命的嫩枝和幼苗宣布当它们被上帝创造出来的时刻就是一年最准确的开始。

现在愚蠢的人们，按照异教的风俗，和他们信奉的基督教背道而驰，极其错误地在这一天（元旦）进行多种多样的占卜，好像他们能够延长自己的生命或繁荣，而他们这样做恰好在激怒万能的造物主。许多人还受到这种巨大错误想法的支配，按照月亮的盈亏来调节他们的出行，按照某些日子来安排他们的行动，例如，不愿在星期一做任何事情，由于一周刚刚开始；实际上星期一并不是一周的第一天，而是第二天……

然而，根据自然规律，上帝造物当中每一个有形体的生物，如果是大地所出产，在满月时较在月缺时更加充实、更加茁壮。树木也是这样，如果在满月时伐树，它们用做建筑材料就更坚固、更耐久，特别是当它们去除了树木的液汁。这不是什么符咒，而是由于它们的结构所造成的自然现象。瞧！大海也和月球的运转相一致；二者的盈亏总是相互伴随的。随着月亮每天迟升四个点，大海也迟四个点涨潮。

“上帝和人类的灵魂”（《布道词》I. 284—8）

仔细地考察一下太阳，在太阳里面，如同我们在上面所说的那样，存在着热和光；热使一切都变得干燥，光照亮一切。热管一件事，光管另一件事，虽然二者不能分开，但是加热属

---

33. 比德（Bede，672 / 3—735）是盎格鲁－撒克逊神学家、历史学家，对神学、哲学、历史、自然科学都有研究，主要著作为《英格兰人教会史》。

34. 圣本尼狄克（Saint Benedict，480？—547？）是天主教隐修制度和本笃会创始人。

于热，照明属于光。同样地，只有耶稣基督单独地采取了人的属性，而天父和圣灵都没有这样做；可是这三者在上帝的一切善行中和在上帝的整个生涯里，都永远和上帝在一起。

我们谈论上帝——凡人在说神人；脆弱的人在说万能的神；多灾多难的人在议论大慈大悲的神；但是谁又能充分地说明那不可言传的存在？上帝是无法衡量的，因为上帝无所不在。上帝也是无法数的，因为他是永恒的。上帝没有重量，因为他不费力地支承一切生物的重量；他按照这三个方面配置一切生物：计量、数目和重量。但是你们须知任何人都不能充分地描述上帝，因为我们就连上帝所创造出来的生物也不能仔细观察或解释。谁能用文字说明天空的阵列，谁又能说得清大地的累累果实呢？还有谁能够充分地赞美四季的循环呢？

既然我们不能用我们的视觉充分理解我们所看到的有形体的东西，关于一切其他的万物或万象，谁又能说什么呢？瞧！你看见你面前有一个人，当你看他的面孔时，你看不见他的背部。同样，如果你在看一件衣裳，你不可能一下子就看到它的全体，而是把它翻来覆去，以便看到衣裳的全部。如果万能的上帝无所不在，与天地浑然一体，不可分割，全面完整，因此无法描述，无从理解，那该是多么神奇的现象呀！

现在某个头脑浅薄的人或许会问上帝如何能在同一个时刻到处都在，而一点也不被分割。试看太阳，太阳升得多高，太阳如何把它的光辉送遍全世界，太阳如何照亮了人类所居住的整个这个地球。当太阳在上午刚开始升起来的时候，它立即照耀在耶路撒冷上，还照耀在罗马上，照耀在我国之上，同时也照耀在一切国家之上；然而，太阳仍是一个被创造出来的东西，它听从上帝的命令来活动。那么，想象一下上帝的存在该是强大得多，上帝的力量多么巨大，上帝的显现无处而不在！没有任何东西能够阻挡上帝，石墙不能，宽阔的屏障也不能，像它们阻挡太阳那样阻挡上帝。没有任何东西能够隐藏起来，不被上帝看见，也没有任何事情瞒得过上帝，不被他知晓。你看得见一个人的面孔，而上帝看得见他的心。上帝的精神考验一切人们的心；信仰上帝、敬重上帝的人们，上帝净化他们的灵魂，上帝的显现使他们欣喜，而上帝不理睬那些不信基督教的人的心，对他们不闻不问，避开他们。

让每个人也都知晓，每个人身上都有三个不能分割和相互配合的东西，正像上帝最初造人时所说的那样。上帝说："让我们用我们的形象来造人。"随后，他按照他自己的模样创造了亚当。人身上哪一部分最像上帝？在灵魂上，不在肉体上。人的灵魂，根据它的性质，与神圣的三位一体很相似，因为人的灵魂里面有三样东西：记忆、理智和意志。通过记忆，一个人仔细思考他所听见或看见或学到的东西。通过理智，他领会他听见或看见的一切事物。意志是思想、言论和行为（恶行和善行都在内）的来源。一个人只有一个灵魂、一个生命和一种本质，在里面这三样东西不可分割地在一起共同起作用，因为哪里有记忆，哪里就会有理智和意志，这三者总是一起存在。但是灵魂却并非这三样东西的任何一样，灵魂凭借记忆来记住某事物；通过理智，灵魂对事物达到领会；通过意志，灵魂就能达到随心所欲；但是我们所说的仍然是整个灵魂和整个生命。因此，人的灵魂本身就和上帝相像，因为人的灵魂里面就存在着三种不能分开而共同起作用的东西。可是人还是一个整人，不是三位一体；而上帝——天父、天子和圣灵——却存在于由三个人组成的三位一体中，同时也存在于一个上帝的统一体中。

人，不像上帝那样，不是三位一体的存在，但是人的灵魂却带着上帝的形象。

“论假神”（《布道词》的片断）

敬重的教友们，《圣经》教导我们信奉一个真正的上帝，写道：“一主，一信，一洗，一神，就是众人的父，超乎众人之上，贯乎众人之中，也住在众人之内。”[35]“因为万有都是本于他，倚靠他，在于他，归于他。愿荣耀归给他，直到永远。阿门！”[36]

万能的天父，未经与妇女交配，亲自生了一个儿子。通过这个儿子，天父创造出一切看得见的和看不见的生物。这个儿子和天父一样老，因为天父永远没有开始，而他的这个儿子就是由没有开始的父亲永远生出来的，因此这个儿子也像天父那样万能。圣灵不是生出来的，圣灵就是天父和天子的意志和慈爱，因此圣灵和天父与天子都相像；天父通过天父的儿子（天父的儿子是天父的智慧）所创造出来的万物，由圣灵赋给它们以生命。神圣的三位一体是一个统一的万能的上帝，永远没有开始和结束。他们名义上是三个人——天父、天子和圣灵——但是他们并非三个神；这三者同是一个万能的上帝，相互不能分离，因为三者身上都有同一的性质，同一的才智，同一的力量，并把这些东西赋予万物。我们与其对神圣的三位一体感到过分的惊讶，还不如真心诚意地信仰它，而且坦白承认自己的信仰。

这个三位一体创造了光辉的天使们，随后又创造了亚当和

---

35. 《以弗所书》4∶5。

36. 《罗马书》11∶36。

夏娃作为人类，并给他们以主宰世间万物的权力。如果他们二人没有违背上帝的那一道命令，他们就有可能永远活下去，永无死亡。在他听从上天命令期间，亚当那时生活在幸福之中，无忧无虑，没有任何生物能够伤害他。即便是他走入火中，火也损伤不了他；即便他突然跑进海浪里，水也不能把他溺死。没有任何野兽能够伤害他，也没有任何爬虫敢于把他咬伤。只要他忠实地遵守那一条小命令，世间的饥饿、干渴、严寒、酷暑和疾病都不能折磨亚当。但当他犯了罪，破了上帝的戒，他就失去了幸福，生活在劳役之中，以至于以前连毒蛇都不敢碰的亚当变成了虱子和跳蚤大胆吸吮的对象。此后他不得不提防水和火，不得不警惕灾祸降临在他身上，还不得不通过自己的辛苦劳动换取糊口的食物。不仅如此，他还不得不小心翼翼地保护上帝所赐给他的天赋才能，生怕丢失了它们。即便是在当今，善良的人们仍旧这样做，他们通过辛苦劳动使自己远离罪恶。

在亚当犯罪以后，日、月都为之失色，尽管它们尚未失去各自的功能。在人类犯罪以前，太阳要比现在光亮七倍，月亮的光亮就像现在太阳所给予我们的那样多。[37]可是，在末日审判以后，日、月将重新获得它们在最初被创造出来时的最充足的光辉。月亮将从不变老，而是像太阳现在那样从不减弱地照耀着大地。

如果人类现在遵守上帝的戒律来从事他们的所作所为，在末日审判以后，他们有可能通过巨大的努力达到这样的境界，就是，与上帝住在一起，享受永恒的幸福。但是那些拒绝相信上帝的

37　参看《以赛亚书》30：26。

人们将被抛入地狱，将被投入无穷的惩罚和无止境的折磨之中。

我们现在从《圣经》里读不到这样的事实，即在挪亚洪水时代以前的任何时期人类曾树立起偶像崇拜，一直要到挪亚洪水时代以后那些巨人们修起了那座神奇的通天塔，上帝才给了人们如此众多的语言，有多少工匠，就有多少种语言。[38]随后人们就分手了，向遥远的国土走去，于是人类就繁殖起来。接着，人类又受到当初欺骗亚当的那个老魔鬼的欺骗，他们罪恶地制造了一些假神供他们自己膜拜，同时背弃了把他们塑造成人类的造物主。由于日、月的灿烂光辉，他们认为把日、月当作神灵来礼拜是智慧的一部分，他们并且向日、月奉献祭礼，同时却也忘掉了他们自己的造物主。有些人还说那些明亮的群星也是神灵，心甘情愿地敬拜它们。还有人信奉火，由于它的迅速燃烧，也有人信水，把水、火都看成神来礼拜；另一方面，也有人信奉土，因为土培育了万物。但是，如果人类当时已具有良知，他们就有可能觉察出只有一个上帝，由于他的至善，上帝创造了万物，供人类使用。生物完全按照它们的造物主所教导的去做，它们除了实践天主的意图外，不可能去做别的事情，因为除了唯一的真正上帝外，没有别的造物主。我们怀着坚定的信仰来礼拜上帝，我们心口如一地承认只有上帝才是创造了万物的天主。可是异教徒不满足于如此少的神灵，他们开始把各种巨人当作神灵来供奉，甚至还供奉那些过着可耻生活、有权有势、作威作福的凶狠之徒。

从前有一个住在克里特岛上的人名叫萨图耳恩，他是如此残暴，竟然毫无父子之情地吞食了他自己新出生的几个儿子，

---

38. 参看《创世记》6：1以下；11：1以下。

用他们的肉作为食物来充饥。虽然以往他把所有的儿子都吞食了，但是终于还是有一个新生婴儿留下活了下来。这个儿子名叫朱庇特，长大了变得极为强壮、邪恶。他把他父亲从上述的那个海岛上流放出境，他父亲若想靠拢该岛，必遭杀身之祸。这个朱庇特如此淫乱，他竟然娶了他的姐妹（名叫朱诺）为妻，因为她是一位很高贵的女神。他们生下了两个女儿，密涅瓦和维纳斯，二人皆被她们的父亲无耻地奸污了；他也奸污了他的女亲属中的许多人，因而声名狼藉。这些坏人就是异教徒们所礼拜的、被他们加以神化了的最大的一些天神。可是，在异教徒的罪恶偶像崇拜中，那个儿子比那个父亲受到了更多的膜拜。这个朱庇特是异教徒在他们的愚昧错误中所信奉的一切神灵当中最受崇敬的神；在某些民族当中，朱庇特名叫托尔（Thor，“雷神”），他是丹麦人最喜爱的神。托尔的儿子名叫玛尔斯（战神），这个神不断地制造纠纷，煽动诽谤和痛苦。异教徒把他当作一位大神来礼拜；每当他们准备出征，或决心战斗时，他们预先向这位神灵献祭他们的供品，相信这位神灵能够在战斗中给他们巨大的帮助，因为战神爱的就是战斗。

曾有一人生前名叫墨丘利，行为极其狡诈。他诡计多端，嗜偷窃，善谎言。异教徒奉他为一个强大的神，在三岔路口给他献祭供品，并在高山上为他设供。这个神受到一切异教徒的膜拜；丹麦语称他为奥丁（Odin）。

某个妇女名叫维纳斯，她是朱庇特的女儿，如此淫荡，以至于她父亲，还有她的兄弟，以及其他一些人，都以她为娼妓；可是异教徒却把她当作一位了不起的女神，作为他们的主神的女儿来膜拜。还有其他许多神祇和女神，通过各种方式被人们编造出来，并在全世界受到人们的敬重和礼拜，这就是人类毁灭的祸根。但是，这些荒淫无耻之徒却被视作一些主要的神明。那个藏在人类身旁的、欺诈的魔鬼引诱异教徒犯下极大的错误，把那些贪恋魔鬼所喜欢的罪恶的恶人当作神明来供奉，结果使得这些假神的信奉者也贪恋他们的罪恶勾当，因而远离憎恨罪恶、喜爱贞洁的上帝。

他们还为日、月和其他神祇都指定了某一天作为那个神祇的专有日——把星期天给了太阳，星期一给了月亮；他们把一周的第三天给了他们的战神玛尔斯，以便他在战斗中能够助他们一臂之力。为了他们自己的利益，他们把第四天给了上述的他们的大神墨丘利。第五天，他们隆重地献给朱庇特——他们最大的神。他们把第六天指定给那个名叫维纳斯的无耻荡妇——丹麦语称她为弗丽嘉（Frigg）。为了他们的私利，他们把最后一天，就是第七天，给了众神之父，老人萨图耳恩，尽管他的年龄最长。

他们还想把更多的荣誉加在那些假神身上，竟把一些星体赠给这些神，似乎这些神有能力支配这些星体的运转——这些星体包括七大天体，即日、月和另外五个行星，它们都以天空为背景，永远朝着东方运动，而天空却永远使它们返回原位。但是，远在那些假神、恶人诞生以前，或被选为神祇以前，这些星体在开天辟地之时，就已照耀在太空之中。

（五）伍尔夫斯坦作品选

伍尔夫斯坦（Wulfstan，1023年逝世）是古英语时期另一位散文家。他曾任伦敦主教（996—1002）、伍斯特主教（1002—1016）和约克大主教（1002—1023）。他也是一位布道词作家。他的文学名望仅来自一篇写于多事之秋的1014年的布道词：论世界末日的《狼对英国人民的布道》（*Sermo Lupi ad Anglos*）。这篇布道词以这句话开始："当今世界急速飞逝，它已接近结尾。"意思是说，最后审判日行将降临我们头上。这位布道士为什么作出如此悲观的结论？原因是：当时英国正处在危机存亡之秋，国家正受到丹麦人的侵略、烧杀、掠夺；1005年又碰上百年不遇的大饥荒。英国还出了卖国贼，出卖国家利益，与敌人勾结，招致了英国舰队的覆没。英国惨败，向敌人纳贡求和。这些灾难，根据布道士伍尔夫斯坦的解释，都是英国人的罪恶行为引起的后果。英国人必须猛醒，立即改邪归正，否则他们必将在末日审判中接受最严厉的惩罚。伍尔夫斯坦用生动、有力的语言打动听众，雄辩、热情，颇似《圣经·旧约全书》中《先知书》的风格。另外，伍尔夫斯坦散文风格的特点是：多用押头韵（alliteration）和准押韵（assonance），以及明显的节奏和对称的句型；另一方面，伍尔夫斯坦极少用辞藻（tropes）、明喻（similes）等修辞手段。

现把伍尔夫斯坦致英国人民的布道词翻译如下：

> 敬爱的人民，要懂得这个真理：当今世界急速飞逝，它已接近结尾。因此，今世愈迟则愈劣，世事必然发展成在敌基督[39]来到以前的极端罪恶状态。请你们也认真考虑一下这个事实：多年来魔鬼把我国人民领入歧途，离开正道太远了；人们虽然表面上说得好听，骨子里却互不信任；横行霸道盛行在我们的国土上；极少有人积极设法挽救我们大家，如同人们应做的那样。邪恶日益累积，全国各处人们犯下多种罪孽和暴行。
>
> 由于这些情况我们才遭受这么多的损失和耻辱；如果我们期望任何解救，我们必须努力做到比以往我们所做的那样更配

---

39. 敌基督（Antichrist）是《圣经》中说到的基督的大敌。在世界末日到来以前，敌基督到处散布罪恶，终于在基督复临时被基督制服。参看《约翰一书》2：18。

受到上帝对我们的仁慈和宽恕。这是因为我们所蒙受的苦难完全是我们罪有应得；如果我们希望情况在今后有所好转，那我们必须付出极大的努力才配从上帝手中获得救援。我们深知一个宽阔的缺口需要大量的填补物，如果要设法扑灭一场大火，必须准备充足的用水。迫切需要今后每一个人确守上帝的戒律，诚实地执行上帝的命令。

在异教国家里，没有人敢于或多或少地把规定要献祭给偶像神祇的供品留作己用；而我们却过于经常地到处扣留上帝所应得的东西。在异教国家，人们不敢减少那些指定为祭物、置放在户内或户外偶像神祇面前的东西；而我们却把上帝的房子，内部和外部，都洗劫得一干二净。此外，上帝的仆人们到处都被剥夺了所应受的崇敬和为不幸的人们提供庇护和避难的权利；而在异教国家里，人们绝不敢冒犯那些偶像神祇的仆人，像我们现在过于经常地冒犯上帝的仆人那样，而他们受冒犯的地方却是基督徒应该遵守上帝戒律，并为上帝的仆人提供保护的地方。

我向你们说实话：国家非救不可了。在我国各处，上帝的戒律无人过问的现象为时已太久了；国家的法律过分松弛，甚至已完全失效了；教堂、寺院等圣所处于不受保护的状态；上帝的房子里古老的贡礼被抢劫一空，室内一切像样的东西都被搬走，留下光秃秃的四壁。教会人士迄今为止已长期饱受凌辱；遗孀非法被迫改嫁；穷苦和受难的人们被蒙骗，悲惨地落入陷阱，无辜地远离乡土，被贩卖到外国人手中；离开摇篮不久的儿童，毫无道理地因轻盗窃罪名受到惩罚，沦为奴隶；自由民的权利被剥夺，农奴的权利备受限制，领救济金者的权利荡然无存。一言以蔽之，上帝的戒律遭人憎恶，教会的训导被人唾弃。由于这一切原因，我们大家耻辱加身，这是有目共睹的事；虽然人们不这样想，但是全国都要遭殃，无人得以幸免，除非上帝拯救我们。

的确显而易见，就我们大家来说，迄今为止我们触犯戒律的行为大大超过我们改过自新的努力；因为这个缘故，我们的国家屡遭侵袭。长期以来，我国内外交困，到处经常发生抢劫和饥荒、烧杀和流血、盗取和杀戮、天灾和瘟疫、兽瘟和虫害。诽谤和蓄意害人，以及盗贼的强夺使我们受尽了折磨；暴风雨时常毁损我们的收成：这一切似乎都因为多年以来我们的国家目睹了种种邪恶现象和人与人之间普遍存在着的背信弃义的利害关系。亲属往往视亲属为路人，拒不保护；父亲不保护儿子，儿子也往往不保护他的亲生父亲，兄弟之间也是如此。我们当中没有一个人像他应该做的那样来指导他自己的生活，神职人员既不按照教规行事，世俗人们办事也不遵守法律。没有一个人像他应该做的那样来诚实地对待自己的邻居，而我们当中几乎每一个人都在言行上欺骗过和伤害过自己的伙伴。

几乎每一个人都多么罪恶地用可耻的诽谤来攻击自己的邻居，而且，若有可能，还会更加狠毒！在这里——我们自己的国土上，盛行着对上帝和对自己同胞的不忠和不信；我们当中有许多人以不同的方式背叛和出卖了自己的领主。世上最为大逆不道的犯罪就是出卖自己领主的灵魂；世上还有另一条弥天大罪就是阴谋暗杀自己的领主，或把自己的领主活着流放于国外；这两件叛逆罪行都曾发生在我国。人们阴谋暗杀爱德华，随后谋杀得遂，而且还焚毁了爱德华的尸体；还有艾特尔雷德，人们把他逐出了家门。在全国有多少教父、教母和教子、教女被杀害；各处有多少圣殿被毁坏，因为在以前某些不应该住在那里的人们却曾住在圣殿里，不顾上帝的圣所应受到人们的崇敬这个条规；有多少基督教教民司空见惯地被卖作奴隶。你们可以相信，这一切都受到上帝的憎恶。

不仅如此：我们还知晓这样悲惨的事情发生在什么地方，即父亲标价卖掉自己的儿子，或者儿子标价出售他的母亲和弟弟，供外国人使唤。任何人，只要愿意，都会明白这一切全是一些骇人听闻的、可怕的罪行；还有更恶劣的和更多的各式各样的坏事折磨着我们的国家。许多人发假誓，谎言欺众；誓约随意被破坏；显然上帝的愤怒严峻地落在我国人民的头上。这个道理，只要愿意，谁都会明白。

哎呀！由于上帝的愤怒，还有什么耻辱会落在一个人的头上，比经常罪有应得地落在我们头上的耻辱更大、更重？我指的是这件事，即，如果一个农奴从他的领主家里逃了出去，背叛了基督教，投向丹麦人一边，后来碰巧领主和逃亡农奴在战场上遭遇，如果领主被农奴不正当地杀死，领主的家属得不到任何赔偿金额[40]；但是，如果领主不正当地杀死了以前他所拥有的那个农奴，他（领主）必须付一笔像杀死一个领主那样高的赔偿金。有辱人格的各种法律和丧权辱国的贡金对我们来说已司空见惯，这是上帝对我们的惩罚，诚如凡是有判断力的人都会如此理解；还有许多天灾人祸不断地侵袭我们的国家。

长期以来，我国内政和外交都毫无起色，反而是掠夺和仇杀到处横行。由于上帝的愤怒，英国人长久以来未打过胜仗，严重地丧失了士气。由于上帝的许可，海盗们如此强大，他们当中的一员，在战场上往往追杀我们当中的十名——有时少于、有时多于此数——这一切都是由于我们的罪孽累累。时常

---

40. 古日耳曼和盎格鲁–撒克逊法律规定：为了避免世代结仇（feud），按照被害人地位的高低，凶手应付给被害人家属一定的赔偿金额（wergeld）。

十名或十二名海盗，轮流侮辱和强奸一位领主的妻子，或者他的女儿或亲属，而这位以前曾经认为自己的尊严不可侵犯，自己足够强健、勇敢的领主竟在那里作壁上观。一个农奴往往会给以前曾经是自己领主的那位受赐封地的贵族戴上枷锁，使自己的领主沦为自己的奴隶，这也是触怒了上帝的结果。哀叹英国人现在在列国之间所承受的痛苦和所蒙受的耻辱吧；这都是由于我们上帝的愤怒！时常两三个北欧海盗就能驱赶一群共同受奴役的基督徒穿过几个州郡，从临海的一头直赶到滨海的另一头，这对我们大家都是共同的耻辱，但凡我们还有一点常识，都会明白这个道理。可是，不顾我们所忍受的频繁的国耻，我们却向那些伤害我们的人致敬。我们不停地酬谢他们，他们却日复一日地压迫我们。他们掠夺和侵袭，捆绑和凌辱，抢劫和攫取，并且装船运走。看哪！在这一切妨害治安的行为中，除了上帝的愤怒对我国的惩罚是显而易见的以外，还能看见什么呢？

我们处境悲惨，这也不足为怪，因为我们确实知道多年来人们几乎从来也不留心自己的所作所为和所说的话。我们的宗教，看起来已被形形色色的罪恶和变本加厉的犯法行为糟蹋得不成样子了：残暴和奸诈，贪婪和逐利，偷窃和抢劫，非法贩卖人口作为奴隶，异教徒的罪恶行径，背叛和阴谋，犯法和叛乱，亲属之间相互械斗，大屠杀，对神职人员的伤害，通奸、乱伦和各种偶像崇拜，不一而足。再加上，如同我们以前所说的那样，违背了誓言和未遵守的许诺，以及到处发生的各种背叛、变节、出卖、弃义的行为，使得更多的、不应被如此对待的人，遭到破产和成为别人发假誓的牺牲品。人们经常不遵守宗教节日的庆祝仪式。在我国，敌视上帝的人、恶意迫害教会的人和残酷的暴君，这些人的人数真是太多了；还有许多人骄傲地蔑视神圣的宗教法律和基督教的习俗，以及许多人十分经常地也十分愚蠢地嘲笑那些最确实和最合理、属于上帝法律范畴的事情。因此出现了一种普遍的恶习，即人们不以恶行而以善行为耻，其原因在于人们过于经常地以嘲笑和蔑视对待善行，并且不遗余力地辱骂虔诚的信徒；还由于大多数人鄙视，而且过分频繁地以侮辱对待，那些品行端正和有一点敬畏上帝之心的人们。由于人们如此行事：鄙视他们应该崇敬的一切，憎恶他们应该敬爱的事物，因而使过多的人们走上邪路，想坏事，做坏事，以至于他们不以犯大罪和完全冒犯上帝为耻；还因为听了别人空洞的谩骂，他们不敢按照《圣经》的教导改邪归正：他们就像一般的愚人，由于不必要的自尊，不肯拯救自身，以至于当他们想要救自己的时候到来，为时已过晚了。

噢！以上帝的名义起誓，让我们做我们必须做的事，就是用最大的努力来拯救我们自己，否则我们大家都要同归于尽！让我们尽我们的职责，转向正义，嫉恶如仇，认真改过自新。让我们敬爱上帝，遵守上帝的戒律，积极执行我们接受洗礼时所承诺要做的事，或我们昔日接受洗礼时我们的教父、教母所承诺我们应做的事。让我们端正我们的言行，认真地净化我们自己的心灵，严格地遵守我们的誓言和保证，在我们相互交往之间要有一点信用，总之，要去掉一切恶劣的行为。让我们时刻想到我们大家都必须面对的末日大审判，积极地拯救我们自己，使免于受到地狱里熊熊烈火的惩罚，并且要为我们自己努力争取到上帝为那些在世间执行上帝意志的人们所准备好的光荣和幸福。愿上帝保佑我们。阿门。

（六）比德《英格兰人教会史》选段

比德（Bede，672 / 3—735）是古英语时期历史学家和学者。幼年从师于威尔茅斯修道院院长本尼狄克·比斯科普[41]（Benedict Biscop，约628—690），比德随后又跟从老师到贾罗修道院，在那里潜心研究学问，度过了大半生。当时贾罗修道院是全欧最主要的学术中心之一。比德著作等身，从他的著作不难看出他的为人：明智、博学，而且谦虚。他是一位勤奋的教师，也是一位拉丁文和希腊文的学者。他最主要的著作是《英格兰人教会史》（*Historia Ecclesiastica Gentis Anglorum*，731）。这是一部用拉丁文书写的英格兰人的历史，共五卷，从尤利乌斯·凯撒入侵不列颠（公元前55—前54）算起，到公元731年为止，以对不列颠岛的自然条件的描述开始，到叙述731年英国的政治和社会情况结尾。这部著作是最早的一本重要的英国史，因此它的作者比德赢得了“英国历史之父”的称号，这部著作也被认作一部经典历史杰作。比德取材于（老）普林尼（Pliny the Elder，23—79，古罗马作家）的《博物志》（*Naturalis Historia*）和其他拉丁作家的著作，还取材于吉尔达斯（Gildas）的拉丁文不列颠史《论不列颠的覆亡和被征服》（*De Excidio et Conquestu Britanniae*，约547），也有可能取材于南尼厄斯（Nennius，活动时期约800年）的《不列颠民族史》（*Historia Britonum*）。比德所追求的是历史的真相，不讲究辞藻的华丽与否，因此他的拉丁散文风格朴实、有力。在阿尔弗烈德大王的指导下，一群学者把比德的这部拉丁文历史著作翻译为古英语散文。在该书的第二卷里，当诺森布里亚王国国王埃德温召集手下贵族大臣商议应否接受基督教信仰时，出现了那段著名的比喻：一只燕子从黑夜里飞进一间灯火通明的大厅，随后又飞回

41. 本尼狄克·比斯科普创建了威尔茅斯修道院（674年）和贾罗修道院（682年），并从罗马购置了大量手稿，建立了当时欧洲最好的图书馆之一。

黑夜里去。现引这一段的中文译文如下：

诺森布里亚国王埃德温接受基督教

国王听了这些话后，回答说，他既情愿，也有责任接受他（保利努斯[42]）所教导的信仰，但他也想和他的主要近亲和顾问们商议此事，为的是，如果他们也同意他的意见，他们大家都会因为信奉生命的源泉——基督耶稣——而一同受人崇敬。保利努斯首肯后，国王就照着他所说的话去做。因此他召集了手下的博学之士举行会议，并且征询每一位与会者个人的意见，听他们谈谈他们对所传布的这个新学说和对所崇拜的这个神祇的想法。国王手下的最主要的祭司高伊飞立即回答说："噢，国王陛下，请您仔细想想人们现在向我们所传布的是什么样的道理。我向您说说我真实的想法：我确知我们以往直到现在所信奉的宗教既无效，也无益。如果，经过考验以后，您觉得人们现在向我们传布的这些新学说更好，并且更有效，我们就应马上接受它们，不要耽搁。"

国王手下的另一位主要谋士同意祭司的审慎发言和劝告，立即补充说道："噢，国王陛下，照我看来，人生在世的当前时刻，若和我们无从得知的前生和来生的时间相较，就好像冬日您与您的重臣和受您赐封的大乡绅们坐在筵席之上，中间生着熊熊的炉火，大厅温暖如春，而在户外到处都刮着狂暴的旋风，雨雪纷飞。在那时，好像飞进来一只离群的燕子，急速飞过大厅，从一头的门口进入，又从另一头的门口飞了出去。在它停留在户内的时刻，它免遭冬日暴风雪的袭击；但是，对

42. 保利努斯（Paulinus，584？—644）是意大利基督教传教士，奉教皇格列高利一世派遣，前往英国传教（601年），为第一任约克主教（625—633），后为罗彻斯特主教。

它来说，风暴平息的时间，只一瞬间就成为过去，它从风暴中来，又急急忙忙飞回风暴中去，从您的眼底下消失得无影无踪。同样，人的一生似乎也只是一瞬间的事；至于来生或前生是什么样子，我们却毫无所知。因此，如果这个新学说包含着一些更加确切的知识，这个学说就理所当然地值得信奉。”由于神的启示，其他那些长老和国王的顾问们所说的话，大意也都如此。

（七）《盎格鲁-撒克逊编年史》选段

按年月顺序排列的早期英国历史记录，总称《盎格鲁-撒克逊编年史》（*The Anglo-Saxon Chronicle*）或《古英语编年史》（*The Old English Annals*），在阿尔弗烈德大王（在位时间为871—899）主持下，加以整理和补充，具有历史价值和文学价值。它包括的历史事件从凯撒于公元前55—前54年入侵不列颠岛开始，到公元1154年为止，但是这部编年史主要为9、10、11和12世纪当代人所记录的当代史实。这部编年史的文学价值在于它反映了古英语叙事散文的风格特点：朴素、清晰、简洁、精练。这部编年史最精彩的部分是一些生动、详细的叙事段落，尤其是那些叙述893—897年间英国人民抗击丹麦侵略者的章节，往往振奋、激动人心。此外，这部编年史在叙述10世纪的历史事件过程中插入了一些古英语诗歌，最著名的是一首凯旋战歌《布鲁南堡之役》，插在《编年史》937年条下。[43]

现从《盎格鲁-撒克逊编年史》中选译若干段落如下：

公元449年：本年马尔西安和瓦伦提尼安继承帝国王位，

43. 该诗内容的介绍，见前面“古英语诗歌（下）”一章。

在位时间共七年。亨吉斯特和霍萨[44]在他们的盛年，受到不列颠人（Britons）的国王沃尔蒂格恩的邀请，从称作“退潮舰队”的海岸登上不列颠岛的陆地。他们起初援助不列颠人，但是后来又和后者作战。沃尔蒂格恩国王把本国东南部的土地赐赠给那两弟兄，交换条件是他们必须与皮克特人[45]作战。于是他们就和皮克特人作战，无往而不胜。随后他们派人去通知盎格鲁人，希望盎格鲁人派遣更多的部队，并使他们（盎格鲁人）了解不列颠人疲弱无能，以及岛上优越的自然条件。

公元 793 年：本年不祥的预兆发生在诺森布里亚人的国土上，使人民受到悲惨的恐吓。这些预兆是过多的旋风和闪电，还有火龙在空中飞行。不久之后，跟随而来的是一场大饥荒。稍后，在同一年，在 1 月 13 日的前六天，异教徒的蹂躏和劫掠，伴以烧杀，使位于林迪斯芳（Lindisfarne）[46]的上帝的教堂遭到令人痛惜的毁坏。

公元 871 年：三天以后，艾特尔雷德国王[47]和他弟弟阿尔弗烈德率领大军抵达雷丁[48]，与敌军交锋，双方伤亡甚重。艾特尔伍尔夫郡长在这里捐躯，丹麦人占领了那片横尸遍野的战场。大约四天以后，艾特尔雷德国王和他弟弟阿尔弗烈德在阿希登与全体敌军遭遇。敌军共分两组——异教徒的两个国王巴葛塞吉和哈夫旦率领一组，另一组由敌军的郡长们率领。艾特尔雷德国王与由敌

44. 亨吉斯特（Hengist，？—488？）和霍萨（Horsa，？—455？）弟兄二人相传为第一批迁到不列颠的朱特人领袖，与不列颠人作战，征服肯特，建立肯特王朝（455？年）。

45. 皮克特人（Picts；源自拉丁语 Picti，复数，意为 painted people“文身之民”）是古代居住在苏格兰的部落集团。

46. 林迪斯芳是位于英国东北部诺森伯兰郡（Northumberland）附近海上的一个小岛，称为圣岛（Holy Island）。爱尔兰基督教传教士于公元 634 年在岛上修建了教堂和修道院。

47. 参看前面《阿尔弗烈德大王传》“阿希登之役”。

48. 雷丁（Reading）是英格兰南部城市，伯克郡（Berkshire）首府。

军国王率领的一组交战，敌军巴葛塞吉国王在那里阵亡。英国国王的弟弟阿尔弗烈德和由敌军郡长们率领的一组厮杀，西得洛克郡长父子被杀死，还有奥斯奔郡长、弗莱纳郡长和哈罗德郡长，也都战死疆场。两组敌军被打得落花流水，开始溃逃，数以万计的敌军被歼灭，还有些人顽抗到夜晚……随后，艾特尔伍尔夫之子阿尔弗烈德……继承威塞克斯王国的王位。大约一个月以后，阿尔弗烈德国王率领一小队人马，与敌军全体在威尔顿[49]交战，几乎整日使敌军败退，但战场仍为丹麦人所占领。

公元878年：本年，在仲冬，主显节之夜以后，丹麦军队潜行至奇彭纳姆，蹂躏了西撒克逊人的国土，并在那里安营下寨。丹麦人把许多当地居民赶出了海，把剩下的人当中一大部分征服为顺民，听从他们指挥，只有阿尔弗烈德国王除外。阿尔弗烈德率领一小队人马，艰难地退到树林中和沼泽地的要塞里暂避一时。同年冬天，辛瓦尔和哈夫旦的弟弟率领23条战船来到威塞克斯的德文郡，这位丹麦统帅在那里阵亡，他的军队中840人被歼灭，他们称为“渡鸦”的战旗被缴获。此后，在复活节，阿尔弗烈德率小队士卒在阿瑟尔奈修起一座堡垒，从这座堡垒出发，他不时地率领住在离堡垒最近的萨默塞特郡的居民与敌军作战。随后，在复活节后第七周，阿尔弗烈德国王骑马到了塞尔伍德以东的布里克斯顿，在那里他受到萨默塞特全体人民的迎接，还有威尔特郡的人民，以及在英吉利海峡这一边的汉普郡的人民，这些人都是专程到那里迎候他的；他们都以亲睹国王为快。第二天，阿尔弗烈德从那一站来到了艾里，再下一天到达了埃丁顿[50]，在那里阿尔弗烈德国王和敌军全

49. 威尔顿（Wilton）是英国中南部威尔特郡（Wiltshire）的一个城镇，以生产地毯著名。

50. 埃丁顿（Edington）位于威尔特郡。

体作战，使敌军溃败，并追赶敌人直至敌方的堡垒；他在那里围困敌人达两周之久。随后敌人向国王献上人质，宣誓要撤离英国，并向英国国王保证，说他们自己的国王一定要接受洗礼；关于这一点，他们根据誓约实践了诺言。大约三周以后，古斯伦国王率领丹麦军队中最高贵的 30 名成员，来到阿瑟尔奈附近的阿勒，晋谒阿尔弗烈德。在受洗仪式中阿尔弗烈德担任丹麦国王的教父，丹麦国王的擦掉圣油礼是在韦德莫尔举行的。丹麦国王和英国国王相处共 12 日，阿尔弗烈德国王赠送丹麦国工和他的同伴们许多礼品，给他们以很高的礼遇。

公元 897 年：……那一年，从东英吉利亚[51]人和诺森布里亚[52]人当中来的敌方军队骚扰了西撒克逊人的国土，主要在南部沿海一带，肆意掠夺，尤其是派遣他们多年前已造好的桴木战船来劫掠。于是阿尔弗烈德国王命人建造长形战舰来对抗这些桴木战船。这些战舰比那些战船长一倍；有些战舰装备 60 副桨，还有一些战舰的桨数更多；这些战舰比那些战船更快、更稳，而且更高。它们建造的形状既不同于弗里斯兰人的，又不像丹麦人的战船，而是按照阿尔弗烈德看来会是最有效的战船样式来建成的。

公元 901 年：本年，万圣节前六日，艾特尔伍尔夫之子阿尔弗烈德去世。他是除了被丹麦人统治的那一部分领土外，全英国的国王。他统治这个王国共 30 年差一年半。接着，他的儿子爱德华继承了这个国家的王位。

---

51. 东英吉利亚（East Anglia）是中世纪早期英国七国时代的七国之一，位于今东英吉利。

52. 诺森布里亚（Northumbria）是中世纪早期英国七国时代的七国之一，位于今英格兰东岸亨伯湾和苏格兰东岸福思湾之间。

第五章

早期中古英语诗歌和散文

由于 1066 年的诺曼人征服，英国被诺曼贵族统治了几百年。古英语头韵诗歌随着盎格鲁-撒克逊宫廷贵族的灭绝而迅速消亡，尽管在修道院里编纂的历史文献和圣徒传记中，古英语文学散文直到 12 世纪中期仍在被使用。在 12 和 13 世纪中，英国的文学作品大部分都用法语和拉丁语写成，因为上流社会的诺曼贵族都说法语，而拉丁语则是当时欧洲通行的共同语言和诺曼底的官方语言。在这同一时期，古英语受到北欧语言和法语的冲击，逐渐演变成了中古英语。用中古英语方言写成的文学作品主要局限于比较偏僻的边远地区，流传至今的作品数量也很少。其中较为著名的诗歌作品有用英国南部方言写成的《猫头鹰与夜莺》和莱亚门的《布鲁特》，而在散文作品中最著名的则当推用中西部方言写成的《修女戒律》。

一

《猫头鹰与夜莺》(*The Owl and the Nightingale*) 曾被文学史家誉为

“中世纪英语书中……最奇妙的一部作品”[1]。这首出现于 1200 年左右、长度为 1,796 行的中古英语诗歌不仅创作时间早，而且文笔生动、构思巧妙，可以跟任何时代的文学作品相媲美。猫头鹰与夜莺之间的辩论这个题材在 12 世纪的欧洲文学中屡见不鲜。假如它是用拉丁语或是用诺曼法语写成的话，就难免会落入俗套，但这首诗的作者却独辟蹊径，采用英语写作，因而使这种传统的框架结构也因注入了新奇想象力而变得富有活力。

诗人描绘自己是偶尔听到两只鸟之间辩论的。他于某夏日来到一个幽静的山谷，突然听见猫头鹰与夜莺正唇枪舌剑，互相抬杠，竭尽揶揄奚落、攻讦诋毁之能事。后者栖息在树篱密闭、枝叶繁茂的灌木丛中，四周开满了鲜花；而前者则站在附近一个长满常青藤的古老树桩上。能言善辩的夜莺首先用尖刻的口吻对猫头鹰的歌声评头品足，挑起了争端：

> “怪物，”她说，“你快滚吧！
> 我真不愿意再看见你。
> 说真的，你那张丑陋的脸
> 常使我失去唱歌的兴致；
> 每当你在我面前出现时，
> 我就心里发沉，舌头打结。
> 听到你那凄厉的刺耳噪音，
> 我就宁愿啐痰，而非唱歌。”

当暮色降临时，猫头鹰急不可待地回击了它的诘难者。她答辩说自己唱得比谁都不差，尽管自己歌声里没有花腔颤音。她抱怨夜莺不断地寻衅挑刺，并进而威胁一旦有机会她就要报复：

1. 克尔，《中世纪英国文学》，第 181 页。

“假如我能用爪子捉住你，
（愿老天保佑这事能发生！）
或者当你离开那根树枝，
那你就会唱另一种声调。”

夜莺不得不承认猫头鹰的力气比自己大，但她表示只要自己不冒险去林间空地，静守自己的灌木丛，就不用害怕这种威胁。然后她又开始罗列和数落对方身上的各种缺点：

“你身材矮小，头颈又短，
你的头简直比身体还大；
黑炭一般的眼睛睁得贼亮，
就像是用菘蓝画出来似的。
你双眼圆瞪，仿佛要把
爪子抓到的东西撕个粉碎。
你的嘴巴真是又硬又尖，
像钓鱼钩一样弯成曲形。
你整天用它唠叨个不停，
而这就算是你的一首歌。”

夜莺继续讨论猫头鹰的习性，并且讲了一个猎鹰的故事：猎鹰无意中孵了一只猫头鹰，但它后来不得不将其丢弃，因为后者陋习不改，弄脏了猎鹰的巢窝。她接着就洋洋得意地唱起了一支嘹亮激昂的歌曲，但怒气冲冲的猫头鹰马上就打断了她的歌声，提出要用武力进行决斗。夜莺拒绝动武，建议用适当的法律仲裁程序和公正友好的语言来体面地解决问题。经过一番讨论，夜莺首先提出一位仲裁者的候选人：

“吉尔福德的尼古拉斯少爷，
他稳重明智，而且说话谨慎，
判断事物时既稳健又慎重，

对于各种罪孽则嫉恶如仇。
他对于歌曲也有很深造诣，
孰优孰劣，他一听便可定夺。
他能够分辨正确与错误，
也能甄别欺诈、黑暗和光明。”

猫头鹰经过考虑，也同意由尼古拉斯来作为裁判，因为尽管后者年轻时有些放荡，曾经偏爱过夜莺，但他现在已经老成持重、深谋远虑，不会再为轻浮张狂所吸引。但在出发去寻求裁决之前，夜莺又一次攻击猫头鹰的歌声和她夜飞的癖好，但后者显然更擅长于逻辑思维。她在自我辩护中宣称自己的歌声是对人们的警告，而且她从不像夜莺那样喋喋不休；至于有关她瞎眼的罪名纯属捏造，她能够看见所有必要的东西。为此她举野兔为例：

“野兔整个白天都隐蔽伏卧，
然而它的视力完好无缺。
倘若猎狗突然向它扑来，
它就会像脱弦之箭般逃走，
转弯抹角地跑过崎岖小径，
尽情施展它惯用的伎俩，
一蹦一跳地飞跑而过，
慌不择路地奔向隐蔽之处。
所有这一切，假如视力不好，
野兔根本就无法做到。
而我的视力跟野兔一样好，
尽管白天我并不抛头露面。”

于是夜莺改变了攻击的策略，抱怨猫头鹰的歌声悲切，只有在严冬才能听到，而非欢愉的夏日。猫头鹰的辩驳是显而易见的：严冬才是人们最需要激励振奋的时候，夏日只会导致淫荡——即夜莺之歌的主题。在天寒地冻时，夜莺就飞走了，而猫头鹰则留下来帮助苦难中的人民：

“在贫寒岁月才能够考验
谁才能真正担当重任。
严寒时我精神抖擞，嬉戏歌唱，
为自己的歌声而怡然自得。
任何严冬我都无所畏惧，
因我并非意志薄弱的可怜虫。
此外我还帮助了许多人，
他们大多手无缚鸡之力，
整天忧心忡忡，生计艰难，
急切盼望能获得温暖。
为他们我经常引吭高歌，
用歌声减轻他们的痛苦。
怎么样？还有什么可说的？
你是否已经低头认输？”

夜莺试图打断她的话，可是猫头鹰迫使对方闭嘴，进而展开攻势。她强调对方是无用的废物，身材短小，体质羸弱，至多不过是个“碎嘴婆子”。她甚至还将肮脏的罪名赠还给了夜莺，因为后者的藏身之处是人们拉屎撒尿的地方，而且其吃的食物尽是些蜘蛛、苍蝇和蠕虫。夜莺节节败退，几乎无言以对。但她强作镇定，力图以守为攻，扭转局面。她绞尽脑汁，宣称自己唯一使大家都喜欢的唱歌本领，要比猫头鹰所有的优点加起来都还强。狐狸有各种骗人的本领，而猫只有一种本领，但狐狸终究要完蛋，猫却可以死里逃生。

猫头鹰从另一个角度出发，答辩说自己的歌声将人们引向忏悔和更好的生活；而夜莺只会唱世俗的东西，用轻佻肉麻的靡靡之音引诱人们去迷恋肉体的情欲，而完全忽略了天国的欢乐。猫头鹰却为普天下人，包括挪威等北方民族，而效劳和歌唱，用歌声敦促人们不要沉溺于他们的罪孽。但夜莺反诘说，在严寒的北方只有野蛮的民族，给他们唱歌就像是对牛弹琴，所以她只待在气候更适宜的国家，在这儿履行自己的职责。猫头鹰指责夜莺淫荡之后，讲了一位贵妇人受夜莺歌声引诱而堕落的故事，那位贵妇人的丈夫为了报仇，抓住了夜莺，并让野马撕碎了小鸟的身体。夜莺则讲述了这个故事的不同结局：那位撕鸟的武士因其残忍而受到了“亨利国王”的严厉惩罚，从而使得人们再也不敢伤害夜莺；而另一方面，猫头鹰却被人们所憎恨和一网打尽，因为她的歌声总是预示着不幸：

“当你在夜晚尖声嗥叫时，
人们都对你怕得要死。
你一张嘴唱歌，那儿就会死人，
你总是预示着某种灾祸。
你的歌预示着财产损失，
或是某位朋友的破产；
或者是警告房屋将被烧毁，
强盗的侵犯，或小偷的光顾。
你也会预示牲畜的瘟疫，
或是邻居们将经受苦难，
或是妻子将失去丈夫，
或是你预告倾轧和争吵。
你总是在歌唱人们的灾祸，
你使他们感到悲伤和痛苦。
无论何时，只要你张口唱歌，
准是关于某种人类的不幸。”

猫头鹰承认了这一点，但宣称预言未来事件的能力是她用来帮助人类的一种美德。夜莺抓住这一点大做文章，攻击猫头鹰施行巫术，并为自己淫荡的罪名辩白，说她唱歌只是为了防止少女干蠢事，但再好的东西也可以用来干坏事，就像武器可用来保卫和平，也可用来杀戮无辜人民。猫头鹰针锋相对，说自己帮助结了婚的女人。虽然她知道人们不喜欢自己，但还是尽力帮助他们，不惜为他们洒尽鲜血，甚至死了以后还被人做成标本，立在田里吓走偷食谷子的麻雀。这时夜莺突然宣称自己得胜，因为猫头鹰在夸耀自己的屈辱。她的歌声嘹亮，引来了所有的鸣鸟，组成胜利大合唱。猫头鹰恼羞成怒，威胁要召来所有猛禽对付她们。然而鹪鹩出面调停，提醒她们早先的决定，让吉尔福德的尼古拉斯来裁定是非。于是辩论的双方起身去寻找这位公正的裁判。

无疑这是一部讽喻性的作品，机智活泼的夜莺显然代表了世俗爱情的观念，而沉稳老练的猫头鹰则象征着宗教伦理。在这类典型的中世纪文学作品中，讽喻成分跟叙事成分往往会有失调的危险，使作品成为毫无生气的抽象说教或单纯的浪漫传奇。但《猫头鹰与夜莺》却在两者间保持了一种平衡，使这两只鸟之间的辩论一波三折，高潮迭起。诗中的讽喻是明显和连贯的，但却没有在作品中压倒叙事的成分。两位辩论者并非粗劣勾画的讽喻性角色，而是被作者加以生动描写的真实禽鸟。猫头鹰站在长满常青藤的树桩上，夜莺则停栖在枝繁叶茂的树丛中，这类细节描写使作品中的角色栩栩如生。自然她们都具有人的性格，并且就像是具有人类思想和感情的鸟那样行事说话。在遭到攻击之后她们试图掩饰痛苦，辩论占上风时又情不自禁，争论失败时试图以守为攻。两者中无疑夜莺更容易招人喜欢，但是猫头鹰的精明和韧性也令人印象非常深刻。

作者似乎是最早使用八音节双韵体的英国诗人之一，这种源于法国的诗歌形式后来成为诗体浪漫传奇的主要媒介，并为叙事诗提供了流畅的连续形式的英语诗体。它当然也有自己的缺点，尤其是它的韵脚有些过于单调。诗人运用娴熟技巧成功地进行了一些调节和变化，从而克服了那种重复或用相近韵脚的倾向。由于生活在方言混杂的地区，该诗作者充分意识到异体词和方言形式的价值，并利用它们来竭力维持自己的韵律储备。他还通过阳性和阴性的韵脚变化来获得多样性。由于中古英语中的词尾屈折形式，阴性韵脚自然在诗中占据了主导地位。

二

莱亚门（Layamon，活动时期12世纪）的《布鲁特》（*Brut*，约1200）是早期中古英语诗歌中另一部充满传奇色彩的鸿篇巨制。它以韵文的形式讲述了有关不列颠民族的历史和传奇，其中包括许多有趣的典故，如不列颠民族的由来和各城市地名的来历，以及著名的文学故事出处等，全诗共含有16,095行头韵诗。

我们对于作者的生平几乎一无所知。作者只是在作品的开头这样介绍了自己：

> 有一位当地的教士名叫莱亚门；
> 他是利奥文诺思的儿子——愿上帝保佑他！
> 他住在阿雷利的一座美丽教堂里，
> 位于塞文河畔，就在红岩的附近——
> 他在那儿研读弥撒书，好生快活。

接着他想到要讲述不列颠人的业绩和最早获得这片国土的人。于是他便走遍全国，挑选出三本最好的历史素材来作为他写这本书的基础：首先是比德《英格兰人教会史》的英译本，另一本是圣阿尔宾的拉丁语著作，最后是韦斯对于蒙茅斯的杰弗里拉丁语著作《不列颠诸王纪》的盎格鲁-法语诗体译本。这第三本书实际上是他的主要创作素材：

> 莱亚门把这些书摊开在面前，并且翻动书页，

满心感激地凝视着它们——愿上帝对他仁慈！
他用手指夹住羽笔，用它在羊皮纸上写字，
摘录下他认为可靠的那些段落，
并把这三个文本压缩成一部完整的书。

要想在这里详细描述具有史诗般宏大规模的《布鲁特》是不可能的，所以只能有选择地讲一些重要故事的梗概。莱亚门认为自己是在写一部不列颠历史，所以他首先介绍了不列颠民族的来历，并将它与罗马诗人维吉尔的史诗主人公埃涅阿斯联系起来。后者的儿子阿斯卡尼俄斯和孙子西尔维厄斯曾分别统治了他所创建的国家。西尔维厄斯有一个私生子叫作布鲁特。在一次出猎中，父亲带着15岁的儿子来到森林里。当他们发现一群公鹿时，父亲迂回包抄，想把鹿群赶往儿子的方向。布鲁特搭满弓，一箭射出去，不料正中父亲的心口，使其当场毙命。布鲁特因此被流放以后来到希腊，在那儿他找到了同族已沦为奴隶的特洛伊人。他很快就以自己鲜明的个性赢得了众人的信任和忠诚，成为他们的领袖和自由的希望。不久，特洛伊人起义，跟前来讨伐的希腊军队展开了游击战。布鲁特设下计谋，大败希腊军队，并活捉了国王本人。后者被迫将公主伊格娜根嫁给了布鲁特，并同时分给他三分之一的国土。但布鲁特拒绝接受这些国土，他决意带公主和特洛伊人离开希腊。女神狄安娜托梦告诉他，在法国的西面有一个美丽富饶的地方，叫作阿尔比恩（Albion），并预言布鲁特的后代将在那儿繁衍腾达。布鲁特醒来后精神振奋，当即率船队出发，在经历了千辛万苦后终于到达了阿尔比恩，他以自己的名字将这个地方重新命名为“不列颠”（Brutain），而他手下的特洛伊人从此后也被称作不列颠人（Brutons）。

莱亚门想写历史这一事实也许正是造成作品中大部分缺点的原因。诗中罗列了众多不知名的不列颠国王，以及重复描写了各种入侵和打仗，就连生花妙笔也难避免由此造成的单调乏味。但诗人也以生动的细节描写将很多人物刻画得栩栩如生，并且首次用英语成功地叙述了英国文学中一些最伟大的故事：如李尔王与考狄利娅、高布达克，以及亚瑟王的辉煌战绩及其圆桌骑士。

李尔王的故事在《布鲁特》中已经相当完整。李尔王的父亲是创建巴斯城的布莱都德，他本人也创建了以自己名字命名的莱斯特城（Leicester 英语原意为“李尔的城”）。他统治不列颠 60 年之后，决定将国家分给三个女儿：高纳里尔、里根和考狄利娅。两位大女儿靠甜言蜜语赢得了父王的欢心，而小女儿的直言不讳使李尔王大怒，并因此失去了继承权，后被法王娶走。高纳里尔和里根分别嫁给了苏格兰王和康沃尔公爵。失去王位的李尔在分别受到两位大女儿的虐待之后，不堪忍受，便带着一位贴身仆人渡海来到法国。李尔独自躲在野外，让仆人先进宫去探考狄利娅的口风。后者得知真相以后深感震惊，她给了仆人一百镑银币和一匹好马，嘱咐他先将李尔隐蔽起来，好生招待，等 40 天以后再公开宣布李尔王渡海前来巡视法国领地，届时她与法王将举行盛大仪式来欢迎他。40 天后李尔带着 40 名武士来到王宫时，考狄利娅装出自己刚听说消息的样子。法王派人宣示全国，使自己隶属于李尔王的王权之下。李尔在法国住到年底之后，想回不列颠。法王便借给他 500 艘军舰的兵力，并让考狄利娅陪伴他回国。李尔王召集了所有的朋友，一举击败敌人，赢回了所有国土，并把它赠给了考狄利娅。他在不列颠住了三年以后，无疾而终。考狄利娅在不列颠统治了五年，这时法王在渡海来不列颠时不幸淹死。听到这个消息后，苏格兰王和康沃尔公爵密谋叛乱，并由他们的儿子摩根和库尼达吉乌斯统率大军卷土重来。考狄利娅落入叛军之手，被迫自刎。但叛军内部很快又起内讧，摩根战败被杀，库尼达吉乌斯统治了不列颠 35 年。

高布达克（Gorbodiagus）是英国首部悲剧的题材。高布达克本人是一位好国王，曾统治了不列颠五年。他的两个儿子费鲁斯（Fereus）

和珀鲁斯（Poreus）相互钩心斗角。费鲁斯在听说珀鲁斯要谋害他的消息以后，便逃往法国寻求庇护，并在那儿借了一支大军侵犯英国。珀鲁斯领兵迎战，费鲁斯死于混战。他们的母亲尤登悲痛欲绝，立誓要为死去的儿子报仇。她率六位女子持刀在深夜刺死了珀鲁斯，而且亲手割断了儿子的喉咙，并残忍地将他的手脚都割了下来。结果她自己也被愤怒的民众淹死在深海里。

莱亚门跟韦斯一样，给了亚瑟王的故事以大量的篇幅。整个故事框架在其作品中已经相当完整，王后圭尼维尔、高文爵士、莫德雷德等主要人物都已经出现。莱亚门的情节跟韦斯的原作大致相同，但又添加了许多新的细节描写。尤其是作品中大多数奇异的传奇因素都是莱亚门自己加上去的。在这些新增加的细节中已经有亚瑟王诞生时出现的精灵、圆桌的奇异特质、亚瑟王预示莫德雷德阴谋的梦幻，以及亚瑟王最终受致命伤、不得不前往阿瓦隆寻求治疗时的那种魔幻和神秘色彩：

亚瑟王受了致命伤，奄奄一息；
手下一名同族的年轻人来到他身旁，
他是康沃尔伯爵卡多尔的儿子，
名叫康斯坦丁，是国王的亲随。
亚瑟王躺在地上注视着他，
悲伤地说出了下面这段话：
“你好，康斯坦丁，卡多尔的儿子。
我现在把整个的王国托付给你，
你要毕生尽心尽力地保护不列颠人，
并保持我以前为他们制定的所有法律，
以及在尤瑟[2]统治时期的所有好法律。

---

2. 亚瑟的父亲，前任不列颠国王。

我将要前往阿瓦隆去找美丽的仙女，
去找阿甘特这位最美丽的仙后，
她定会为我抚平我身上的每一个伤疤，
用她的灵丹仙药治愈我的伤口。
此后我将会重新回到我的王国，
跟所有不列颠人共享我的余年。”
就在他说话时，从海上乘风破浪
驶来了一艘小船，由海浪推动着它。
船上有两个穿着盛装的妙龄仙女，
她们马上就把亚瑟王抬到了船上，
轻轻地放下，然后载着他飘然而去。

正是因为有了这如此动人的描写，许多不列颠人至今仍相信亚瑟王还活着，在阿瓦隆跟仙女们住在一起，并翘首盼望着他能早日归来。

亚瑟王的性格在作品中也经历了一些变化。韦斯的描述较为模糊，亚瑟王像是一位诺曼国王和漂泊的骑士。在莱亚门笔下，他已成为一个富有个性和鲜明人格的形象，而且他具备了许多他所拼死厮杀的那个盎格鲁-撒克逊民族的特征。例如诗中对亚瑟王在决战前整装上阵的细节描写就使人联想到古英语史诗中贝奥武甫整装待发的情景：

接着他披上了用铜丝编织而成的盔甲，
它显示出一位精灵般铁匠的高超手艺；
它被称作威加，出自威塔吉之手。
他用钢制胫甲护住了自己的双腿；
在腰间他挂上宝刀卡利伯恩，
这是在阿瓦隆用魔法制作而成的。
他戴着高耸的头盔，用好钢锻成，
上面还饰有许多镶金的珠宝。

它原属于显贵的国王尤瑟——
被称作戈斯惠特，与众截然不同。
他在肩头扛上了一个珍贵的盾牌，
它在不列颠被称作普里德温，
盾牌上面有用赤金镂刻的图案，
那是一幅最珍贵的圣母肖像。
他手里握着一支长矛，称作罗恩。

《布鲁特》的题材决定了诗中有许多鏖战的场景，而莱亚门充分利用了这个机会。他运用鲜明的细节描写来避免传统作品中的单调乏味。韦斯原作中泛泛而谈的战斗场面在莱亚门的诗中因一招一式的细致刻画而显得有声有色。后者的视觉想象和对戏剧性场面的敏感在这儿得到了充分的发挥。在下面这个精彩的片断中，亚瑟王想象自己的劲敌巴德尔夫正站在河边的小山上，俯瞰其全军覆没的可怕情景：

此刻他站在小山上，遥望着亚芬河，
看到在河流中游弋着众多铁鱼，
鱼身上还系着佩剑。它们游姿笨拙，
鱼鳞闪烁，就像是镶有黄金铠甲的盾牌，
它们的鱼脊漂浮在水面上，像是战矛。

诗中的“铁鱼”这个意象，由于鱼鳞与“镶有黄金铠甲的盾牌”，以及鱼脊与战矛之间内在和富有表现力的类比而显得格外醒目。它以熟悉的传统意象和特有的表现手法，分别与古英语诗歌《出埃及记》的水中闪光盾牌和弥尔顿《失乐园》卷首堕落天使们“漂浮的尸体”遥相呼应，在两者之间架起了桥梁。

《布鲁特》无疑是中古英语诗歌中最重要的作品之一。就其精神、词汇和音律来说，它是古英语头韵体诗歌的延续。但莱亚门也在一定程度上受到了当时法语浪漫传奇的影响。他笔下的传奇人物形象尽管跟尚武粗犷的日耳曼英雄有直接关联，但已经显示出法国优雅骑士文学的影响。虽然该诗的长度令人沮丧，而且作品中的精彩部分在整个作品中分布很不均匀，可是在这些段落中富有诗意的想象使得《布鲁特》成为中古英语诗歌中最好的作品之一。

三

《修女戒律》（*Ancren Riwle*）是一部专为修女而写的隐修读物，其散文风格是基于古英语时期的劝诫文。文学史家们认为它创作于12世纪后半期。匿名的作者在序言中告诉我们，他受人之托，为三位出身高贵，决心摒弃尘世、献身隐修的少女撰写指导性读物。她们显然并不属于当时已经在英国出现的任何天主教修女团体："若有人问你们属于哪个修女会，是白衣修女，还是黑衣修女，你们就回答说你们受上帝的恩惠，属于圣雅各修女会。"作品现有14个手抄本存世，其中有八个是英语的，四个是拉丁语的，只有两个是法语的。最早和最好的手抄本保存在剑桥大学三一学院图书馆，那是一个经过修改以适应小型隐修团体的修女戒律文本，通常被称作《修女须知》（*Ancrene Wisse*），以区别于该作品的其他只为三个修女所写的原作手稿。

宗教训导在中世纪的英国是十分普遍的，它们往往是由一些劝诫文、《圣经》文本的阐释和众多讽喻描写所组成。但《修女戒律》的作者在关心修女精神修养的同时，也注意到了她们对身体的保养，作品中有许多实用性很强的劝告。作品共分八个部分，其中头尾两个部分都与所谓的"外在戒律"有关，跟其他六个部分的"内在戒律"形成了对比。由于作者的意图是灌输宗教的精神，而非宗教的形式，所以他反复地强调，对于外在戒律他只是提供建议，任何其中一条都可根据实际情况进行修改，它们跟内在戒律相比是无足轻重的。第一部分规定了修女正式的宗教义务，以及祈祷、冥思等日常课目。最后一部分所针对的各种杂事在序言后的内容提要中说得很清楚：

> 第八部分是有关外在戒律：首先是修女们吃、喝和其他有关事项；其次是修女们可以接受的，以及可以保存和拥有的东西；第三是关于修女们的衣着和有关事项；第四是关于修女们的剪发、劳动和放血[3]；最后是有关修女的戒律和应如何慈爱地教育她们。

尽管作者也许是因为认为这个部分并不重要而把它放在了末尾，但它对于现代读者却最具有吸引力。我们从中可以了解到众多关于当时社会习俗的实际资料，如修女的衣着和人们的医学知识。作者非常注重实际，有时到了逗人发笑的地步。例如他建议如果修女非要养宠物的话，应该选择猫，而且还用夸张的语言描绘出一幅生动的图景，说明养奶牛的修女将会面对多少麻烦。这种务实态度也反映在其他方面，如作者不厌其烦地列出了下面这些修女应该忏悔的事情：

> 骄矜、野心、傲慢、嫉妒、愤怒、懒惰、疏忽、空话、胡思乱想、听闲话、假欢喜、过分悲痛、伪善、暴饮暴食或厌饮厌食、抱怨、愁眉苦脸、打扰别人、在窗边坐得太久、做日祷敷衍了事、不专心或不准时、撒谎、诅咒、贪玩、冷笑，把面包屑或淡啤酒洒在桌上，让东西发霉、生锈或腐烂，衣服未缝好、弄湿或没有洗，把杯子或碟子打破，不小心弄坏任何应该爱护的东西，因疏忽切坏或打破任何东西。

贯穿全书的一个重要主题是节制："节制的中庸之道乃是黄金定律。"作者对于宗教狂热时期极其普遍的苦修和歇斯底里的放纵非常反感，因为他相信有些修女自愿采纳的那种令人难以置信的斋戒、苦修和自我惩戒往往达不到预想的目的。所以他劝告自己的读者："不要把铁器挂在身

3. 中世纪治疗疾病的一个重要手段就是放血。

上，或穿粗毛织衬衣，或在皮肤上扎刺；不要用它们或用裹铅的皮带抽打自己。没有忏悔师的允许，不要用冬青树枝或荆棘使自己流血。无论何时都不要滥用鞭笞。”从作者有关修女穿着的详细意见中，我们了解到很多该时期女性衣装的情况。有关如何保健的指示也向我们反映了当时流行的医学知识。作者关于保持个人清洁的议论，在21世纪的今天听来似乎仍然很顺耳：“平时要勤洗身体和衣服。尽管上帝喜欢贫穷和质朴，但却不喜欢肮脏。”

在作品中占大部分篇幅的说教内容对于现代读者显然已失去了部分感染力。但作者生动的语言表达往往能妙趣横生，从而弥补上述缺陷。作者喜欢套用流行的成语，并举出日常生活中的生动事例来说明本来很抽象的宗教或神学道理，使人倍感亲切。他杰出的描绘能力在下面这个段落中可窥见一斑：

> 主让我们受诱惑，就像是母亲逗她的幼儿玩耍，她离开他躲了起来，让他一个人坐在那儿东张西望，一边啜泣，一边喊“妈妈，妈妈”。然后她又张开双臂，笑着跑出来拥抱幼儿，吻他，并为他擦干眼泪。

对于七大罪孽的描写是该作品中的精彩段落。作者对愤怒、吝啬和饕餮的描绘一针见血，栩栩如生。他极善于抓住性格特征，洞察同时代人的精神状态和伦理观念，并能够让它们跃然纸上。请看他所列举的各种不同类型的奉承者：

> 奉承者可分为三种。前者就够坏的了，而次者尤甚，后者最可恶。第一种人假如碰上好人，就会当面称赞他，把他捧上天去；若是对方口才出众或成绩卓著，他们就以溢美的颂词和夸奖对他赞不绝口。第二种人假如碰上劣迹昭著不容抵赖的坏人时，他们就会当着他的面将其恶行化为不足挂齿的小事。他们会说：“这并非特别坏的事，你既不是第一个做过这样事的人，

也不会是最后一个。你有许多同伴，所以别把它当回事。你当时是身不由己，有许多人做的事更坏。”还有第三种，也是最坏的奉承者。他们公开赞颂恶人所犯下的罪行，譬如对一个掠夺自己农奴的骑士说：“啊，老爷，您干得真漂亮！那些农民就是该好好地整治一下，因为他们就像柳树一样，只有截去了树梢，才能发芽发得更好。”

作者对于口蜜腹剑、背后说人坏话者的描述要显得更为生动和精彩：

他低下头，在开口说话前先叹口气。他拉长了脸，犹豫再三，以使他所说的话更加令人信服。但是当这些话说出来之后，却都是些毒药。“呜呼哀哉！”他说，“想不到他竟有这么好的名声。我知道他的秘密已经好久了，我本来不会泄露它的；可是别人已经把这个秘密传开了，所以我也不能否认。他们说这件事不好，可是它远远不止这些。我很难过自己不得不这样说，可是这事千真万确，我心里非常悲伤。他做的其他事值得大书特书，但这件事却坏透了，我很遗憾不得不这样说。”

《修女戒律》在英国散文史上有举足轻重的地位，因为它创作于古英语劝诫文传统仍然活跃的时期，并帮助将这一散文传统一直传到14和15世纪。当时在压倒一切的法语影响下，历史、叙事和说教作品都倾向于采用韵文的形式。只有散文体劝诫文这一体裁仍存留了下来，而这部分要归功于《修女戒律》，后者在随后几个世纪中都很受欢迎，流传甚广。作品中的文体明快流畅，语气成熟而又自信，因《修女戒律》中所使用的英语散文文体已经受住了时间的长期考验，故不必在拉丁语和法语面前显得自卑。它的散文风格在15世纪的宗教散文、托马斯·莫尔的著作，以及16世纪的宗教演说词和小册子中不断继续得到发展，直到最终归结为钦定本《圣经》中的散文体。

第六章

头韵诗的复兴

在诺曼人征服之后，原先古英语诗歌中不可缺少的头韵在英语诗歌中逐渐被法国诗歌中所特有的尾韵所取代。然而跟英语语言特点紧密相关的头韵却从来就没在英国诗歌韵律中完全消失过。如在前一章中介绍过的 13 世纪初中古英语长诗《布鲁特》就是头韵与尾韵同时并存的一个范例。然而到了 14 世纪的后半期，头韵体诗歌作品突然在英国的西部和西北部大量地涌现，不仅数量惊人，而且质量上乘。在这次昙花一现的"头韵诗复兴"中的三部代表作，《珍珠》《高文爵士与绿衣骑士》和《耕者皮尔斯》，均是中古英语文学中最优秀的佳作。这前两部作品跟另外两首诗歌——《忍耐》和《纯洁》，被保存在同一部手抄本之中，并且很可能是出自同一位匿名诗人的笔下。《耕者皮尔斯》有三种不同的文本，据信都是威廉·朗格兰的作品。

一

《珍珠》（*Pearl*）是一首构思精巧的梦幻诗。全诗共分 20 个段落，每一段落都含有五个12行诗节，但因为第15个段落中包含了六个诗节，所以整部作品的长度为101个诗节，共有1,212行诗。由于诗人运用了讽喻性极强的文学语言，致使诗歌的含义晦涩朦胧，一直是学者和评论家们所关注的一个焦点。在很长时期内，它都被视为是诗人因丧失幼女而抒发个人哀思的一首挽歌。但自从20世纪中期以来，它越来越被公认为是一首宗教讽喻诗。

诗中贯穿始终的一个重要意象就是作为稀世珍品的珍珠。像珍珠这样的珠宝在中世纪被认为具有特殊的力量和意义：由于它圆润的形状、无瑕的表面和晶莹的珠白，珍珠自然而然地跟天国欢乐永恒和无限的性质挂上了钩。在诗歌的开头，叙述者开门见山地告诉读者，他不慎丢失了一颗无价的珍奇明珠：

哦，珍珠，你是君王的掌上明珠，
在黄金的衬托下格外晶莹纯洁：
按图索骥，即使找遍整个东方
都难寻见这么珍贵的宝物。
圆润无比，闪亮恰似日月光华；
玲珑剔透，光洁有如鬼斧神工。
我毕生所见过的稀世珍宝中，
竟无一件可与此珠平分秋色。
悔不该当初失手将它掉地上，
骨碌碌滚入了路边一簇草丛。
我失魂落魄地四下翻找寻觅，
我为失踪的珍奇明珠黯然神伤。

正当他为丢失宝物而茫然失措时，恍惚间叙述者仿佛走进了一个美丽的花园：

就在上面所描述的那个地方，

我走进一个绿树成荫的花园，
那正是金秋八月的收获季节，
农人挥动镰刀割倒了玉米秆。
在珍珠滚落的那一片山坡上，
树荫碧草相映成辉，色彩斑斓，
随处可见紫罗兰、生姜和紫草，
及姹紫嫣红、花团锦绣的牡丹。
奇葩尽显娇媚绚丽，光彩夺目，
花园里到处洋溢奇异的芳香。
我敢断定就是在这片草地上
隐藏着那颗洁白无瑕的珍珠。

但由于到处都找不到那颗珍珠，使得叙述者愁眉不展，心灰意冷，“心中的伤疤隐隐作痛”。于是他俯身倒在开满鲜花的草地上，任凭浓郁的花香直冲脑门，顿时间如堕烟海，陷入沉睡。

冥冥之中，他的灵魂飞上了九重霄，环顾四周，到处是一片壮丽的自然奇景：山坡上的峭壁像水晶一般晶莹，树叶宛如精制纯银一般闪亮，树上的累累硕果发出诱人芳香，成群的禽鸟色彩斑斓鲜艳。这姹紫嫣红的绮丽风光又使他重新振作起来，信步来到一条奔腾的溪流边。彼岸的神奇景观更使他神往，然而最令他感到惊喜的是对岸溪滩上坐着一位素衣缟服的清纯少女，她的脸庞使他觉得非常熟悉。他仔细端详她的花容玉貌，顿时体验到一种销魂狂喜降临到了他身上。那少女袅袅婷婷站起身，缓缓走下溪流堤岸，身上饰满了名贵珍珠，其中她胸前的那颗大珍珠更是光鉴照人，显得格外纯洁和完美无瑕。直觉告诉叙述者：“她对我要比姑表姨侄更亲近。”[1] 于是他冒昧地上前询问：

1. 评论家们据此考证出：珍珠姑娘就是叙述者夭折的女儿。

“哦，珍珠，”我说，“尊贵的珍珠少女，
你是否我所哀痛欲绝的珍珠，
我独自一人日夜思念的宝贝？
自从上次失手将你掉入草丛，
我乃寤寐思之，一心想找回你，
忧郁沉思，焦虑不堪，备受折磨；
而你却来到了这个天堂乐园，
享尽荣华富贵，解脱人间苦难。
是何命运将你珍珠带到这儿，
而给我招来无穷忧愁和苦闷？
自从我们别鹤孤鸾，两相分离，
我便茕茕孑立，成了孤家寡人。”

少女神情肃穆地责备他不该说自己丧失了心爱之物，因那颗珍珠已被妥善地收藏在珍宝柜之中；而且他也不该为此事怨天尤人，因一切都是按照上帝的意愿和自然规律而发生。叙述者茅塞顿开，不由得想要跨越溪流，与彼岸的少女同行。少女又驳斥他的这个愿望，说这是狂妄自大的表现，由于人类远祖所犯下的原罪，人必须先经历可怕的死亡，才能够跨越此河，接受上帝审判。叙述者急忙承认自己的过错，转而请求少女把他们分别以后的情况原原本本地告诉他。珍珠姑娘见他改变了态度，也为他的谦卑和虔诚感到高兴。于是她告诉他，当珍珠失落时，她正妙龄[2]，天主羔羊[3]便将她明媒正娶，封为天后，永享荣华极乐。叙述者不敢相信这一切都是真的，因为她在世上活了还不到两年，既不会取悦上帝，也不会祈祷，就连天父和信条都弄不清楚，怎么可能一步登天，成

2. 珍珠姑娘死时的精确年龄为一岁半。在中世纪，人们认为只有刚出世的婴儿才能免受原罪的玷污。

3. 在《圣经》中，羔羊是耶稣基督的象征物。

为天后？从而引出少女的大段解释，她先引用耶稣在《马太福音》中所讲的一个有关葡萄园主向帮工付工钱的寓言，说明天主对于先来后到者都是一视同仁的。进而她又告诉我们，正如《新约·启示录》所示，天主羔羊共有 144,000 位“妙龄少女”作为新娘。

叙述者再次向她请罪，并恳求她介绍一下在幸福之城市的生活情况。珍珠姑娘复述了《启示录》中对于新耶路撒冷城的描述：“那城市完全用闪亮纯金铸成，/像块擦拭得光滑剔透的水晶”；城墙根基的 12 个层次都用不同的珠宝装饰，它们分别象征着各种德行。那儿还有 12 扇大门，每一扇门都是一颗名贵珍珠，每颗珍珠在《圣经》中都代表着各犹太民族的名称，按它们诞生的年份排列。城内没有污物，人们路不拾遗，夜不闭户，过着一种乌托邦式的理想生活。随着少女的讲述，叙述者隔河遥望，对彼岸充满了无限向往之情：

正当我凝视着这神奇的城堡，
眼前壮观奇景使我心旷神怡。
我静静地站在那儿，呆若木鸡，
因这仙境美景实在令人惊奇，
所以我都忘却了休息和疲惫，
为这纯洁的光辉而狂喜销魂。

此时诗中的情节逐渐达到了高潮。叙述者在若明若暗的朦胧中仿佛看到有成千上万的妙龄少女从天而降，她们全都同样装束，头戴王冠，身裹白色纱衣，上面装饰着华贵珍珠。她们由羔羊领队，欢欣鼓舞地翩然走过像玻璃一样发光的纯金路面，同时尽情讴歌那走在队伍前列的羔羊。后者的衣衫雪白纯净，神情质朴无华，然而在他的心口却豁开了一个大窟窿，鲜血从那儿喷涌而出。就在这时，叙述者在天国淑女的行列中瞥见了刚才那位珍珠王后，便不顾一切地向前助跑几步，想要纵身跃入溪流，拼死游过河去。但神力强行把他从梦幻中拉回，他在美丽花园中悚然惊醒，悲叹自己无缘进入那闪光仙境。但他最终还是从这个梦幻中领悟到了有关珍珠讽喻的真正含义：

尊崇天国君王，勇于悔过自新，
便可轻易做一个善良基督徒；
因无论白昼黑夜，我都发现主
就是上帝、天尊和最好的朋友。
我躺在这山间的碧绿草地上，
为珍珠的丢失而昏厥和苏醒。
从此后我一直对主忠诚不贰，
靠基督的赐福，我都牢牢记住。
赐福以面包和酒的形式出现，
就如教士向我们显示的那样。
主让我们成为他的忠实信徒，
并像华贵珍珠那样取悦上帝。
阿门，阿门。

该诗在艺术形式上达到了相当完美的境地。虽然诗行中仍然保留了头韵，但作品从头至尾都采用了工整的12行诗节这一法国诗歌中特有的形式，而且有规范的隔行尾韵，因而诵读起来有极强的音乐性和节奏感。叙述者的情绪随着情节的进展时而忧郁愁苦，时而狂喜销魂，这些情绪的转换和变化随着诗歌中一唱三叹的音乐节奏而得到细腻的表现和刻画。此外，诗中众多鲜明意象的复合型象征意义和对《圣经》的引喻也赋予这部作品以繁复的蕴义结构，使其成为评论家们所乐于发掘的一个宝藏。

二

《高文爵士与绿衣骑士》(*Sir Gawain and the Green Knight*，1375—

1400）是头韵诗体的中古英语浪漫传奇，被公认为是描写亚瑟王传奇故事中高文爵士的最佳诗作。诗由四个部分所组成。第一部分讲述在亚瑟庆祝新年除夕的晚宴上，素以勇敢著称的高文爵士成功地接受了绿衣骑士的挑战。第二部分描述四季转瞬即逝，高文爵士按誓言出发去寻找绿衣骑士，一路上经历艰难险阻，但终于在离绿色教堂不远处受到一位城堡主人的殷勤款待。第三部分主要讲他在城堡逗留期间，受到美貌女主人的色相引诱，高文没有被淫欲所折服，但却藏匿了女主人送的绿腰带。在最后一个部分中，高文前往绿色教堂寻找绿衣骑士。由于违背了誓言，致使最后他在绿衣骑士砍他头时受了擦伤。高文以羞愧的心情起誓以后一定要忠于自己的誓言。

从诗歌的开头就可以看出，这部作品所描述的故事跟莱亚门的《布鲁特》原是一脉相承的：

话说特洛伊城陷落，烽火平息，
巍峨的古城墙全被化为灰烬；
自从那位逆竖[4]因过失与罪责
而受审判罪——他仍是一代枭雄；
高贵的埃涅阿斯及其显赫子孙
驰骋疆场，克地称王，所向无敌，
囊括了西欧岛屿上的全部财富。
尊贵的罗慕卢斯进军直取罗马，
随即大兴土木，建筑富丽堂皇，
并以自己名字命名，沿袭至今。

---

4. 这儿的“逆竖”可能是指安喀塞斯（Anchises），即维吉尔著名史诗《埃涅阿斯纪》主人公的父亲。据载特洛伊城沦陷，希腊人撤走之后，安喀塞斯与埃涅阿斯曾接受过自己同胞的审判。根据中世纪的传说，埃涅阿斯及其后代到意大利创建了罗马帝国，而不列颠的创始人布鲁特和亚瑟王也均是他的后裔。

蒂修斯[5]在托斯卡纳营造邸宅，
伦巴达斯[6]在伦巴第也华厦如云。
而与法国隔海相望的不列颠岛，
有幸运的布鲁特镇守海疆，
其乐融融。
那战争、废墟和奇迹
终年变更，气数不定。
故使得极乐与灾戾
交替出现，循环往复。

诗人的笔锋一转，背景就换到了圣诞节期间富丽堂皇的卡米洛宫，亚瑟王及其圆桌骑士正在此比武饮宴，载歌载舞地欢庆节日，一派歌舞升平的祥和气氛。诗人由衷地赞叹卡米洛宫的贵族男女是世界上最幸福的人，而亚瑟王是天下最著名的君王。在除夕晚宴上，庆祝活动达到了高潮。150 名圆桌骑士和盛装的宫廷仕女欢声笑语，济济一堂，在互赠礼物之后开始入席用餐。在宴会大厅一端有个凸起和带华盖的高座上坐着王后圭尼维尔，她仪态万方，是人们注意力的焦点。她用优雅的手势和神情主持着宴会的进展。年轻而威猛的亚瑟王则按照习惯站在圆桌前，他要在进餐前讲一些鼓舞人心和令人开怀的事情。当第一道美味佳肴被端上桌以后，人们就争相品尝，并且开怀畅饮。正在这时，从宴会大厅的门外突然闯进了一位骑马的不速之客。令人惊奇的是，这位骑士从头发到皮肤，从盔甲到坐骑，都是一色的翠绿。他身材魁伟，手握一把偌大的战斧，厉声问道："谁是这儿的主人？我要亲眼见他一面，有话

5. 蒂修斯（Ticius）是埃涅阿斯的后代，而托斯卡纳位于意大利北部，首府为佛罗伦萨。蒂修斯为托斯卡纳奠基人这一说并不见经传。史书上提到过的创始人是塔斯喀斯（Tuscus），还有一个叫蒂琉斯（Tirius）。

6. 伦巴达斯是伦巴第的创始人，后者也位于意大利北部，首府为米兰。

对他讲。”面对这位咄咄逼人的绿色巨人，人们都面面相觑，一时间大厅里出现了沉默。这时亚瑟王从他的宝座上向来者打招呼，温文尔雅地请他下马入席，跟大家一起庆祝新年的来临。但是绿衣骑士回答，他此行的目的并非来赴宴，而是来比武。他要亲眼看看亚瑟王及圆桌骑士的崇高声望是否名符其实。他所提出的挑战是：谁敢用他那把斧子砍他一下，并且一年以后再由他回敬一斧。亚瑟王勇敢地接受了挑战，正当他拿起斧子，要砍那位绿衣骑士时，

圭尼维尔身旁的高文
朝国王欠了欠身，说：
“我在大家面前请求你，
把决斗的事交给我吧。”

在场的人都同意由高文爵士来代替亚瑟王进行决斗。于是后者把斧子交给高文，并为他祝福。绿衣骑士则在高文砍之前，要他发誓在一年后的新年那一天找到他，并受他回敬的一斧。高文干净利落地砍下了他的头，鲜血从头腔中喷涌而出，但那个无头的躯体从地上拾起头颅，又翻身上马，扬长而去。

岁月如梭，转眼间春、夏季已是明日黄花。秋去冬来，高文爵士应按自己的誓言，出门去寻找森林中的绿色教堂，以便在新年那一天接受绿衣骑士的挑战。在出发之前，高文按惯例将自己从头到脚用头盔、铠甲和钢鞋全副武装起来。在听过弥撒、在圣坛前祭过上帝之后，他又来到王宫向国王和王后告别。然后他跨上骏马，雄赳赳地踏上了征途。他身上最引人注目的武器装备也许要数他的盾牌：

接着他们展示了他赤色的闪光盾牌，
上面用纯金绘制出五角星形的图案。
他用肩带把盾牌挂在粗壮的脖子上，
它专门为他定制，两者相得益彰。

为何五角星图案相配这位勇猛的武士，
我想在此解释一下，尽管会耽误时间。
它是由所罗门精心设计的一个图案，
由于它古老的称号，象征着真理，
因为这个图案是由五个点所组成，
而每一条线都跟另一条线连接交叉，
无穷无尽，正因为如此它才被称作
无穷结，全英国都是这样称呼。
他在贴身武器上用这图案最合适，
因他的忠心永远是那样的无以复加，
他所做的善行也像那纯金一样，
完全没有任何杂质，其象征的美德
有目共睹。
在盾牌和盔甲上面
他都饰有这鲜明标志，
他说话永远不会撒谎，
像骑士般温文尔雅。

这些重叠的五角星形是中世纪一种巧妙的数字象征。它不仅代表了高文完美无缺的五种感官，还意味着他五个手指的手干事从不会落空，甚至还暗示高文所效忠于十字架上的基督身上有五处伤口，等等。

一路上，高文爵士逢人便打听绿衣骑士的下落，走遍了不列颠的每一个角落，披荆斩棘，战胜过众多的敌人，也见识了许多奇迹。诗人告诉我们，高文曾跟恶龙和饿狼进行过殊死搏斗，与栖居悬崖的野人也交过手，还跟沼泽地里的吃人妖魔周旋过。每一次他都是凭借高强的武艺和旺盛的斗志才转危为安，化险为夷。有一天早晨，他在一个山谷中发现了一片茂密的森林，而且在参天大树的后面有一个四周挖有壕沟的坚固城堡。高文策马来到城堡的吊桥前高声呼喊，请求借宿。他在那儿受到了友好而隆重的欢迎。城堡的主人高大魁梧，相貌堂堂。他在热烈拥抱高贵的来客之后，派人将客人领入了一间装饰豪华的卧室。沐浴完毕之后，高文又被领入餐厅，主人在那儿设宴招待远方的客人。席间，当主人听说他就是亚瑟王手下的圆桌骑士高文之后，顿觉如雷贯耳，欣喜异常。全城堡的人都想来亲眼见识一下这位大名鼎鼎的英雄，就连女主人也不例外。高文发现女主人的身段和仪态都恍若天仙，其美貌超过了亚瑟王的王后圭尼维尔。

第二天就是圣诞节，城堡里大摆宴席，歌舞游戏，一连庆祝了三天。然后客人们纷纷告别离去。高文也想辞别城堡的主人，但被后者盛情挽留，并问他此行的目的。高文便将他寻找绿色教堂以接受绿衣骑士挑战一事如实相告。主人回答说，绿色教堂离城堡并不是太远，高文完全可以等到新年的早晨再前去赴约。于是高文便愉快地接受了主人要他住在城堡的邀请。好客的主人建议拿自己每天在森林中打到的猎物来换取高文在城堡中得到的东西，高文也爽快地答应了。

此后的头一天早晨，城堡的主人天刚亮就出外打猎了。而女主人却偷偷地溜进高文的卧室，对企图装睡的高文用言语进行挑逗，但是高文抵御住了美色的诱惑，以得体的巧妙回答使对方不得不有所收敛。但女主人在起身告别之前亲吻了高文的嘴唇。城堡主人打猎归来之后，当着大家的面把所有的猎物都送给了高文。后者也当场吻了他一下。第二天又发生了同样的事情，只不过女主人在跟高文调情时两次亲吻了他的嘴唇，高文也赠还给城堡主人两个吻。在第三天早晨，女主人的挑逗显得更为露骨，她温柔的亲吻和甜蜜的笑容将高文逼到了情欲迸发的边缘，几乎把持不住。高文害怕自己会不得不屈服于美女的爱情，或是被迫粗暴地斥责女主人，所以就在心里不断乞求上帝的帮助，使他摆脱这种困境。最后他终于告诉女主人他把自己的誓言看得比什么都高，所以不能够接受她的爱情。失望的女主人在向他索要纪念品不果的情况下，坚持要高文接受她一条具有使人刀枪不入之魔力的绿色绸腰带，并求他千万不要让自己的丈夫知道这件事。因此，当城堡主人打猎归来、交换礼物的时候，高文只给了他三个吻，而没有把绿色腰带拿出来。

在新年来临之际，高文爵士又开始准备出发，将自己装备起来。他将盔甲擦得锃亮，那上面的五角星图案有天鹅绒和宝石作为装饰。他也没有忘记带上那条绿色绸腰带，把它缠在腰间。诗人告诉我们，高文戴上这条腰带，并非是由于它价值连城，或是出于对女主人的私情，而是因为他本人将要去接受挑战，让绿衣骑士用斧头砍他而不能还手，所以需要它来防身。城堡的吊桥再一次被放下，高文辞别城堡主人以后，便随一名向导朝绿色教堂所在的一个悬崖走去。向导陪他来到离悬崖很远处便停住了脚步，告诉高文说他不能陪他再往前走了，因为绿衣骑士过于凶猛，没有人能够进入前面那个地方再活着出来的。向导再一次劝高文放弃努力，但高文没有听从劝阻，反而再次重申了自己的决心：

“天哪！”高文说，“我发誓
自己决不会哭泣或呻吟：
我已将自己托付给上帝，
故我将显示对主的信任。”

经过搜索，高文在密林中终于发现了一个洞穴。他走进去一看，里面空空如也。高文大声呼喊，叫绿衣骑士出来，这时在他的头顶有人应了一声：“等着！你很快就会得到我上次答应要给你的东西。”但绿衣骑士还是在上面磨刀霍霍，过了好一会儿才露面，手里拿着一把锋刃甚宽、手柄弯曲的丹麦战斧。他在称赞高文遵守诺言之后，便厉声喝道：“快摘去你的头盔，现在该轮到你来还债了。”高文在把头伸出去时试图掩盖内心的不安，竭力装出若无其事的样子。

接着绿衣骑士很快准备就绪，

拿起那可怕的武器来砍高文，
他用尽全身的蛮力将它高高举起，
奋力抡圆斧头，想把他砍死。
假如它像瞄准的那样落将下来，
那这位勇敢的高文爵士必死无疑。
可是当骇人的斧头呼啸地落下时，
高文爵士禁不住抬头朝它瞟了一眼，
而且他的肩膀稍微退缩了一下。
对方便突然停住了半空中的斧头，
并以傲慢的口吻严厉斥责爵士。
“你不是高文，”绿衣骑士说，“他浑身是胆，
无论高山、深谷或大军都不能吓倒他；
而你现在还没被砍到就畏惧退缩，
我不知道高文爵士原是个懦夫。
当你砍我时，我并没退缩或逃跑，
也没在亚瑟王的宫廷中狡辩推诿。
我的头滚到了脚边，但我并未逃跑。
而你还没碰到刀刃就已畏缩不前。
所以在你我之间选择，我肯定是
　　　　独占鳌头。”
　　高文回答：“我再也不会
　　像刚才那样退缩；
　　但假如我的人头落地，
　　它就绝不会再长出来。”

在绿衣骑士第二次砍他时，高文爵士果然咬紧牙关，没有退缩。但前者又虚晃了一下，斧头在半空中没有落下来。当斧头第三次真的落下

来时，只擦破了高文头颈上的一层皮，鲜血滴到了洁白的雪地上。高文急忙跳到一旁，戴上头盔，拿起盾牌，说："你不能再砍了，否则我将回击抵抗。"绿衣骑士大声回答，说他再也不会砍他了，并且解释说头两次只是试探，因为高文住在城堡里的前两天遵守了诺言，将他妻子的吻还给了他。而第三斧擦破了皮，是因为高文在第三天虽然归还了女主人的吻，但却藏匿了绿腰带。高文听后羞愧交加，好半天才说出一句："诅咒怯懦和贪婪！它们的罪恶会毁掉人的德行。"接着他解下绿腰带，把它还给了绿衣骑士，并勇敢地承认了自己的过失，表示愿承担一切后果，保证不再重犯。绿衣骑士宽容地说，他认为高文已经弥补了过错，进而邀请他再回城堡去过新年。高文婉言谢绝了邀请，说他不想再见到女主人，因为过去的亚当、所罗门、参孙和大卫都是因为近女色而铸下大错。但是高文要求继续保存那条绿色绸腰带，并非为了其他目的，只是为了使自己不忘记曾经犯过的错误。他打听骑士的真实姓名，后者告诉他自己名叫"荒野中的伯基拉克"（Bercilak de Hautdesert），并进一步透露是仙女摩根[7]派他去亚瑟王宫廷捣乱的，其目的是为了吓死圭尼维尔。绿衣骑士再次劝高文回城堡跟仙女摩根会面，但高文坚决回绝了这个要求。

高文安然无恙地回到了亚瑟王的宫廷。大家见到他都很高兴，国王和王后都来亲吻他。他原原本本地讲述了他所经历的一切，包括城堡女主人对他的挑逗和他所藏匿的绿色绸腰带。他还把头颈上的伤疤给大家看。国王和圆桌骑士们都尽力安慰他。人们决定每个人身上都挂上一条绿色的肩带，以示对高文爵士的尊敬和理解。

此诗具有极高的艺术性。首先，诗人采用了一种独特的诗歌体裁。总的来说，它还是一首典型的头韵诗，诗中许多古体词和押头韵的短语

---

7. 仙女摩根（Morgne le Faye）是亚瑟王同母异父的姐姐，也是高文的姨母。

词组层出不穷，它们都是头韵诗中特有的诗歌用语。但就跟《珍珠》一样，全诗的四个部分还可以被分作 101 个诗节。在《珍珠》中我们看到的是规整的 12 行诗节，但在《高文爵士与绿衣骑士》中，每个诗节可分成两个部分，其中的头一部分是由头韵和尾韵相结合的头韵长诗行所组成，诗行的数目从十几行到二十几行不等。诗节的第二部分是由一个只有两三个音节的短诗行（bob）和四个押尾韵的八音节诗行（wheel）所组成。这种特殊的诗节形式使得诗歌的叙述节奏富有变化，而且使铿锵的头韵和音乐性很强的尾韵巧妙地结合在一起，造成一种表现力丰富的音乐旋律。其次，诗中的意象和各种数字具有很强的神秘意义和色彩，如前面已经提到过的五角星图案的五重象征、城堡女主人的三次挑逗，以及最后绿衣骑士对高文爵士胆量的三次考验，等等。它们都很好地衬托出了诗歌的主题。

许多评论家将这首诗跟乔叟的《特洛伊罗斯和克瑞西达》并列视作中古英语诗歌中形式最完美的两部作品。

三

《耕者皮尔斯》(*Piers Plowman*，1367—1386）是用英国中西部方言写成的中古英语头韵体宗教长诗，现共存有 55 部手抄本，大致可分为 A、B、C 三种不同的文本，但据学者们的考证，作者均为威廉·朗格兰。A 文本创作时间最早，长度为 2,567 行；B 文本经过大幅度的修改，达到了 7,242 行；C 文本又有所增删，全长为 7,357 行。其中的 B 文本被公认为文学价值最高，它由主人公威尔（Will）[8] 的一连串梦幻所组成。他在梦中看见了英国社会的缩影和“七大罪恶”的忏悔，随后他在

8. 威尔（Will）这个名字是个双关语，它既是“威廉”（William）的缩写形式，也有“意志”的意思。

寻找真理的过程中，听到各种讽喻性人物对于“善”（Dowel）、“中善”（Dobet）和“至善”（Dobest）这三种境界的解释，终于思想有了升华，决心走遍天涯，一定要找到作为基督化身的耕者皮尔斯。

从“序曲”到第4节是全诗中最精彩的段落之一，威尔向读者展示了他的第一个梦：

初夏风和日丽，阳光正和煦，
我套上绵羊般蓬松的毛毡衣，
装束成一位云游四海的修士，
出门去浪迹天涯，探访奇闻。
五月的一天早晨，我似乎着了魔，
于莫尔文山上遇见一桩怪事。
我行路过于劳累，便稍事歇息，
在一条小溪的宽敞堤岸上面
躺下来倚身凝望清泉流波；
水声潺潺，片刻催我进入梦乡。

威尔在位于“真理”高塔和“虚伪”地牢之间的“俗世”平原上看到了芸芸众生在那儿忙忙碌碌地追逐俗世的名利，包括贵族和贱民、商人、说唱艺人、流浪汉和乞丐，其中最引人注目的是贪婪的教士和僧侣，他们狼狈为奸，用行骗和贩卖赎罪券来搜刮民脂。接着他又看见国王登基和执掌朝政的情景，它转眼间变成了一场老鼠议会的闹剧，将当时的英国政治形象地表现为群鼠利欲熏心，恶猫肆意横行。最后威尔的目光再次回到了“俗世”平原：那儿尽管有无数律师在“口若悬河，阐释法律”，但尘世间依然纲纪废弛。

这时圣教夫人从“真理”高塔上走下来，向威尔解释他所看见的高山、幽谷和平原的寓意，并奉劝他要洁身自好，不受魔鬼的引诱和欺骗。威尔惊诧面前这位天姿丽人究竟是谁，她竟能对《圣经》中的箴言如数家珍，于是就恳切地乞求她留下姓名。

“我是神圣教会，”她说，“你应该认识我。
我为你行洗礼，并将信仰教给你。
你曾立誓言要履行我的教诲，
而且真挚相爱，永远对我忠诚。”

威尔大惊失色，急忙跪倒在地，请求宽恕。他求圣教夫人为他的罪孽祈祷，并告诉他如何做才能拯救灵魂。后者的回答是：“试遍所有珍宝，唯有真理最好。”在随后的大段说教中，圣教夫人数次重申了这句格言。

为了教会威尔如何识别“虚伪”，圣教夫人还将一个名为“奖赏”的艳丽女子指给他看，并且告诉他，明天“奖赏”就要嫁给“虚伪”这个魔鬼的后代，因而威尔将有机会见识一下婚礼上的丑剧和来宾。威尔果然在婚礼上看到了形形色色的人物，其中跟“奖赏”最为亲近的似乎是“圣职买卖”和“民法”。当“欺诈”作为媒人将新娘交与“虚伪”完婚时，“谎言”要求“圣职买卖”和“民法”审查和宣读由“虚伪”本人草拟的特许状。听完“民法”尖嗓子的高声宣读之后，“神学”怒不可遏，当众对这桩婚姻的合法性表示异议，要求大家去伦敦，请那儿的大法官裁定这婚姻的合法性。“虚伪”的亲信“欺诈”当下拿出大量的金币，要“谎言”去贿赂法庭录事和买通“伪证”。当“虚伪”和“欺诈”率众人上路时，“真理”催动坐骑率先赶到王宫，将此事通报了“良心”和国王本人。国王大怒，降旨要严厉惩罚这帮穷凶极恶的家伙。可是“畏惧”在门口偷听到了这个命令，便迅疾地去向“虚伪”报信，要他赶紧带上喽啰们逃命。于是这帮乌合之众一哄而散：“虚伪”仓皇出逃到了游乞僧中间，“狡猾”被商人强留下当了店铺的学徒，“谎言”也被赎罪僧们收留，剩下胆小的“奖赏”因恐惧而颤抖不已，只好束手就擒。但由于其慷慨的赏赐，“奖赏”在王宫里被奉为上宾，就连法官老爷们和国王的幕僚都来安抚她和向她献殷勤。一位忏悔牧师愿以一驮小麦的代价为她赦免所有的罪孽，并为她传递秘密信息，以笼络骑士官吏和挫败“良心”。国王试图为“奖赏”和“良心”这两者做媒，并且得到了“奖赏”的一口答应，但遭到“良心”坚决反对，由此引出“奖赏”与“良心”之间一场激烈的当庭辩论。国王无法说服“良心”，便只好命令后者去把“理智”请来作为国王顾问掌管朝政。“理智”在断案中明察秋毫，仗义执言，给“奖赏”定了罪，因而深得国王的欢心。国王宣布“理智”和“良心”将成为他终生的顾问。

从第5节起，威尔开始了他的第二个梦幻。他看见“理智”在旷野上向全王国的臣民布道，告诫大家要恪守其责，崇尚真理。“忏悔”也上前阐发这一主题，号召大家悔罪和改过自新。于是“七大罪孽”纷纷登场，对各自的过失进行忏悔。当“饕餮”也准备去教堂坦白自己罪孽时，酒店老板娘贝蒂用好酒为诱饵，在路上拦住了他，并把他骗进了酒店。虽然是早晨，可那儿已经聚集了十几个人猜拳劝酒和做物品交易，好不热闹。“饕餮”当下入席，把忏悔之事全都忘到了脑后：

他们饮酒唱歌直至夕阳西斜，
“饕餮”足灌下一加仑多的黄汤。
肚子里像有两只母猪在闹腾；
未等祈祷，就已憋出了几夸脱尿，
同时从肛门里发出一声巨响，
使听见这轰鸣的人都捂紧鼻子，
恨不得用一把荆豆堵住那屁眼。
“饕餮”摇摇晃晃，用拐杖支住身体，
迈步时活像说唱艺人的瞎狗，
身体时而歪斜，时而又向后倾，
更像是个埋线挖穴的捕鸟人。
踉跄走到门口，眼里直冒金星；

脚勾门槛，往前摔了个嘴啃泥。
补鞋匠克莱门特抱住他的腰，
用吃奶力气才使其上身跪起。
可“饕餮”是个大汉，扶起绝非易事，
他还伏在补鞋匠膝头呕吐不停。
那气味如此恶心，连赫特福德郡
最瘦的饿狗也对其避而远之！

此番狂饮之后，“饕餮”在家整整昏睡了两天，醒来后揉着眼睛，开口第一句话就问喝酒的碗在哪里。在妻子的责骂和“忏悔”的呵斥下，“饕餮”发誓斋戒，以后每个星期五都滴水不进，直到他婶子“禁欲”准许他开戒为止。

在罪人们被赦免之后，有上千人聚集在一起向圣子圣母祈祷，求“恩惠”与他们同行去朝拜“真理”。但因无人慧眼识途，他们如困兽般迷失于山川之间。这时农夫皮尔斯站出来为大家解惑，可是当他详细地描述了一路上要经过的艰难险阻以后，香客们纷纷怨声载道，说如此险恶的路程若无向导指引，恐怕寸步难行。皮尔斯告诉大家，他还有半亩地需要耕作，只有把它深翻和播种之后，他才能脱身来做他们的向导。人群中的骑士主动建议大家帮助农夫干活，说自己虽然从没干过农活，但愿意竭尽全力学习。皮尔斯借众人相助，平整土地颇有起色。但过了不久，就有人开始偷懒：有的装作残疾人，想赢得别人的怜悯；有的则企图撒野，公开向皮尔斯挑战。后者招来“饥饿”，狠狠地教训了那些无赖。在“饥饿”的威胁下，人们个个挥汗如雨，加入了劳动的行列。“真理”得知这个消息后，恩准赐予农夫皮尔斯赎罪券，赦免了他及子孙的所有罪孽。但有个教士对此赎罪券的真实性提出了质疑，皮尔斯一怒之下，撕毁了赎罪券，并且宣称此后他将不再辛勤劳作，不再为填饱肚子而忙碌，他要用祈祷和忏悔来代替他的犁。教士和农夫的争吵声将威尔从第二个梦中惊醒。

从第8节起，威尔花费了大量时间来寻找“善”、“中善”和“至善”，可是僧侣们对此作出的解释在他听来深奥莫及。在他此后的三个梦中，威尔跟代表学术的各种人物（“思想”、“理智”、“勤学”、“学问”、“博士”、“圣典”、“想象”）有一系列遭遇和交往，而他对于“善”的真谛所进行的探索在“良心”的家宴上达到了高潮。席间关于“善”的讨论中，一个贪嘴的游乞僧“博士”充当了学术阶层的最拙劣代表；甚至连“学问”本身也承认自己对他的表现感到脸红。讨论中给人印象最深的发言来自寒微的朝圣客“忍耐”，他对于仁爱作了晦涩然而热情的讲演：

“‘学习，教诲，以及爱你的敌人。’[9]
学习即是善；教诲则是中善；
仁爱是至善——我有个昔日情人
曾这样告诉我——她名字就叫爱。
‘只要活着，’她说，‘就须热爱灵魂，
要全心全意，用言语以及行动。’
故为天主仁爱，你要学会慈悲，
就像爱自己那样爱你的敌人；
用善言将炭火堆在他的头上。[10]
用规劝和善行令其回心转意，
直至仁爱使他对你心悦诚服；
倘若仍不臣服，他必瞎掉双眼！”

这番充满理想主义的话既击退了游乞僧，也吓走了“学问”；但它却点燃了“良心”的热情，后者当即决定随“忍耐”出发去朝圣。因为他坚

---

9. 原文为拉丁语，出处不详。

10. 此引喻参看《旧约・箴言》25：21—22和《新约・罗马书》12：20。

信忍耐和良心结合在一起，世间就没有解救不了的苦难，和平会降临于所有君王，而异教徒也都会皈依基督教。

“忍耐”和“良心”在路上碰到了一个说唱艺人，名叫豪金。他身穿神圣教会的宗教外衣，夸夸其谈，吹嘘自己的业绩和善行，但细看之下，他衣服上面有众多斑驳的污点。这些污点分别象征着人性中的弱点和他自身的罪孽。“良心”首先委婉地建议他用悔罪来刮去外衣上的污垢，然后用忏悔来清洗和绞干它，最后用善意和天恩来印染此衣，使它光艳如新。“忍耐”则向豪金大力推荐节欲、信仰和贫穷。豪金终于被说动了心，开始痛悔他得罪上帝的每一件事。他连声求饶，为祈求天恩而抽泣悲鸣不已，这时威尔又被惊醒。

在离开豪金这个外部社会生活的代表之后，威尔开始走进一个内心世界。他在第六个梦幻中碰到了“灵魂”。威尔向他刨根问底，想要知道世上所有的学问和技艺。但“灵魂”责怪他重犯了亚当的错误，即求知和理解的强烈欲望，因为这种欲望会使人偏离神圣的善而变得骄矜。“灵魂”还借用树的意象，攻击教会是邪恶和腐败的根源，因为教士言行不一的虚伪行径给民众树立了坏榜样。他同时还强调了仁爱的力量，由此引出威尔的下一个问题：“何为仁爱？”“灵魂”在解释这个问题时，指出由于仁爱涉及了内在的品质，所以需要农夫皮尔斯的帮助，他进而点明了皮尔斯就是基督：

“因此靠外表或学识很难辨认他，
言行也无济于事，只有看意念；
而世上没人能做到，教士也不行，
唯有耕者皮尔斯——‘彼得即基督。’[11]”

---

11. 皮尔斯的同源异体名彼得的拉丁语原意为“石头”，所以《新约·哥林多前书》10：4 中说：“那磐石就是基督。”另在《马太福音》16：18 中，耶稣对大门徒彼得说：“你是彼得，我要把我的教会建造在这磐石上……”

威尔仍不明白仁爱的蕴义，于是“灵魂”又用树作比喻来进行解释：仁爱树的树根扎在人的身体上，俗称“宽恕”，而种树的花园称作“心脏”，树叶是“怜悯”，树干是“神圣教会法律”，花是“卑贱言语”及“和颜悦色”，树名为“忍耐”，结出果实乃是“仁爱”。它由“自由意志”料理，并由农夫皮尔斯督促除草松土。威尔因听到皮尔斯的名字惊喜过望而昏厥在地，又做了一个梦。

在第七个梦中，皮尔斯带威尔参观花园，并向他详细解释了支撑仁爱树那三根支柱的功效。威尔要求尝一下那果实的滋味，皮尔斯便从树上摇下了一些果实。这时等候多时的魔鬼大摇大摆地跑出来，掠走了代表圣徒的果实，并将他们都打入了地狱。皮尔斯拿起棍子追赶魔鬼，想要夺回果实。由此引出了《圣经》中人们熟悉的耶稣殉难故事。

最后三个梦幻紧紧围绕着光明与黑暗、仁爱与邪恶之间的一场决战，具体表现为两场战斗：第一场是基督与魔鬼的比武，基督似乎被击败，但实际上却是大获全胜；第二场是围城，反映出基督信徒们的暂时挫折。

威尔在梦中分别遇见了寻找三位一体的亚伯拉罕（“信仰”）和摩西（“希望”），以及心急火燎地赶往耶路撒冷比武的撒玛利亚人。这时，路上有个旅客遭强盗打劫，身负重伤，奄奄一息。“信仰”和“希望”在路过时都远远回避，不敢去解救。但当撒玛利亚人看见那人时，他马上就上前抢救，将他包扎后又送到六七英里远的旅店，并拿出两个银币，让旅店老板代为照顾，才又重新上路。威尔见后，跟上去请求做他的仆人，并在路上向他请教了有关三位一体的问题。紧接着就是比武的场景：首先是彼拉多在法庭上裁决把耶稣钉上了十字架后百般折磨，然后又逼他喝下了致命的鸩毒：

“成了。”基督刚说完，便垂下头去，
凄惨而苍白，就像死去的囚犯；

生命与光明之主闭上了双眼。

顿时白昼隐匿，红日黯然失色。

天旋地转，墙撼崖崩，摇摇欲坠。

电闪雷鸣中死尸也走出坟墓，

告喻人们为何风暴肆虐终宵。

在基督死在十字架上以后，彼拉多又命令手下人将他解下刑架，并命令一位名叫朗吉诺[12]的瞎眼犹太骑士持尖利长矛刺穿了基督的心。但矛头溅出的血启开了骑士的双眼。朗吉诺得知真相后悔莫及，双膝跪地，请求耶稣饶命。

在第19节中，天恩赏赐给农夫皮尔斯四头公牛（路加、马可、马太和约翰[13]）、四头阉公牛（奥古斯丁、安布罗斯、格列高利和哲罗姆[14]），又拿出四大美德（谨言慎行、止怒窒欲、坚忍不拔和正义公道）的种子，让皮尔斯将其种入人类灵魂。皮尔斯在播完种子以后，又用《新约》《旧约》这双犁耙平整土地，使仁爱能与四大美德糅合，以抵御罪恶。为储存粮食，天恩还要皮尔斯盖了一个大谷仓，称作同心堂——即神圣教会。“骄矜”窥见皮尔斯在耕种庄稼，便召集起一支大军，前来攻打同心堂。“良心”率基督徒修筑工事，奋勇抵抗。“骄矜”的第一轮攻击归于失败，因“俗人的节操加上教士的德行，/使统一的神圣教会固若金汤”。但是假基督招募了数百名游乞僧，又卷土重来，还是由“骄矜”执掌大旗。“良心”再次号召世人保卫同心堂，齐心协力抗御魔鬼的大军。在“自然”的帮助下，敌人的攻击暂时被击退。但是“良心”犯了一个致命的错误：在浴血鏖战之中他不顾“贫穷”的警告，接

12. 朗吉诺这个名字首先见于伪经的《尼哥底母福音》。有关他的故事转载于《黄金故事集》第47章。

13. 《新约》中四部福音书的作者。

14. 中世纪四位最著名的圣徒和教父。

受游乞僧参加到保卫同心堂的队伍中来。后来“良心”请来一位精通忏悔的医生救助被“罪孽”打中的伤员和病人，但有人讨厌这位医生的猛药，便投书上告，要求换个用药更平和的郎中。在“荒淫无度”的推荐和“内疚”的坚持下，“良心”只好同意由游乞僧“谄谀”来治疗伤员。“谄谀”用“奉承”的油膏使人们忘掉了内疚和忏悔，个个昏昏欲睡，丧失了抵抗的能力。“良心”后悔莫及，发誓要去寻找农夫皮尔斯，以便回来报仇雪恨。长诗在此戛然而止。

《耕者皮尔斯》的结构固然十分复杂和松散，但贯穿其中的一条红线就是主人公的成长过程。梦幻者威尔的形象在阅读过程中逐渐变得明朗：开始他跟“俗世”平原上的人并无二致，后来作者又刻意使他的形象认同于这些俗人的代表豪金，直到威尔在游历和幻梦中开阔眼界，并冥思顿悟之后，诗人才最后将他含蓄地升华为“良心”，从而圆满地完成了他的人生探索。

朗格兰所采用的诗歌格律是他从小在伍斯特郡就熟悉的头韵诗，因为那儿也是莱亚门的故乡。这种诗体的主要特征是每一诗行中都有数个重读音节，每行中间有个停顿，通常第二个半行的第一个重读音节跟前半行中的两个重读音节押头韵，并由此形成特有的铿锵节奏。《耕者皮尔斯》中由于夹杂着众多的拉丁语和法语词汇，所以这些本来十分严谨的规则有所松懈，头韵显得更为随意和自由，偶尔也会出现个别尾韵，诗行中间的停顿也越来越不明显。但总的说来，作品的古朴神韵依然存在。可惜到了15世纪，这一传统诗歌体裁迅速衰落解体，被当时成为英国诗坛主流的抑扬五音部诗体（iambic pentameter）所取代而成为绝响。

第七章

韵文传奇

中世纪骑士传奇是公元12世纪中叶自法国北方发展起来、后传入英国的一种以韵文为主的中短篇叙事体文学形式。从史料上看，最早的英国骑士传奇写于1240年前后，其年代比现存最早的同类法国骑士传奇作品《特洛伊传奇》大约晚八九十年。法国著名传奇始祖克雷蒂安·德·特罗亚约在1160年至12世纪80年代中叶已忙于他的主要作品的写作，法国纪尧姆·德·洛里的《玫瑰传奇》的现存部分也是在1237年之前完成的，而我们迄今尚未发现同时期的任何同类英语作品。

由于法国骑士传奇在年代上要比英国作品更为久远，且很早就以其大量的作品形成了颇具程式化的规范，因此，学术界通常习惯用法国传奇中的典型作品为标准来品评英国传奇故事。且不论这种方法是否公道，从中我们至少可以看出两者之间的诸多异同。这当然对我们正确把握并评价英国骑士传奇作品有很大裨益。确切地说，在中世纪英国文学中，很少有完全符合法国传奇传统要求的作品，即使是英国骑士传奇中的出类拔萃之作也时常被学者们描述为骑士传奇传统规范形式的某种颓变。当然，我们几乎可以断定，许多英国骑士传奇作品在世代口耳相传过程中大概已流失了，但是，从侥幸留传下来的作品看，当时英国人所遗忘或抛弃的，对他们来说不应是比现存的更高妙的作品。他们的偏好表明，英国的骑士传奇作品自开始或许就从本质上与法语同类作品有所不同。

无论如何，现存的大部分英国骑士传奇均由已存法国作品（包括在英国本土上写出的法语作品）演变而来是个无可争议的事实。这种语言上的变更无疑是造成二者之间显著差异的关键因素。在中世纪英国，由于英语和法语这两种语言有着各自不一样的社会功用，用它们写出的作品当然也会极不相同。从风格上看，英语骑士传奇故事不同于流传于皇家宫苑或显贵厅堂之中的高雅的法语传奇故事。相反，它们大多具有明显的俗文学特质。由于民间说唱艺人需在茶楼酒肆、街头巷尾等纷闹的环境中招引听众，因此，这些作品一般都情节明快紧凑，辞藻通俗悦耳，故事也更加贴近平民所熟悉的现实生活。这种具有世俗口头说唱文学特征的作品与那些充满贵族气息的、见长于繁复精细的心理描写的典型法语作品形成了鲜明的对照。

当然，这种取材于法语作品、又多为愉悦平民百姓而被俗化了的英语故事风格难以囊括所有英国骑士传奇作品。例如，《高文爵士与绿衣骑士》虽明显得力于某部法语作品，但我们很难从中看出其俗化的痕迹。相反，这部韵文故事似乎是对其先作的一种绝妙的升华。乔叟后来所写的传奇故事也以其相似的风貌足以与任何法语或意大利语同类作品相媲美。

一

最早的英国传奇故事当数收在一部牛津大学手稿集中的《霍恩王》（*King Horn*）。这篇作品的落笔时间应是 1240 年之前。由于几乎在同一时期和稍后一些时候，另有两部与其内容相似而又互无借鉴或影响关系的传奇作品相继问世于英国，人们普遍猜测早在盎格鲁-撒克逊时期就曾流传过一首同样题材的古英语诗歌。如果说这一猜测尚无确凿根据，《霍恩王》直接借鉴了一部法语作品应是没有问题的。

《霍恩王》是部关于英格兰的传奇英雄霍恩王的故事。作品以相当传统的手法生动地描述了霍恩从王子到国王的坎坷经历。霍恩的父王不幸被北欧海盗杀死后，霍恩也落入海盗之手。不过，他以其英俊的相貌赢得了海盗首领的好感，方才免遭一死。随后，霍恩与其他 12 个随从被海盗赶上一叶小舟，推入茫茫大海，任其在波涛中漂荡。好在他与其他传奇人物一样命不该绝，虽历尽艰险，最终还是漂到岸边，被艾尔默王救起，并受到他的盛情款待。国王的女儿瑞曼希尔德公主很快爱上了霍恩，并邀人安排他们相会。接着便是霍恩与公主之间那充满传奇色彩的恋爱故事。

与传统传奇作品中的爱情故事相比，霍恩与公主第一次幽会的情景是出人预料的。初次见面，瑞曼希尔德公主就不顾其高贵身份，首先向看上去出身低微的霍恩表达爱慕之情，而面对这突如其来的求爱，霍恩的反应更令人吃惊：

他说："愿上帝佑护你，
将上天的祝福
赐予你未来的夫君，
无论他现居何处。
我出身卑微，
不能匹配如此贵妇。"

按照中世纪"骑士恋"的传统，求爱者在贵妇面前感到或表达自己的低微身份应属常事。然而，霍恩在这里却取代了贵妇的传统位置，转而变成了这段恋情的主导。由于霍恩清楚自己的身世，他对公主所说的话当然是一种托词。而这表面拒绝的目的很快就展示在我们面前了。霍恩虽未多言，但这只言片语早已令公主痛不欲生。极度的失望几乎使她昏厥过去。于是，霍恩不失时机地向公主提出了要求：

他说："亲爱的，
请莫哀伤。
你应尽力
使我成为骑士，
去恳求我主国王
对我加封。
这样，我的下人身份
便会消失于骑士的荣耀之中，
那时我才身份适当，
方能悉尊汝命。"

这一要求对备受宠爱的公主来说当然不是件难事。她的父王很快满足了女儿的请求。于是，公主重提旧事，第二次向霍恩求婚。无论霍恩前一次出于什么意图而拒绝了瑞曼希尔德公主，他这次的反应是极其传统的。霍恩像其他传奇中的骑士一样，没有立刻接受公主的美意，并对他的再次回绝详细地作了说明：

"瑞曼希尔德，"他说，"请勿烦躁；
我定会遵从你的意志。
但是，在向你求爱之前，
我必须立马横枪，
一展我的骑士风采，
这是必须的。
我们骑士，
应时代而生，
这是我们这个职业的

时尚习俗。
成婚之前，
大凡骑士要为其恋人
与另一骑士作战，
我须即刻履行这一义务。”

霍恩的这番话显得格外诚恳：娶妻固然重要，但在战场上证实自己的骁勇对于一位真正的骑士当然也是不可或缺的事。中世纪传奇故事中的这种恋爱与荣誉的紧密结合在这里得到了充分的体现。

尽管霍恩与瑞曼希尔德的爱情故事以反传统的形式开始，但它终未能离开传统的套数。英雄因爱恋意中人并为博得她的欢心而奔走沙场，在艰辛中四处求索，而他在战场上的种种壮举也无不得力于这种经过升华的爱情。霍恩与瑞曼希尔德公主的故事正是循着这一脉络发展下去的。

为了表达深切的爱情，公主在临别之际赠给霍恩一枚嵌满宝石的金戒指。这戒指是公主留给情人的一件具有神奇力量的信物，它不仅能时刻使霍恩想起他的爱人，而且能在危难时刻给他以无穷的勇气与力量。公主是这样对霍恩说的：

“我知道你我即将分离。
带上这枚金戒指吧，
它的做工异常精美。
戒指上镌有
‘青年瑞曼希尔德’的字样。
……
为了爱，请你带上它，
将它戴在手指上。
上面的宝石极其珍贵，
只要你看着它，

心里惦念着你的爱人，
无论你游至何处，
都无需惧怕险恶，
也不会在征战中受到伤害。”

霍恩正是带着这枚象征骑士世界的爱情理想的神奇戒指离开自己的恋人，云游四方，勇敢地去寻求骑士应有的荣誉的。不久，霍恩与公主的恋情被奸人密报给了国王，国王闻听勃然大怒，立刻将他流放到异国他乡。霍恩后来被爱尔兰国王收留，并以其超人的勇敢赢得了爱尔兰国王的爱戴。然而，当国王决定将其爱女许配给霍恩以表彰其功劳时，他却难以忘记与瑞曼希尔德公主的情意。于是，他断然拒绝了这门婚事。

诗人很快证实了霍恩对爱情的忠贞。七年后，当他听说瑞曼希尔德公主为其父王所逼，将出嫁一位王子时，霍恩即刻启程，及时赶回来。他乔装打扮成一个乞丐，秘密潜入瑞曼希尔德的婚宴大厅。大厅里坐满了达官贵人，众宾客推杯换盏，喧嚣一片。霍恩几经周折，才得以靠近公主，有机会和她说话。然而，公主这时已辨别不出面前的这位衣冠褴褛的情人。于是，霍恩取出金戒指并故意将它掉在公主眼前。公主见到与霍恩定情的信物，大吃一惊，急忙询问眼前的乞丐有关霍恩的下落。开始，霍恩闭口不语，只有当公主表示她已备好利刃准备当夜与逼她成婚的王子同归于尽时，他才露出其真实身份，两人得以团圆。

后来，霍恩回到自己的国土，杀死了他的仇人，找到了藏匿多年的母后，并夺回了原本属于他的王国。当霍恩重返恋人的家乡时，等待他的是瑞曼希尔德公主第二次被逼婚。于是，他又一次乔装打扮，装成云游艺人的模样，潜入王宫，救出了公主，两人终于成就了百年之好。从整部作品的结构上看，当霍恩夺回王位时，全诗的情节似乎发展得已很圆满，诗中的男女主人公对爱情忠贞不渝的性格也已得到充分的刻画。后面的故事只是对前面情节的重复。《霍恩王》全诗共 1,530 行，其中约一半全为故事中人物之间的直接对话，用于叙述故事的只占800余行诗。这种结构使得故事的发展在很大程度上依赖于人物对话，因此，在故事的叙述过程中虽无法语传奇式的那种细腻的心理描写，但作品的情节发展迅速洗练，随着一个接一个引人入胜的动作，诗人也确实营造出了一种英国传奇作品固有的适于口头说唱的戏剧效果。

二

如果说《霍恩王》在很大程度上体现了英国骑士传奇故事那种情节明快洗练的特征，《哈夫洛克》(*Havelok*)当更是典型的英国韵文传奇作品。这篇故事可能比《霍恩王》成书稍迟一些，但其年代应不会晚于1300年。有关哈夫洛克的故事曾见于12世纪的一篇写于英国本土的法语英格兰编年史，在同时期或稍后一些的其他短篇韵文故事中也有所提及，然而，《哈夫洛克》的篇幅与质量都远远超过了其他作品。

《哈夫洛克》开宗明义就已申明其通俗的说唱文学性质。诗人开篇便唱道：

> 各位好人，姑娘，媳妇，
> 请您来听，
> 让我把一段动人故事
> 细讲给您。

当然，诗人要吸引并打动匆匆而过的人们，单凭这几句开场白是不够的。他需要足以引起听者关注的故事内容及情节。而《哈夫洛克》正是在这些方面显现出其独到之处。

从故事内容上看，《哈夫洛克》显然是依托于一个现实政治大背景的。英国在1016年与丹麦合并后基本摆脱了来自北欧近两个多世纪的连年骚扰，并在丹麦统治者的控制下度过了一段相对稳定的太平日子。

但好景不长，很快，英国人就再一次被卷入了一连串严重的政治危机之中。继 11 世纪中叶诺曼人征服了英国之后，英国从与法国无比亲密，到严重敌对，直至彻底决裂的过程中逐渐意识到独立国家这个陌生的概念在现实生活中的至关重要。到了 13 世纪初，英国人不仅对历史上的动荡时期以及间或其中的相对太平的日子记忆犹新，而且对眼前的国家政治也越来越表现出由衷的关注，而这种深切的关注当然也明显地体现在《哈夫洛克》这部作品之中。

故事一开始就在我们面前展现了一幅充满政治危机的画卷。英王艾特尔沃德是位开明而备受爱戴的君主。他临终前将其爱女托付给戈德里奇伯爵，叮嘱他将来把公主嫁给英国国土上一位最英俊最勇敢的年轻人，并将王位传给公主。然而，邪恶的戈德里奇没有履行他在英王面前许下的诺言。英王尸骨未寒，他便篡夺了国王宝座，并将公主打入大牢。与此同时，同样的事情在丹麦也发生了。摄政王戈达德违背先王的旨意，窃取王位后，杀害了托付给他的两位公主，并命一个叫作格里姆的渔夫将幼年王子哈夫洛克投入大海。格里姆和他的妻子偶然发现这个幼童熟睡时，嘴中不时喷出火焰。据此，他们断定这个孩子是先王之后。好心的格里姆夫妇决心救下先王的遗孤。于是，他们毅然带着王子逃到英国。从此，他们视哈夫洛克如同亲生骨肉，并将他养大成人。

哈夫洛克收回丹麦王位的过程比霍恩更为曲折。在渔夫格里姆夫妇的庇护下，哈夫洛克在英国长成了一个高大健壮且又十分英俊的小伙子。然而，他对自己的身世却一无所知。为了生活，他凭着自己的一身力气，终日随养父出海打鱼，后来又在一富人家的厨房里做佣工。由于他力大无比，一次被主人选中，将他带进王宫，参加角力比赛。他的憨厚谈吐、无穷力量以及威武英俊的仪表震惊四座，一时间，

整个英国都在谈论
他的强壮与温和；

在城堡中，在厅堂里，

骑士们都在交口传说此事。

这事很快惊动了国王戈德里奇。于是，这个野心勃勃的国王内心盘算：

“有此人跟随左右，

我定能永霸英格兰，

之后便是我的儿子，

这是我梦寐以求之事。”

由于戈德里奇不知哈夫洛克的身世，便把被他囚禁多年的公主嫁给了哈夫洛克。公主很快知道了哈夫洛克的真正身份，于是，二人在渔夫的三个儿子的陪同下，秘密潜回丹麦，开始了他夺回王位的斗争。

哈夫洛克在丹麦结识了兀比伯爵。当伯爵发现哈夫洛克在睡梦中口吐火焰时，马上意识到，眼前的这位魁梧英俊的青年正是丹麦王位的真正继承人。于是，他立刻拉起队伍，向戈达德宣战。兀比伯爵很快便击败了戈达德，并把他送上了断头台。哈夫洛克以其强健与正义受到全国的拥戴，终于坐上了丹麦王的宝座。之后，他携带公主返回英国，打败并烧死了篡位的戈德里奇伯爵，使公主重新得到了继承王位的权力。于是，哈夫洛克与他的王后大摆宴席，犒赏有功之士，在一片欢声笑语中丹麦与英国结为一体，共享太平盛世。

《哈夫洛克》这部传奇故事对统一国家及理想君主的期盼反映了作品与 13 世纪英国的政治氛围之间的深刻联系。然而，它的独到之处还不仅于此。与《霍恩王》相比，《哈夫洛克》中的人物刻画细腻，更贴近普通人的生活情趣，因此，对普通欣赏者也应更具感染力。《霍恩王》里的主人公是个弃儿，在他成功之前处于被人役使的地位。然而，他从未忘记自己的真实身份，每遇机会，他便自然地将自己演变成为领袖人物。而哈夫洛克在整个作品的前半部从里到外都是个地道的小人物。他安于平凡生活，没有任何改变现状的企盼，更谈不上飞黄腾达的野心。

他虽力大无比，但并无在众人面前炫耀其神力的欲望。在角力场上，当师傅命他去与别人比试搬动巨石时，

> 他一时惊恐万状，
> 于是，他赶忙跳起身来，
> 举起了那沉重的石头。

哈夫洛克的笨拙与慌乱恰恰烘托出了他朴素与高贵的品格，这也当然是诗人的匠心所在。

哈夫洛克在得知其身世之前，丝毫没有传奇故事中英雄人物常有的那种非凡气概。我们所得到的印象则是他与同伴相处时的友善与宽厚。哈夫洛克在与敌人打斗时，可谓勇武过人。但即使在这种场景中，我们所看到的也远不是一般法语传奇故事中的英雄形象。你看，他面对敌人，顿时勃然大怒，

> 他矗立在那里，样子令人惊异，
> 鲜血从身体两侧淌下，
> 宛如泉中涌出的水流；
> 接着，他抄起门闩，扫向敌人，
> 以此向他们显示
> 他能怎样奋力拼斗。

哈夫洛克在这一特定场合所用的武器乍看起来虽有些令人发笑，但经过这样的细节处理，所刻画的人物无疑更显得贴近凡人，当然也更令人信服。正因如此，我们不仅能感觉到围绕在主人公周围的那特有的悲壮气氛，而且也充分体会出这部作品中那特有的非理想主义的感染力。

三

在英国中世纪韵文传奇中，《奥菲厄王》（*Sir Orfeo*）历来被评论界

公认为一流佳作。这部作品之所以脍炙人口固然有多种原因，但主要的当数它那显著区别于其他传奇故事的独特形式以及它那引人入胜的仙境故事。

首先，《奥菲厄王》是两部被称作“布立吞谣”的英语传奇作品之一。关于这类传奇故事的形式，除12世纪法国的一位著名女诗人曾认真下过定义外，在这部作品中，我们也能得到一个大概的印象。此诗不长，总共只有590行。前24行是全诗的引子，也是我们了解这一作品形式的关键段落。诗文开篇便说：

我们经常读到，
学问人这样告诉我们，
布立吞谣由竖琴相伴，
以讲述重要的事情。

显然，这种布立吞谣与其他传奇相比更具有音乐性，是一种与音乐相伴而唱的叙事短诗。有些学者认为，布立吞谣原本是以抒情为主的歌，而并非长于叙事的诗，后来才被云游艺人所用，成为他们传唱故事的一种重要形式。从现有的资料上看，这当然是事实。至于艺人创作布立吞谣的过程，《奥菲厄王》中有如下描述：

无论在何处，当他们听到
当地发生的事情，
便会欣然操起竖琴，
按照所发生的一切编出一曲，
并给它取个名字。

据此我们似乎可以断言，一般的布立吞谣当属篇幅短小的即兴之作。与其他英国骑士传奇相比，除其选材更具即时性外，在题材上并无实质的差别，只是在风格上及表演方式上与传统骑士传奇略有不同。

《奥菲厄王》最早出现在1300年前后，它可能取材于古典作家关于俄耳甫斯的故事。由于早在12世纪，法国就有谈及有关俄耳甫斯的布立吞谣的文学作品，《奥菲厄王》亦有可能是某部古法语作品的忠实译本，只是为了迎合云游艺人的表演需要而在原作的基础上略加了些删节与修改而已。

从今天读者的观点看，能引起我们兴趣的，主要还是这部作品中的主人公在仙境中的那充满中世纪及凯尔特传统神秘色彩的奇异经历。奥菲厄王娶了一位年轻美貌的王后，她的名字叫荷罗蒂丝。他们相亲相爱，在自己的王国里过着无忧无虑的生活。不料，就在这一片祥和之中，灾难已慢慢降临到了他们的头上。他们的不幸是从一个极富浪漫气息的春天的早晨开始的。诗人这样唱道：

那是五月初的一天，
气候温暖宜人，
冬日的寒雨业已离去，
四处鲜花遍野，
每个枝头上都盛开着
亮丽的花朵。

美丽的王后荷罗蒂丝在两个侍女的陪伴下，来到果园，尽情地享受着明媚晨阳下的鸟语花香。不久，她在一棵果树下不觉慢慢进入了梦乡。谁料到，当荷罗蒂丝从睡梦中醒来时，便开始发了疯似的大声哀哭。她抓伤了自己的面孔，扯碎了身上的衣衫。侍女见状，立刻跑去请来了国王奥菲厄。在丈夫的安慰下，荷罗蒂丝逐渐平静下来。接着，她向丈夫诉说了刚才所发生的一切：

“清晨，在果树下
我进入了梦乡，
两名英俊武士来到我的面前，
他们全副戎装，披挂齐整，

命我即刻启程
去见他们的国王。
我坚定地回答，
我不敢，也不能去，
他们仍然极力催促我。
这时，他们的国王走了过来，同样精神抖擞，
身后跟着一百多名武士，
还有一百个使女，
他们都骑着雪白的骏马，
其装束都像牛奶样光洁：
我从未见过
如此英俊美貌的人们。
那国王头戴一顶王冠，
这王冠既不是金也并非银，
而是一块宝石磨制而成，
像太阳一样放着璀璨的光芒。
他来到我的身旁，
不由分说便将我抱起，
迫使我在他身边
骑在一匹马的背上，
把我带到他的宫殿中，
那宫殿富丽堂皇。
他还让我观看了那里的城堡楼阁，
河流，丛林，布满鲜花的园子，
以及他的每一个漂亮去处。
然后，他便将我送回家来，

送我回到我们自己的果园。”

这段奇遇并没有如此草草收场。临别前，那仙境里的国王对荷罗蒂丝说：

“听着，夫人，明天早晨，
你要到这同一棵树下，
那时你要跟着我们走，
与我们永远住在一起；
你若抵抗，
无论你躲在何处，都会被捉来，
你会被扯断四肢，
任何人也帮你不得。”

仙王的这番残暴的恐吓令奥菲厄大惊失色，他立刻召集宫中百官共商对策。第二天，荷罗蒂丝来到树下，身边是跟来保护她的丈夫和一千名披甲戴盔的武士。然而，这全无济于事。荷罗蒂丝被神秘地带走了，留给奥菲厄的只是悲伤与绝望。于是，奥菲厄王再次召见所有大臣，他当着众人，将王国交给了摄政王掌管。奥菲厄这样解释道：

“我已失去了王后，
世上最美丽的女人，
我再也不想见到任何女性。
我会走进荒山野林，
永居其中，
在树林深处与群兽为伍。”

于是，他赤足裸臂地独自离开王宫，向荒野中走去，身边只带了一把竖琴。

这个凄凄惨惨的传奇故事是以皆大欢喜而结尾的，然而，欢乐的结局来得并不十分容易。奥菲厄王怀着悲伤与绝望，饥食野果，困宿老林，在荒野里艰难地度着时日。

正像他的厄运一样，奥菲厄王命运的转机来得也相当突然。有一天，他偶然发现了来自仙界的精灵们的踪迹。于是，他鼓起勇气，悄悄尾随其后，不觉走进了一块巨石底下的仙人境地。这神秘的去处并不像仙王及其随从们的容貌那样美好亮丽。相反，展现在奥菲厄王眼前的世界却像仙王的恐吓一样狰狞可怕：

他观望周围，
旦见四壁下
尽是被挟带进来的人们，
其中个个似死非死。
一些人站立着，失去了头颅，
一些人的胳膊不知去向，
一些人的伤口穿过身体，
一些人被捆绑着，癫狂地躺在地上，
一些人骑在马背上，全副戎装，
一些人在吞吃食物，仿佛被噎而窒息，
一些人正经受着水淹，
另一些人正在烈焰中枯萎，
女人们在产床上受苦，
一些早已死去，另一些业已疯癫，
在那里还躺着许多人，
都仿佛在晨曦中酣睡。

仙界里的残酷阴冷与奥菲厄对王后的一片痴情形成了极大的反差。奥菲厄不顾一切闯入仙王的宫殿，手操竖琴，缓缓地为宫殿里的人们歌唱起来。竖琴那美妙的音乐以及他那悦耳的歌喉深深打动了仙王。于是，像许多中世纪传奇故事一样，仙王对眼前的这位歌手轻率地许愿说，只要奥菲厄提出来，他愿将自己的任何东西赠予他，以答谢他动听的演唱。奥菲厄当然不会放弃这难得的机会。他对仙王说：

“陛下，我恳求你
将那睡在树下的
艳丽女子
赐予我吧。”

他的要求遭到仙王的拒绝，其理由是，那女子美貌非凡，光彩照人，而眼前的这个艺人却蓬头垢面，破衣烂衫，两人极不般配。然而，奥菲厄机智地提醒仙王，他的承诺一言九鼎，为了尊严，他不应轻易违背自己的诺言。仙王终于被说服了，于是，奥菲厄抓住妻子的手，迅速逃出了仙界。

后面的一百三十余行诗叙述了奥菲厄连同王后回到自己的王国，为了试探摄政王的忠诚，奥菲厄乔装后潜入王宫。当他发现摄政王十年来一直思念着他，巴望着他早日归来，他便袒露了自己的真实身份，与王后一起重新回到了离别已久的国王宝座。

从整体上看，尽管奥菲厄王在拯救王后的过程中历尽种种磨难，全诗并没有多少传统骑士传奇故事中反复出现的刻意渲染中世纪骑士价值观及理想的情节。而展现在我们面前的则是一幕幕有关婚姻中深切爱情的动人故事。奥菲厄与王后之间忠贞不渝的婚内感情，在神秘不可预测的外界力量相威胁的背景中，生动地反映了歌颂善良人性这一为后世作品所关注的文学主题。从这个意义上说，《奥菲厄王》当然是一部不多见的带有浓厚被后人称为烂漫气氛的中世纪传奇佳作。

四

在带有烂漫色彩的英国中世纪骑士传奇中还有一些歌颂兄弟友谊的作品。其中出现在13世纪末期的《艾米斯与艾米仑》(*Amis and Amiloun*)中所讲的故事就很具代表性。艾米斯和艾米仑这对结拜兄弟不仅同日出生，长相酷似一人，而且在一起侍候同一公爵。他们的友谊令人羡慕，但也难免遭人嫉妒。一次，趁艾米仑不在，艾米斯与公爵女儿秘密恋爱之事被人密报给了公爵。在盛怒的公爵面前，艾米斯一口否认他与其女儿的私情，并愿与密报者决斗，以证明他的清白。就在这一关键时刻，艾米仑及时赶到，他不顾天使的警告，冒着染上麻风病的危险，毅然挺身而出，替艾米斯杀死了决斗对手。艾米斯得救后，娶了公爵的女儿，并继承了爵位。而艾米仑却应了天使的预言，真的患上了麻风病，并被狠毒的妻子赶出了家门，从此被迫流浪他乡。经过无数磨难后，艾米斯终于找到了艾米仑并将他接到家中。正当艾米斯为艾米仑的麻风病而烦恼的时候，天使分别告诉他们兄弟二人，艾米仑的病只有用艾米斯的一对儿女的鲜血才能治愈。为了兄弟情谊，艾米斯竟亲手杀死了自己的两个孩子，用他们的血治好了艾米仑的病。随后，兄弟二人率领兵马杀回艾米仑的家乡，战败了他的妻子，并将这毫无情意的女人打入牢房。很多年后，这一对结拜兄弟同一天死去，并被一起安葬在他们自己兴建的一座教堂的墓地中。

在这部作品中，诗人显然在很大程度上注重细节的雕琢，以便使故事的情节更富戏剧性，使故事中的人物更生动感人。在这个意义上，《艾米斯与艾米仑》颇具法国骑士传奇文学精品之风。例如，当艾米斯从天使那里得知用孩子的血可治愈艾米仑的病后，诗人细致地描述了艾米斯的思想活动。开始，尽管天使三次托梦，艾米斯似乎并没为之所动。一方面他希望能帮助曾为他出生入死并为他染上绝症的兄弟，另一方面他不能舍弃骨肉之情而亲手杀死自己的一对儿女。直到艾米仑在他面前讲述了同样的梦时，艾米斯也没有显露出要采取任何行动的迹象。然而，他的盛行于中世纪的武士风度很快经受了严峻的挑战。艾米仑躺在病榻上不露声色地给他讲述了梦中的天使如何告诉他唯有艾米斯的一对儿女的鲜血能够治愈他的病。否则，他眼前只有死路一条。艾米仑对他的兄弟说：

“好兄弟，我在等待上帝的意志，
因为我已无能为力。”

既然上帝的意志早已通过天使传递给了他们兄弟二人，艾米斯当然明白艾米仑的命运完全掌握在他的手中。且不论艾米仑的言语中是否有期盼艾米斯履行上帝这一残酷意志的意思，对一位中世纪骑士来说，摆在艾米斯面前的是不可回避且无法推脱的崇高义务。自此，激烈的思想斗争在他的脑海中开始了：

爵爷陷入沉思，心中充满真诚，
若杀死自己的年幼孩子，
当然是弥天罪孽；
但他转而又想，以上帝的名义，
为使兄弟脱离苦难，
他自然不应推脱。

当然，在传奇故事中，神圣的义务感理应战胜骨肉亲情。于是，艾米斯开始谋划起来。圣诞之夜，他推说要独自与孩子相伴，并亲手侍候病榻中的兄弟，催促家中所有人，不分尊卑老幼，赶赴教堂参加庆典。当所有人都离开后，他带上早已准备好的房间钥匙与匕首，手执一支蜡烛，借着昏暗的烛光悄悄向自己的孩子摸去：

他孤身一人，
独自潜入
孩子们的房间，
他注视着这一对儿女，
他们在甜蜜的睡梦中，
安详地躺在一处。

这一动人景象自然会使任何父亲的心为之一动，这当然也会加剧艾米斯的内心矛盾。诗人描述说：

他不禁自言自语："圣约翰保佑，
上帝以昂贵的代价换来你们，
如此的杀戮当是深重的悲哀！"
于是，他拖着利刃，
带着哀愁、痛苦与眼泪
悄然离开了童床。

然而艾米斯并未就此罢手。尽管他舍不掉骨肉深情，在他心中深藏着的报恩情绪及舍身为友的责任感始终在激励着他。在这方面，诗人的描述更是仔细：

他站在那里，抽泣不已，
忽而他改变了情绪，
立刻自言自语。
"我的兄弟为人宽厚友善，
那天为了我的爱人
他受伤流血；
我为何不能为使他摆脱苦难
而献出孩子？
啊，"他说，"不能这样！
在危难中帮助我的兄弟，
上帝和马利亚，女人之最，
定会因此而保佑我腾达！"

艾米斯终于下定决心，用自己的双手杀死亲生骨肉。于是，

他不再呆立在那里，
他带着悲苦手执利刃，
杀死了他的一双儿女；

为了不使他们的鲜血白白流掉，
他将他们放在光亮洁净的盆上，
切开了他们的喉咙。

这是一幅多么残忍的画面！无论艾米斯具有多么坚强的意志与信念，他对此也不可能无动于衷。果然，这个传奇故事告诉我们，在艾米斯为了却心愿、试图以自己儿女的血治愈兄弟的同时，深重的罪恶感始终缠扰着他。艾米斯为救兄弟而杀戮自己的骨肉，在中世纪骑士的理想世界里，当是无可厚非的义举。然而，他却百般遮掩，唯恐将此事泄露出去。诗人告诉我们，艾米斯杀死自己的孩子后，便忙着把他们抬回床上，用被子严严地遮盖好，而后，立刻仔细掩上房间，把门照原样锁好，再将钥匙藏在一块石头底下，做出家人把钥匙丢失了的假象。待做完这一切并确认无人看见之后，他才离开了现场。可见，艾米斯的内心对自己的作为也并不坦然。

当然，艾米斯在艾米仑面前表现得似乎很平静，颇有中世纪以身殉道的味道。当艾米仑为此事而看上去震惊不已时，艾米斯却异常从容：

艾米斯爵爷说："静一静吧；
如果这是耶稣的意志，
他会再赐给我孩子。
为了我的幸福，你曾忍受了一切；
当然，现在为了帮助你，
即使献出生命我也应在所不惜。"

这种慷慨的词语在中世纪文学中为数不少，在流行广泛的宗教故事中更为常见。然而，艾米斯的这番表白却与上述情况不尽相同。故事使我们感受到他所说的每句话的背后无不蕴藏着无尽的疑虑、悲哀和负罪感。就在他们兄弟间的谈话结束不久，艾米斯便独自走进教堂，在主面前祈祷，求主宽恕他引为"耻辱"的过失。他的这种复杂心境在向其妻子讲述这段经过一节中也有细致的描写。就在全家上下都焦急地找寻失踪了的房门钥匙的时候，艾米斯出现在众人面前。他首先命令大家安静下来，而后把妻子独自领进房中，待确定周围没有其他人后，才痛苦地向妻子讲述这段使他深感不安的经历。

起初，艾米斯似乎还算平静。他这样劝慰妻子：

“亲爱的，
让你的心情愉悦起来吧；
是为了那征服了世界的主，
我才杀死了
我的一对活泼可爱的孩子；
那天在我的睡梦中，
一位从天而降的使者
对我说，他们的鲜血
能使我的兄弟脱离苦难；
因此，为医治这忠勇之人，
我杀死了他们两个。”

为履行上帝的意志而义无反顾地舍弃自己的一切，这在中世纪当是真实的感情，但在这个传奇故事中，艾米斯并没有被描述成一位不折不扣的殉道者，他亲手弑子的这段经历对他的心灵当然也是一次沉重的打击。他起初的平静在妻子的眼泪面前很快就荡然无存了。随之而显露出来的依然是发自心灵深处的疑虑、不安与沉重的负罪感。难怪妻子在劝慰丈夫时不忘强调要尽快将死去的孩子掩埋掉，绝不能把这个不光彩的秘密泄露给他人。

像其他传奇故事一样，诗人在作品的最后保留了一条光明的尾巴。艾米仑的病体痊愈，兄弟二人终于如愿以偿；死去的孩子神奇地复活过来，一家骨肉重新团聚；接着便是兄弟二人领兵杀回艾米仑的家乡，制服了那无情无义的女人；而后，他们相依为命，共享晚年，落得个皆大欢喜。从整体上看，虽然作品的情节没有脱出中世纪骑士传奇的套数，但故事中主要人物心态的描写堪称细致亦有变化。总的来说，《艾米斯与艾米仑》不失为一部在艺术上有一定成就的传奇作品。

五

在中世纪英国韵文传奇中，使作品中的人物尽量贴近现实生活似乎是很多传奇作者有意识的追求。即使在处理极富中世纪理想主义色彩的典型骑士题材时，那通常被认为是此类文学特征的传统描写，像骑士们的骁勇气概、辉煌业绩、宽厚风度以及典雅考究的仪表等，经常被作者或漫不经心地匆匆略过，或毫无生气地照例罗列于故事之中；这种处理手法并非像某些评论者所说使英国传奇故事失去了其传统的魅力。相反，由于作者不时将着眼点放到了对主人公那富有常人气息的现实生活环境以及他们在这一特定生活环境中有血有肉的经历与感受的描写上，传奇中的许多人物在简洁的故事中都程度不同地显示出一种有一定时代感的现实主义色彩，这些故事也因此形成了将传统题材与真实世界结合在一起这一显著的英国传奇特色。出现在 15 世纪的《狄格来文爵士》（*Sir Degrevant*）就是中世纪英国传奇故事中在这方面很具代表性的例子。

《狄格来文爵士》在中世纪同类英国作品中具有两个特点。首先，这个故事所采用的诗体与前面提到的几部作品相比有很大的不同。《霍恩王》和《哈夫洛克》是用不分诗节的韵体诗写成的，《奥菲厄王》在格律上属双韵体，同样也不分诗节。这种体裁在英国传奇故事中较为普遍。《艾米斯与艾米仑》采用了分诗节体，但每诗节为 12 行，也属常见之列。而《狄格来文爵士》不仅有严格的分节，而且每一诗节的行数为 16 行。这种诗体在 15 世纪的英国是不多见的。不过，这种形式上的差异并不是引起我们注意的关键。如前所述，构成这部作品特色的主要点应是诗人对其内容的独到的处理。从题材上看，《狄格来文爵士》取材于亚瑟王故事系列传统。作品一开头，诗人便告诉我们，狄格来文在亚瑟王及他的王后圭尼维尔的左右驰骋天下，俨然是一位超脱世俗、一世仅为功名荣誉而呼号奔走的典型骑士英雄。然而，故事中的主人公与我们预期见到的却不尽相同。这个大英雄狄格来文实际上无时不在展现着他有血有肉、充满普通人情感与弱点的世俗印迹。

《狄格来文爵士》的情节与传统的骑士故事并没有什么不同。像大多数亚瑟王及其圆桌骑士的英雄故事一样，作品开篇便介绍狄格来文的超凡业绩。诗人告诉我们，狄格来文与他的同伴们一起在亚瑟王的麾下，征战海内外。他的英雄足迹遍布法兰西及西班牙，为圆桌骑士赢得了不尽的荣誉。然而，他的辉煌并没有使他摆脱世俗的困扰。由于一位伯爵对其田产的侵犯，他被家人招回故里，以摆平争端。经过多次文武较量，狄格来文不但没有解决与这位爵爷之间的纠纷，反而坠入情网，深深地爱上了他的女儿，美丽的梅莉多。在狄格来文的管家和梅莉多的女仆的奔走下，狄格来文见到了梅莉多，但终因两家的恩怨梅莉多拒绝了狄格来文对她的爱情。事隔不久，梅莉多的父亲为女儿的婚事决定召集一次比武盛会，他邀集天下英雄来与向梅莉多求婚的公爵较量武功，以此决定这位公爵是否匹配美丽的梅莉多。狄格来文抓住机会，在比武场上大显身手，结果不出三个回合便击败了公爵。他的骁勇威猛赢得了梅莉多的欢心，自此狄格来文与梅莉多开始秘密幽会。他们的私情很快被密告给了梅莉多的父亲。不过，这位伯爵虽不同意并竭力阻挠这门婚事，但最后还是被妻子及女儿说服，应允了他们的结合。于是，两家言归于好，二人喜结良缘。成亲后他们相敬相爱，幸福地度过了一生。梅莉多去世后，狄格来文重返战场，并为荣誉而光荣死去。

单从故事梗概上看，《狄格来文爵士》当被无声无息地淹没在众多的亚瑟王英雄故事之中。然而，正如一些学者所说的那样，在这部作品里，骑士英雄已在很大程度上从单纯的中世纪理想化的形象中脱胎出来，转而变成了一个现实生活中切实存在的血肉之躯。我们其实很容易在这部作品中注意到这一游离于传统的微妙变化。比如，在故事的开始部分，狄格来文依然是一位终日马不停蹄、东奔西走的骑士英雄。诗人对他日常所为的描述也并没有什么特别引人注目的地方。诗人告诉我们，他英俊高贵，常喜欢伴随悦耳的琴声尽情吟唱；他酷爱驾鹰狩猎，每天早上不等天亮就起身，或在小河边，或在密林中，追猎兔子野猪；他不求妻室，更无意寻找情人，像隐士一样潇洒地生活着。这些描写即使细致精巧也不过是同类中世纪传奇故事中司空见惯的手法，当然不会为这个故事增添多少光彩。实际上，真正引起我们兴趣的却是诗人对这位骑士英雄那些不大浪漫的生活细节的独到描写。

故事开始不久，诗人便似乎漫不经心地告诉我们狄格来文是一位家境殷实的乡绅。他拥有很多土地房产，并从这些土地房产中得到不小的一笔收入，算起来每年竟达 1,000 英镑，这无疑足以支付他的日常开支。像这样细数英雄经济来源的情形在中世纪传奇故事中是罕见的，当然也是对此类文学传统的一种俗化。于是，展现在我们面前的是一位虽游走四方却又深深植根于现实生活土壤之中的人物。因此，在他急匆匆赶回故里以解决与那位伯爵的争端时，他的表现并不是我们通常所期待的那样潇洒浪漫。确切讲，与其说他是位骑士英雄，倒不如说他是一个头脑冷静、长于世故，且又极其务实的普通人。你看，狄格来文到家后，没有立刻去与寻事的伯爵决斗以表现骑士那特有的骁勇。相反，他首先去做的是抚慰并安顿他的佃户们：

他补好被破坏的篱笆，
佃户们个个欢欣鼓舞；
他从自己的园中

取出耕牛、农车，

拿出耕作的种子，

拉出强壮的马匹，分借给他们。

至于与那位爵爷的恩怨，狄格来文的处理方式也异常冷静理智。诗人告诉我们，这位骑士英雄起初并不准备与其操枪弄棒，大动干戈，而只想

诉诸法律，

不进行任何恐吓。

为了平息这场纷争和避免更多的冲突，狄格来文很小心地特意修书并委派一位重要部下传送给那位伯爵，以规劝他放弃敌意，彼此和睦相处。然而，狄格来文的务实并没有得到预期的效果，等待信使的却是那位伯爵的傲慢与蛮横。他说：

你并非真正的信使，

你们应该在这片树荫下

付出代价！

为让你的主人倒霉，

我会常来拜访他的树林和草地，

完全毁掉他的园子，

……

伯爵的无理当然使他非常气愤。于是，他不顾别人劝阻，当即决定与这位挑战者决一雌雄。故事中对后来战斗场面的描述极为传统，无外乎刀兵相见、东挡西杀之类。然而，这位骑士英雄所选择的向对手发难的方式却有些出乎意料。为了稳操胜券，细心的狄格来文没有公开接受伯爵的挑战，而别出心裁地决定采取打伏击的方式来进攻这位蛮横且有些愚钝的爵爷。狄格来文的精心安排使傲慢的伯爵损失惨重，在机敏的对手面前，伯爵显得既狂妄又笨拙，他不仅在这场争斗中损兵折将，而且自己也身受其苦，弄得狼狈不堪，丢尽了面子。就在狄格来文等在家里又

唱又跳、热闹地庆祝胜利的时候，

伯爵回到家中，
身带战伤，威风扫地；
伯爵夫人看到，他瘸着行进，
很快就会失去知觉。
她立刻喊道："天哪！
你没去自家园中狩猎吗？
你在那里做了什么，
使你变得如此凄惨？"

此时此刻的伯爵当然是有口难言，只有向夫人一表决心了：

"夫人，"他说，"在那里，
我感到了痛苦的懊悔。
我将永不放过机会
以雪耻辱。"

像这样有血有肉、绘声绘色的描述，在《狄格来文爵士》这部作品中并不少见。我们从中看到的骑士英雄并不仅是一种停留于人们脑海中的中世纪理想。确切地说，我们从像狄格来文这样鲜活的人物身上感受到了一种现实的力量，他在作品中的表现使得骑士理想在一定程度上具体化了，变成了一种英国传奇作品经常传递给我们的可信的现实社会存在。

第八章

乔叟

杰弗里·乔叟（Geoffrey Chaucer，1340？—1400）是英国中世纪最后一位主要诗人，也是中古时期几百年间英国产生的最伟大的作家。当威廉·卡克斯顿于1476年在伦敦创建英国第一个印刷所时，乔叟的《坎特伯雷故事集》就在第一批印刷出版的书籍之中，乔叟也被卡克斯顿称为“英语之父”。

乔叟生于1340年左右。他的父亲约翰·乔叟是伦敦一个有相当经营规模的酒商，他手中掌握的财富和他的社会地位使他可以自豪地称自己为“伦敦的公民”。正是借助父亲的地位，年青的乔叟才有可能在王公贵族的身边找到自己的立足之地：十几岁的乔叟进入宫廷，在阿尔斯特伯爵夫人的家中充当少年侍从。阿尔斯特伯爵夫人的丈夫莱昂内尔是爱德华三世的第三个儿子。正是在保存下来的伯爵夫人1357年的账簿上我们第一次发现了乔叟的名字。[1]

1359年乔叟随英王爱德华三世出征法国，在军事行动中被法军俘

1. 摘自M. M. 克罗和C. C. 奥尔森编著的《乔叟的生平记录》，克拉伦登出版社1966年出版，第13页。

获，是国王支付了 16 英镑才将乔叟赎回的。之后，阿尔斯特伯爵又让乔叟在次年举行的和谈中充当信使。1370 年，乔叟又一次奉命出使欧洲诸国，他手持的英王爱德华三世签署的特别护照上注明："杰弗里·乔叟受国王之命出使海外，受到国王的特别保护。"[2] 这是中世纪英国外交官能够得到的一种特别的礼遇。

在乔叟的外交生涯中，有两次出访对他的文学创作产生了巨大的影响。1372 年乔叟第一次出访意大利，他肩负的任务是与意大利西北部港口城市热那亚的商人会谈，为英国的商船开辟一个新的经商口岸。意大利之行，特别是对佛罗伦萨的访问给乔叟留下了深刻的印象。虽然我们今天已经无法考证乔叟是否见过当时在世的意大利著名作家彼特拉克和薄伽丘，但是中世纪意大利的浓郁的文化氛围深深地留在乔叟的记忆之中。1378 年的第二次访意更加深了这种印象，这一点在他的作品中可以找到许多例证。

1366 年乔叟与英国王后的贴身侍女菲莉帕结婚，后来菲莉帕的妹妹嫁给了爱德华三世的四儿子兰开斯特公爵，这就更加深了乔叟与英国王室的联系。

1373 至 1376 年间的四年时间是乔叟仕途的巅峰时期：他被任命为伦敦港羊毛和皮革关税总监，多次受命出使佛兰德和巴黎，还得到了王室赠送的一幢房子，归他终身使用。然而，乔叟在宫中的地位并不稳定。1386 年，由于宫中的权力之争，乔叟曾一度离开伦敦和王室；次年，他又失去了自己的妻子。直到 1389 年理查二世摆脱其叔父的控制自行组阁，乔叟才再一次回到宫中。他后来担任过的官职中包含王室修缮大臣这一职位，负责王室行宫的维修。当时这并不是一件肥差，费时费力，但是它为乔叟带来了一笔稳定的收入。乔叟于 1400 年在伦敦病逝，

2. 《乔叟的生平记录》，第 31 页。

被葬在威斯敏斯特教堂的“诗人之角”。

一直困扰着西方学者和评论家的一个问题是：先后担任过如此繁多官职的乔叟怎么有时间写出这么多诗作，特别是他的代表作《特洛伊罗斯和克瑞西达》和《坎特伯雷故事集》？用现代语言来说，一生服务于英国王室的乔叟一直坚持“业余创作”，只是到了14世纪90年代，他才有机会集中一些精力，坐下来创作他的《坎特伯雷故事集》。应该看到，在乔叟生活的那个年代里，城市——特别是作为国家首府的伦敦——吸引着许多有才干有野心的年轻人，而城市也确实为他们提供了发展的机遇。在中世纪的英国，职业的分工只是刚刚开始，行业之间并没有不可逾越的界线，因此，很少有人不去尝试两种或三种不同的发展途径。乔叟——作为一个外交官、政府官员、侍臣、议会议员、军人和治安官员——比他的同代人确实更有冒险精神，而正是这种错综复杂的生活经历为乔叟的文学创作提供了丰富多彩的素材。

乔叟的诗人生涯一般可以分为三个阶段：“法国”阶段（至1372年）、“意大利”阶段（至1385年）、“英国”阶段（至1400年）。当然，有些学者并不同意这种分类方式，认为：（1）法国文学和意大利文学同样使乔叟着迷，它们始终影响着他的诗歌创作；（2）这种以诗人生平的主要活动为划分的标准显得不够科学，正如法国文学的影响不会随着乔叟出访意大利而消失得无影无踪，意大利文学的影响也不会因为诗人开始创作《坎特伯雷故事集》而中止。然而，这种划分也可以使我们初步了解乔叟创作的基本特点：在中世纪法国文学和意大利文学的影响下，乔叟的诗作既有浪漫色彩的一面也有讽刺的含意；然而，作为一位英国诗人，乔叟在他的创作中越来越明显地表现出独特的英国色彩。从这个意义上来讲，乔叟真可谓是第一位最伟大的英国诗人。

在乔叟生活的那个时代，欧洲诸国之间的联系比现在要紧密得多，其中的主要原因是中世纪的欧洲各国所用的语言并不像现代语言那样有着明显的差异。具体一点讲，中世纪英语与中世纪法语比现代英语和法语更为接近；而中世纪受过教育的人都懂得拉丁文，这样也就拉近了他们与用意大利文写成的文学作品之间的距离。这种语言和文化方面的交融为乔叟在文学创作上兼容并包创造了条件。

中世纪欧洲语言的融合也使中世纪的欧洲文学缺少现当代文学所具有的明显的国界概念。各国作家之间在创作上的模仿、借鉴，甚至借用也成为一种习惯做法。这种相互间学习和参考的范围不仅仅局限于故事情节、主题、主要人物，而且还包括写作技巧和风格。成段地“摘抄”在中世纪的文学作品中也不少见，这是因为在那时并没有“抄袭”这一概念；恰恰相反，引用已故作家，特别是经典作品中的警句、比喻、情节不仅不会受到谴责，反而会抬高作品的档次，增加其权威性。在这点上也能看到，中世纪欧洲作家与20世纪前的中国作家在文学创作上确有一定的相通之处。

乔叟在文学上的试笔可能是他翻译的法文诗《玫瑰传奇》(*Roman de la Rose*)，他曾在为《贞节妇女的传说》(*The Legend of Good Women*, 1386) 所写的“前言”中提起过他的这一尝试。《玫瑰传奇》可能是当时法国最有影响的长诗。诗中讲述的是诗人在梦境中走进了“欢乐园”，看见了许多寓言中的人物，最后，他爱上了一个豆蔻年华的少女。然而，诗人并没有刻意遵循某一故事情节，除了这对情侣的故事外，诗中还有许多枝节内容，让现代读者有一种诗人想到哪里就写到哪里的感觉。全诗的核心是一个有关爱情的寓言故事，诗中一批拟人化的角色——“安逸”“理智”“乐趣”“嫉妒”和其他代表人类美德和邪恶的角色——与情侣一起探讨爱情的含义。采用代表善恶的拟人化角色来揭示某种深层含意的寓言手法是早期英国作家习惯的写作方法。乔叟的同代作家威廉·朗格兰的《耕者皮尔斯》和王朝复辟时期作家约翰·班扬 (John Bunyan) 的《天路历程》(*The Pilgrim's Progress*) 就是极好的例子，而在乔叟的作品中也不乏这种写作手法。

乔叟创作生涯第一阶段的代表作品是《公爵夫人的书》（*The Book of the Duchess*，1369）。这首诗是为了悼念兰开斯特公爵夫人逝世而写的。至此，乔叟和他的妻子菲莉帕已成为公爵和公爵夫人的好朋友。除了向朋友丧妻表示同情和安慰外，乔叟的这首诗也是为他的庇护人所写的。为大人物或保护人撰写纪念性的诗文是从古希腊时期留传下来的一种文学传统，因而，乔叟的这首诗也不免有一些功利主义的色彩。

《公爵夫人的书》是用八音节双韵诗体写成的，这是法国宫廷爱情诗通常采用的文体。与《玫瑰传奇》一样，乔叟的《公爵夫人的书》也是描写一个梦：诗人看见一个身着黑色丧服的骑士，正在悲切地讲述他对公爵夫人的一片深情。醒来后，诗人看到了他在睡梦中谈到的古罗马诗人奥维德的一个爱情故事，故事中的一对情侣在死后双双变成了小鸟。诗人于是决定把他的梦写出来。在《公爵夫人的书》这首诗中，法国爱情诗的影响则是再明显不过了。诗中有魔法的花园、会说话的小鸟和梦境般的背景都是法国爱情诗中常用的诗歌技巧。当然，法国爱情诗对乔叟的影响不仅体现在《公爵夫人的书》这一首诗中，在他的其他作品中也有不少类似的例子。比如说，有关爱情的梦境又用在乔叟的爱情长诗《特洛伊罗斯和克瑞西达》和《坎特伯雷故事集》中的“女修道院教士的故事”中，而有魔法的花园则在“平民地主的故事”“商人的故事”和《贞节妇女的传说》的“前言”中再次出现。

1379年前后写成的《声誉之宫》（*The House of Fame*）标志着“意大利阶段”的开始。与法国爱情诗的影响不同，意大利文学的影响主要集中在故事情节上。现在我们很难准确地推测究竟乔叟读过多少彼特拉克和薄伽丘的作品，甚至无从知道他是否读过薄伽丘的名作《十日谈》（*Decameron*）。但是，有一点是明确的，即乔叟很熟悉这两位意大利诗人作品中的故事。这些故事成为乔叟文学创作的一个源泉。

《声誉之宫》描写的也是一种梦幻式的世界：爱神维纳斯的宫殿。在那里诗人遇见一只大鹰，后者给诗人讲了许多有关爱情和科学的趣闻。人间的有情人向爱神提出种种请求的声音随风飘到了维纳斯的宫中，其中有些请求得到了允诺，但更多的则被拒绝。在诗的最后一部分，一个权威人士正准备向诗人转达有关爱情的真经，现存的手稿突然中止了。正如《坎特伯雷故事集》中的个别故事一样，乔叟由于某种原因没有完成这首诗。

这一时期的另一首诗是《百鸟议会》(*The Parliament of Fowls*, 1382)。诗人在梦中走进了一个神奇的花园。那是个情人节，花园中的飞鸟也在寻找它们的伴侣。三只雄鹰模仿骑士的风度同时向一只雌鹰求爱，为了得到雌鹰的青睐，它们争吵了起来。雄鹰的做法也激怒了其他飞鸟，因为它们也希望得到雌鹰的爱。后来，自然女神被请来为此事作出裁决。一场辩论展开了，飞鸟们组成了自己的议会。最后，自然女神允许雌鹰自己作出抉择，而雌鹰则要求一年的期限，以便它作出最后的决定。

《百鸟议会》是用“君王诗体”写成的，即七行十音节的诗句组成一个诗段，每个诗段的韵律为ababbcc。但是，这首诗吸引评论界的并不是它的诗体，而是乔叟在这首诗中可能想要表达的寓意。许多评论家千方百计地发掘史料，希望能够找到乔叟身边这种并不般配的婚姻的例子。比较多的评论家认为1381年理查二世向波希米亚的安妮求婚这一历史事件为乔叟的这首诗提供了素材，但是，有关这一事件的许多细节又与诗中的内容不符。然而，中世纪的作家很难被称作现实主义作家。因为他们的创作虽然受到现实生活中某些特定事件的启发，但是他们从未打算在自己的作品中如实地表现这一切。因此，评论界对所谓《百鸟议会》历史背景的讨论并没有太大的意义。

“意大利”阶段的最主要作品是乔叟的爱情长诗《特洛伊罗斯和克瑞西达》(*Troilus and Criseyde*, 1385)。一个比较传统的说法是，乔叟的这首爱情长诗取材于薄伽丘的叙述诗《菲洛斯特拉托》(*Filostrato*)。其实，乔叟长诗的来源是多方面的。在中世纪，有关特洛伊的传说可谓家喻户晓。英格兰中世纪编年史家杰弗里（Geoffrey of Monmouth）宣称英伦诸岛原称阿尔比恩，岛上的居民都是巨人。公元前1116年，一位特洛伊王子率军在岛上登陆，赶走了巨人，将阿尔比恩重新命名为不列颠。这个传说在乔叟生活的那个时代如此深入人心，以至于有人提出重新命名伦敦，把它称作新特洛伊。

有关特洛伊战争的传说主要来自弗里吉亚的达瑞斯和克里特的狄克堤斯，据说他们是特洛伊之战的幸存者，他们对战争的描述后来被译成拉丁文，并留传了下来。12世纪后半叶，一位法国诗人根据达瑞斯和狄克堤斯的描述写成了一首两万多行的长诗，名为《特洛伊传奇》(*Roman de Troie*)。在这首诗中克瑞西达第一次出现，但她的名字叫布里赛达。13世纪，一位西西里的法官又把这首法语长诗转译成意大利文，更名为《特洛伊史》。薄伽丘正是在《特洛伊史》的基础上完成了他的长诗《菲洛斯特拉托》。乔叟在创作他的爱情长诗时，可能参阅了薄伽丘的意大利文版《菲洛斯特拉托》和另一个法文译本。在对照这几个版本后就会发现，乔叟有的时候很"忠实"于他的素材，甚至是整行整行地搬用，但在其他时候则把素材抛到了一边，随意发挥和创新。其结果就是一首全新的有关特洛伊罗斯和克瑞西达爱情故事的长诗。

乔叟的《特洛伊罗斯和克瑞西达》常常被称作是英国小说的先导，有人甚至把它称作是英国最早的一部小说。然而，现在一种比较公认的看法是，英国小说诞生于18世纪初，虽然在此之前的许多文学作品中已经含有小说的成分。长诗《特洛伊罗斯和克瑞西达》中的小说成分主要体现在四个方面:（1）对细节的描述;（2）对话;（3）叙述的视角;（4）人物塑造。

长诗《特洛伊罗斯和克瑞西达》讲述的是传说中特洛伊战争期间的一段凄凉的爱情故事。特洛伊王子特洛伊罗斯对男女之间的爱情持怀疑态度，但是，当他在一次宗教聚会上见到了年轻漂亮的寡妇克瑞西达后，他自己也体会到了爱情的力量，因为他深深地陷入对克瑞西达的爱恋之中。他的一位朋友潘达洛斯想方设法得知特洛伊罗斯失恋了，在他承诺一定帮忙后才知道特洛伊罗斯爱上了由他负责监护的侄女克瑞西达。

潘达洛斯去看望克瑞西达时故弄玄虚，暗示近日将有一好运落到她的头上。直到临走时他才说了真话：是特洛伊罗斯爱上了她。没想到克瑞西达并没有被这个消息所打动，反而指责他作为监护人怎能把她一个寡妇带进这种恋爱事件中去。潘达洛斯离去后，克瑞西达反复掂量了与特洛伊罗斯交往的利与弊。最后，她得出结论：如果她自己在感情上保持一定的距离，那么这样一段地下恋情也不会有什么负面的影响。

听潘达洛斯说克瑞西达没有表示反对后，特洛伊罗斯就给克瑞西达写了一封信。潘达洛斯把信送去后，成功地说服克瑞西达写了封回信。在潘达洛斯的安排下，特洛伊罗斯在一次聚会中见到了克瑞西达，并当面陈述了自己的爱慕之情。一段时间之后，潘达洛斯邀请克瑞西达到他的家里吃饭。听说特洛伊罗斯出城了，克瑞西达也没有过多地推辞。其实，特洛伊罗斯就藏在里边的一间房子里。饭后的一场大暴雨使得克瑞西达不得不留下过夜。等到仆人都睡熟了，潘达洛斯将特洛伊罗斯领进克瑞西达的房间，两位恋人第一次在一起度过了甜蜜的一夜。

此后不久，特洛伊的一位重要战将安忒诺耳被希腊军队俘获，为了救出这位战将，特洛伊同意希腊方面提出用安忒诺耳交换克瑞西达的要求，因为早已投奔希腊人的克瑞西达的父亲预见特洛伊城即将被攻破，就企图借此机会把女儿弄出城去。这一消息对特洛伊罗斯就如当头一棒。热恋中的情人都陷入痛苦之中。潘达洛斯提议由特洛伊罗斯劫持克瑞西达，然后一起逃出城去，但是这样一来他们之间的恋情也就暴露在光天化日之下，而这是当时流行的“典雅爱情”（中世纪骑士情夫与贵夫人之间的爱情关系）的一大忌。克瑞西达答应十天之后就回到特洛伊罗斯的身边。特洛伊罗斯亲自护送克瑞西达到希腊军营，并把她交给希腊战将狄俄墨得斯。狄俄墨得斯马上就开始打克瑞西达的主意。

等待中的恋人总是痛苦的，特洛伊罗斯更是度日如年。如果说前九天克瑞西达还在思念她的恋人，当狄俄墨得斯在第十天向她示爱后，克瑞西达的心中就失去了平衡。随着时间的推移，克瑞西达开始慢慢接受狄俄墨得斯。虽然她也为背叛了特洛伊罗斯而感到内疚，但她已将狄俄墨得斯看作她的新情人了。

特洛伊罗斯和克瑞西达还保持着通信往来，特洛伊罗斯仍旧相信克瑞西达在信中所作的返回特洛伊的承诺。直到有一天他在狄俄墨得斯的外衣上看到他送给克瑞西达的一枚饰针，他的希望才彻底破灭了。特洛伊罗斯企图在战场上杀死他的情敌狄俄墨得斯，但是，他自己却死于希腊战将阿喀琉斯的刀下。特洛伊罗斯的灵魂升到了天体之上，俯视地球才感觉到人的渺小，人间的七情六欲可笑和可悲。在长诗的结尾处，诗人用特洛伊罗斯的悲惨爱情故事告诉年青人，人生就像集市一样，来去犹如落花流水一般。他告诫年青人摆脱世俗的困扰，而把目光转向上帝，因为上帝创造了人类。

现当代的读者大概很容易接受罗密欧与朱丽叶的爱情故事。虽然他们不见得会赞同两位恋人的殉情之举，但是，他们至死不渝的爱情使现代人也深受感染。然而，现当代读者似乎很难理解乔叟在长诗《特洛伊罗斯和克瑞西达》中所描述的男女之情：特洛伊罗斯似乎缺乏当代人推崇的男子汉的剽悍，而从克瑞西达身上看到的只是女性的水性杨花；克瑞西达的背叛不仅没有受到谴责，反而被掩盖了起来……其实，乔叟在长诗中描述的只是中世纪的骑士与贵妇人之间的一种典雅之爱（courtly love）。这种恋情源于宫廷之中达官贵人的情感世界，是中世纪和文艺复兴时期文学作品的一个重要主题。这种典雅之爱有三个特点:（1）在这种恋情中，女士总是处于一种主导地位;（2）典雅之爱最重要的一条规则就是保密，也就是要千方百计地保护女士的“声誉”；对这种恋情不能用现当代的道德观去衡量，因为在当时，只要女士的名声保住了，周围并没有人知道和议论，那么这种恋情就是成功的了；（3）典雅之爱常常并不以婚姻为结局，因此，从现代人的角度来看，典雅之爱充其量也就是一种情感游戏，对于特洛伊罗斯来说真是应验了“一场游戏一场梦”的说法。

乔叟最重要的代表作《坎特伯雷故事集》（*The Canterbury Tales*）主要创作于14世纪80年代末和90年代，即他开始脱离王宫、解除繁重的公务活动之后。创作这样一本故事集的想法始于乔叟的第一次意大利之行，因为在那之后，他就开始写一些小故事。从这些故事的主题、情节和结构上都可以看到彼特拉克和薄伽丘的影响。其中的有些故事——如“修道士的故事”——后来被收进《坎特伯雷故事集》。

故事集的框架——一队朝圣者讲述的故事——在很大程度上是受了薄伽丘的名作《十日谈》的启发。创作于14世纪中叶的《十日谈》讲述的是1348年佛罗伦萨遭受瘟疫的侵袭，三名男子和七名年轻的女士逃离城市去周边的乡间别墅避难。在共同相处的十天里，他们每人每天讲一个故事，搜集起来就成了由100个故事组成的《十日谈》。由于乔叟从未在他自己的作品中提及薄伽丘，因此，《十日谈》对乔叟的影响是间接的，很可能是通过一本匿名的译文。

选用一队朝圣者来讲述他的故事是乔叟的创造。这个思路很可能源于1386年，当时他住在伦敦以东几英里的地方，他的房子正好俯视从伦敦到坎特伯雷城的公路。每年春天，路上是络绎不绝赶赴坎特伯雷朝拜殉教圣人托马斯·贝克特的香客。虽然在中世纪的文学作品中经常能看到类似的结构，但是《坎特伯雷故事集》有两个特点：（1）在薄伽丘的《十日谈》中，随意调整故事的讲述者不会对故事的效果产生任何影响；但在乔叟的故事集中，我们却不可能作任何这类调整，这是因为我们从故事集的总序中得出的对故事讲述者的印象，与他（她）所讲述的故事，以及他（她）自己的序言中的陈述，无论在主题、风格、品味方面都有着惊人的一致性。（2）在乔叟的故事集中，朝圣者讲述的故事之间总有一些衔接的段落，或是旅店主人的评论，或是其他朝圣者之间的相互嘲讽和挖苦。这样一来，乔叟的故事集就形成一个完整的艺术整体。

在故事集的总序中，讲到30位朝圣者聚集在伦敦泰晤士南岸的一家小旅店，他们准备去坎特伯雷城祭祀贝克特的圣祠。这群朝圣者中有骑士，修道士，女修道院院长、修女和教士，托钵僧，商人，牛津大学的学生，律师，平民地主，衣帽商，木匠，纺织匠，染坊主，制毯匠，厨师，水手，医生，巴斯妇人，乡村牧师，农夫，田产经纪人，磨坊主，教会法庭差人，卖赎罪券的教士，寺院伙食管理员和诗人乔叟共30人。小旅店的主人建议朝圣者在去坎特伯雷的路上和返程中每个人各讲两个故事，以解除旅途的疲劳，而他则自告奋勇充当他们的裁判，并承诺最好的讲故事人可以获得一份免费的晚餐。由此可见，乔叟心目中的故事集是一个浩大的工程：30名朝圣者应该讲120个故事。然而，至乔叟1400年逝世，他仅完成了24个，其中的三个故事还不完整。总序和大多数故事是用双韵诗体写成的，只有诗人乔叟和乡村牧师讲的两个故事是用散文体。在诗体的故事中，有四个用了“君王诗体”（七行诗段），一个用了八行诗段。

故事集总序的开头是对景色的描述：

当四月轻柔的甘霖
彻底解除了三月的旱情，
浸透了每一根枝条，
由此激发出来的生命力孕育了花儿朵朵；
当带着阵阵香味的和风
为树丛和田野中的嫩条带来新芽，
当春分的太阳，在白羊星座中走完了一半的路程；

当大自然激起了小鸟的本能，
在睁着一只眼度过黑夜之后开始唱歌，
人们渴望踏上朝圣之路，
云游四方的圣徒期待着
踏上各国奇妙的土地和远方的圣殿。
在英国，人们则是从国土的每一个角落
涌向坎特伯雷，去朝谢备受尊敬的殉教圣人，
他们的救病恩主托马斯·阿·贝克特。[3]

开场白之后，乔叟在总序中对每一位朝圣者都作了生动、细致的描述。乔叟笔下的这队朝圣者来自不同的社会阶层，从事不同的职业，更有着不同的价值观、欣赏水平和语言表达能力。但是，在去坎特伯雷朝圣的途中，所有的朝圣者都有着共同的宗教目标，而正是这一共同点，使得他们能够走到一起，能够在一起相互交谈。由于中世纪仍是一个等级森严的社会，因此，乔叟在他的笔下把这队朝圣者组合到了一起，也可以看成是当时一种比较理想化的信念，即在上帝面前人人是平等的，而上帝对每个人的评判看的也不是一个人的社会地位或家庭背景，而是每个人一生的功过。这也是中世纪道德剧《凡人》所要表现的一个主题。

然而，乔叟笔下的朝圣者并不是人们心目中那种陈规老套的角色，而是有血有肉、个性鲜明的一组人物。在总序的人物介绍中，乔叟不仅描写了人物的外观，也写出了他们的一举一动。下面摘译了其中比较有代表性的几个人物的描述：

骑士是一位有名望的人：
从他第一次走上沙场，
他就推崇骑士精神；

---

3. 译自《杰弗里·乔叟全集》，约翰·费舍尔主编，霍尔特·莱因哈特·温斯顿出版社1977年出版，第9页。乔叟《坎特伯雷故事集》中的选段均由作者本人译自该版本，以下仅在撰写中注明原书页数。

他待人忠诚，做事公正，
为人慷慨，很有教养。
在为国王的征战中他英勇善战，
此外，他去过的地方比基督教世界
和异教徒之中的大部分人都要多。
无论走到哪里，他都因勇武受到尊敬。
亚历山大陷落的时候他在那里；
当他驻扎在普鲁士的时候，
他在来自其他国家的骑士中总被奉为上宾；
在征战俄罗斯和立陶宛时，
没有一个基督教武士像他打过那么多仗。
在围困阿盖西勒时他在格拉纳达，
他也曾在伯尔马利打过仗，
参加了征服列亚斯和阿达里亚的战事，
以及东地中海的数次远征。
他参加过十五次对阵战，
为自己的宗教信仰，
还在特利姆森参加过三次竞技场的格斗，
每一次他都杀死了自己的对手。
就是这位知名的骑士，曾经在
帕拉希尔国王征伐他在土耳其的
一个异教仇敌的战争中服过务，
每次他总是大获全胜；
虽然他名扬四海，但他处事谨慎，
他的举止如少女一般谦恭。
一生中他从未粗鲁地对待过任何人。

他是一位真正的、最杰出的骑士。
讲到他的装束，他的坐骑很好，
但他的穿着并不显眼。
他穿着一件厚棉布做的束腰外衣，
铠甲上沾满了尘土，
因为他刚刚结束在外旅行，
就踏上了朝圣之路。（第 10 页）

我们当中有一个来自巴斯的妇人，
她的耳朵有点聋，这可是件憾事。
在织布方面，她胜过伊普尔和根特的织造匠。
她参加奉献仪式的时候，教区里
没有一个女人敢走在她的前面；
因为如果有人胆敢这样做，
可以肯定她会气得失去耐心。
她的头饰质地极好，
我敢说礼拜天她戴的头饰重十磅。
她的长筒袜是扎眼的猩红色，
从亮闪闪的新鞋往上紧绷在腿上。
她红润的脸蛋轮廓清晰，很漂亮。
她在教堂里先后和五个男人结过婚，
（还不算年轻时的其他恋人，
这些现在没有必要提起，）
一生她都受人尊敬。
她三次赴耶路撒冷，
还去过许多外国的江河大川，

去过罗马、博洛涅、位于加利西亚的
圣詹姆斯和科隆，
因此，她对周游世界懂得不少。
老实告诉你，她的齿间豁缝很大。
她从容地骑在一匹缓缓往前的马背上，
头上戴着头巾和一个盾牌大小的帽子。
她的双脚踏着一对锋利的踢马刺，
一件罩在外面的裙子盖住了她的肥臀。
在这队朝圣者中她大声说笑，
毫无疑问，她深知相思病的解药，
因为在这方面她是极有经验的。（第 18 页）

磨坊主是个肌肉发达的家伙，
骨架很大，长满了横肉，
在全国上下的摔跤比赛上这身肉派上了用场，
因为每次他都能夺冠。
他的体格粗壮，虎背熊腰；
还没有哪扇门他无法从铰链处卸下，
或用他的头去撞开。
他的胡子像狐狸或母猪一样红，
宽度都快赶上一把铁锹。
他鼻尖右侧有一颗肉瘤，
上面长着一丛红毛就像猪耳上的鬃毛。
他的鼻孔方方的、黑黑的。
他的身边有一把佩剑、一个圆盾牌。
嘴巴很大，像扇炉门，

满嘴是低级下流或恶毒的话，
开着粗俗的玩笑，喋喋不休。
他很精通自己的营生，知道如何偷粮食，
如何索要三倍的价格，
但在磨坊主当中，他还算是诚实的。
他穿着一件白色的外衣，戴着块蓝头巾，
起劲地吹着风笛，
带着我们走出城去。（第 19—20 页）

以上对于骑士和磨坊主的描述可能很符合我们对这两种人的推测和判断，但是，巴斯妇人身上似乎就有些相互矛盾的地方了，而等我们读到巴斯妇人自己讲的故事和她故事的序言时，我们的这种猜测就得到了证实。

这队形色各异的朝圣者讲出风格截然不同的故事也就不足为奇了。这里，乔叟并没有企图用统一的主题、风格、语气来“规范”他的故事，而是让他笔下的朝圣者自由发挥，就好像作者乔叟只把自己的想法告诉了朝圣者，然后，就通过各个朝圣者之口，用他们认为最符合他们各自身份、语气的语言把作者的思想表述出来，最后形成了一部精彩的中世纪英国文学选集：由骑士和诗人乔叟讲述的浪漫故事；巴斯妇人的民间故事；女修道院院长、第二个修女、牛津大学的学生等人的含有道德教义的故事；卖赎罪券的教士和乡村牧师的说教；商人、磨坊主、田产经纪人、厨师等人的滑稽故事。

在 20 世纪下半叶，这批朝圣者中，最受学者和评论家关注的似乎是巴斯妇人，这是前几个世纪所没有出现的。这可能在很大程度上与 20 世纪的妇女解放、女权主义，特别是文学评论中的女性主义批评的崛起有关。

巴斯妇人所讲的故事前有一个长达 866 行的序，讲述的是她自己的五次婚姻生活。序是这样开头的：“虽然在这个问题上没有权威的论述，/但我自己的经验使我有充分的权利/来讲述婚姻的苦难”（第 107 页）。

其中的“经验”和“权威”这对矛盾似乎是这篇序的主线。

可能是多少有点心虚，或觉得从12岁以来的五次婚姻使个人的名声受到了影响，巴斯妇人一开头就忙于为自己辩护：

可以肯定，就在不久之前我被告知，
因为基督只出席了一次婚礼——在加利利的迦拿，
他用同样的例子教导我
只能结一次婚，而不是多次。
而且，我还要记住上帝在井边
对男人说的那番严厉的话，
当时上帝在谴责撒巴利亚的女人。
他说：‘你有过五个丈夫，
你现在有的那个男人不是你的丈夫。’
可以肯定上帝就是这样说的。
上帝这番话的意思我并不清楚，
我想问的是为什么这第五个不是她的丈夫，
她究竟可以和几个丈夫结婚？
我这辈子从未听到过有关数字的定义，
人们可以把数字说得高一些或低一些；
但，有一点我是肯定的，
那就是上帝明确地要我们成倍增加人口[4]，
这段话说得太好了，我也全能理解。
我也很清楚，是上帝让我的男人
离开他的父母亲和我结合，

4. 原文是God bad us for to wexe and multiplye（God commanded us to increase and multiply），其中的to increase and multiply多次出现在《圣经·旧约》的《创世记》中，是上帝对人的训令之一，但巴斯妇人在此处显然是断章取义，服务于她的自我辩解。

但是上帝没有讲到数字，

也没提和两个人，还是八个人结婚，

为什么人们谈起来就好像这是件丢脸的事情。（第 108 页）

接下来，她又以以色列国王所罗门的例子，来说明和她自己一样，所罗门国王的众多王后、王妃也是上帝的恩典。

序的重点是介绍她的五位丈夫：三个好的，两个坏的。“好”丈夫都很有钱，但年龄偏大，因此在性生活方面已经很难名符其实了。他们主动将田地和财产奉献给她，而她则根本不用去担心他们对她的爱和尊重。她的第五任丈夫是个牛津大学的毕业生。在结婚之初，她把自己的所有财产交给了他，不久就发现自己犯了一个大错误：这位牛津大学的学生不仅牢牢地控制住了她的家产，还把她打聋了。很快，巴斯妇人就把她的这位丈夫也制服了。事情发生在一天晚上，她的丈夫詹金又拿出他钟爱的那本书读给她听，书上列举的全是妇女的“罪过”：

当我看他根本不打算停下来

而要一晚上都读那本该死的书的时候，

我突然撕下他读的那本书上的三页纸，

一拳打到他的脸上，

他倒退了好几步，跌倒在壁炉里。

他从地上一跃而起，就像一只野兽，

一拳打到我的头上，

我倒了下去，躺在地上就像死了一样。

他看到我一动不动地躺着，

感到害怕了，想逃走，

多亏我醒了过来。

‘你这个卑鄙的恶棍，你把我杀死了吗？’

我说道，‘你是因为我的田产才谋杀的吗？

即使是这样，我临死前也要吻你一下。'
他走过来，在我身边轻轻地跪下；
'艾莉森，我亲爱的，'他说道，
'上帝帮帮我，我再也不会打你了。
我这样做要怪你自己。
看在上帝的分上原谅我！'
我又一次打在他的脸上，
说道：'恶棍，我们扯平了！
现在我要死了，再也说不出话了！'
但是，在经过无数的痛苦和麻烦之后，
我们又和好如初了。
他把控制权交到了我的手中，
我又一次掌管起我的房产、田产，
他的嘴巴，还有他的拳头，
我还让他当场把那本书烧了。
当我又一次掌握了控制权，
他对我说：'我的老婆，
以后你就一切随意吧，
照顾好你的声誉和我的财产。'
从那以后，我们再也没有吵过架。
看在上帝的分上，从丹麦到印度群岛
没有一个妇人会比我对他更好，
他对我也是这样。
我祈求伟大的上帝保佑他的灵魂。（第 119 页）

巴斯妇人就这样结束了她的序，接着就是她讲述的故事。

她的故事是关于传说中不列颠国王亚瑟手下的一位骑士，因犯强奸罪要被处死，结果被王后救出，条件是要在一年的时间里找出一个问题的答案：女人最想得到的东西是什么？在12个月的时间里，骑士走了许多地方，也向许多人打听。有人说女人最喜欢的是财富，有人说是名誉，还有人说是漂亮的衣服、玩耍、床笫之欢……答案五花八门，而且没有任何人同意别人的选择。在规定期限的最后一天，骑士遇到了一个又丑又老的妇人，她说她可以告诉骑士王后的那个问题的答案，条件是骑士要答应她提出的要求。在王宫里，王后带着一大批达官贵人的太太小姐来听骑士带回来的答案。骑士说："女人最想要的就是她们对丈夫、情人的控制权"（第123页）。在场的女士没有一个人对骑士的回答提出任何异议，骑士的性命也就保住了。当着王后的面，那位老妇人提出了她的要求，要求骑士娶她为妻。刚刚松了一口气的骑士，情绪又降到了最低点。新婚之夜，骑士讲出了他的心里话，他抱怨他的妻子出身卑微、又老又丑。对此，他的妻子回答说，人的高尚品质不是遗传的，也与财产无关；妻子又老又丑就可以避免给丈夫戴绿帽子。最后，她给骑士两个选择：希望他的妻子年轻漂亮但对他感情不专一，还是又老又丑但对他忠心耿耿。在考虑了一会儿之后，骑士让他的妻子自己来选择她所想要的，也就是把控制权交到了他妻子的手中。在故事的结尾，巴斯妇人说：

祈求上帝给我们送来听话、
年轻、床上有功夫的丈夫，
也让我们比丈夫们活得更长一些；
我也求上帝让那些不听妻子话的丈夫少活几年，
愿上帝降祸于那些年纪大、
脾气暴躁、一毛不拔的吝啬鬼！（第126页）

很显然，巴斯妇人讲的故事是对她的序的一种呼应，因为两者的主题是一致的，即妻子要对丈夫有绝对的控制权。再追溯到故事集的总序中对巴斯妇人的描述，读者不难理解这样的故事和对自己婚姻生活的描述只能出自这样一个角色之口。这种同一性——即讲故事人的性格和品味与他（她）所讲的故事之间的一致性——是薄伽丘或其他中世纪作家的故事集中所不曾有的。

如果说巴斯妇人讲的故事还有一定的哲理性的话，那么磨坊主、田产经纪人、厨师等人讲的故事就很接近中世纪流行的法国故事诗，故事中的人物常常滑稽可笑，不少情节甚至有伤风化。在磨坊主的故事中主人公约翰是一个木匠，他的房客尼古拉斯是个专门研究星相学的学者。不久尼古拉斯就与约翰 18 岁的新婚妻子勾搭成奸。这对奸夫淫妇不仅捉弄了好色的阿布索隆教士，还使木匠约翰成了众人的笑柄，因为他居然相信了尼古拉斯关于第二场挪亚洪水的谎言，把自己关在一个木桶里吊在房梁下面。磨坊主的故事显然激怒了田产经纪人，因为他本人就是个木匠。作为回应，他讲了一个有关磨坊主的故事，一个会吹风笛的磨坊主西姆金。西姆金在加工粮食时颇会做手脚，但他还是栽在两个剑桥学生约翰和艾伦的手中：他的妻子、女儿和那两个学生上了床，偷走的粮食又被他们拿了回去，连粮食加工费也没有拿到手。在磨坊主和田产经纪人的故事前面没有他们自己陈述的序言，有的只是两个人之间的交锋或旅店主人的评论。在磨坊主开始讲他的故事前，有一段乔叟的话，也算是对读者表示的一种歉意吧：

我只能说这个磨坊主不会停下来，
没人能阻止他用他的方式来讲这个粗俗的故事。
我想我还是应该把它记录下来，
但是，我请所有有品位的人
看在上帝的分上，不要以为
我这样做有什么不好的企图，
因为我或是把所有好的、坏的故事都记录在案，
或是窜改我的部分材料。

所以，请不愿意听这个故事的人

跳过这几页，选择另外一个故事，

因为你可以找到足够多

有关行为举止、伦理道德和圣上的故事。（第 58 页）

这种故事讲述者之间的交流和互动也是薄伽丘或其他中世纪作家的故事集中所没有的。乔叟的《坎特伯雷故事集》正是由总序、几十个独立的故事、故事的序，以及朝圣者之间的对话和争论组成了一个独特的艺术整体，就像是一幅缓慢地展现在读者面前的绚烂多彩的画卷，紧紧地扣住了读者的心弦。

对于生活在 21 世纪的读者来说，《坎特伯雷故事集》的价值还在于它向现代人展现了中世纪英国生活的一个缩影。正是由于朝圣者来自不同的社会阶层，而他们又从事不同的职业，有着不同的价值观、不同的欣赏品味，因此，作为集大成者的《坎特伯雷故事集》就通过他们的故事和他们之间的互动，向现代读者生动地勾画了中世纪英国人的喜怒哀乐，他们的恐惧和无助，他们的追求和希望。

对于乔叟来说，文学的最终目的是娱乐和教育。从他的早期作品中我们已经看到了他对道德问题的关注。但是，乔叟并不是一个喋喋不休的说教者。在处理“娱乐”和“教育”这对矛盾时他似乎更侧重于读者的乐趣，因为他很清楚，如果他的作品能够紧紧地吸引住读者，抓住他们的感情，他的作品就会对读者有更大的教益。正是这种寓教于乐的做法使得他讲述的故事更有教育意义、更富有哲理性和宗教精神。

与乔叟早期的作品不同，《坎特伯雷故事集》无论从人物、情节和叙述风格方面来讲，都有着明显的英国本土特征。从这个意义上来讲，它也是一部划时代的作品，因为它标志着英国文学史上的一个新纪元：一种有别于法国文学或古希腊古罗马文学的、新的英国本土文学正在崛起。这也是乔叟对英国文学的最大贡献。

第九章

15 世纪英国散文

与诗体作品相比，中古英语文学中的散文作品有一个重要特点：大多数为宗教性作品，流传至今的世俗作品寥寥无几。

屈指可数的世俗性散文体作品基本上都在 14 世纪下半叶到 15 世纪写成，较早的只有一部盎格鲁-撒克逊编年史。专家们认为这部被称作《彼得伯勒历代志》（*Peterborough Chronicle*）的作品在彼得伯勒的一座修道院中编撰抄写而成，它实际上是古英语《盎格鲁-撒克逊编年史》的续篇。这部编年史由两部分组成，第一部分记叙 1122 至 1131 年间的事件，第二部分为 1132 至 1154 年间的历史。在广度和深度上它都逊于同时代的拉丁文历史著作，但作为一部地方史，它没有其他一些编年史中的贵族偏见，以富于同情的眼光叙述了普通百姓的苦难。这部作品还有一个更重要的价值：它包含了大量的英语语言变化的信息，如词汇、词的屈折变化，第三人称单数阴性代词 she（当时拼作 scae）即首先出现其中。

有人把 14 世纪当作英语散文的开端时期，这种观点不无道理。因为在政治、文化生活中，英语开始取代法语。1362—1364 年间议会连续三次用英语宣布开会，1362 年的新法令规定英语为法律诉讼的语言，而且在大瘟疫之后英语也取代法语成为学校的教学语言。到 15 世纪末，人口中识字的比例更高，男性中识字的已占百分之十左右[1]。英语成了议会的下院和王室法律顾问团的工作语言，保留至今的大量的书信、商业文件表明一些士兵、商人、妇女加入了能读会写的行列。伴随这些变化的是一些重要的世俗散文作品问世，如托马斯·厄斯克的《爱的见证》、由特里维萨译自拉丁文的希格登的《多国编年史》、巴塞洛缪的百科全书式的《物之属性》、由佚名法国作者用法语创作的游记译成英语的《约翰·曼德维尔爵士游记》，以及乔叟的《论星盘》等。15 世纪则有本章中专门介绍的托马斯·马洛礼的《亚瑟王之死》和威廉·卡克斯顿的译作及创作，还有约翰·福蒂斯丘爵士的《论专制君主制与有限君主制之差别》、由拉丁文本译成英语的劝诫性故事集《罗马人传奇》、假托是亚里士多德向他的学生亚历山大大帝传授治国之道的《古代哲人之奥秘》，以及一批被称作《帕斯顿书信集》的信件，它们生动地反映了诺福克郡的一个富裕之家三代人的生活和境遇，是了解当时历史的宝贵材料。世俗散文的兴起和繁荣说明这种文体已不再主要是神学的工具，它也服务于人的理性兴趣和消遣需要。

数量可观的宗教性散文中主要有说教 / 教诲类、忏悔类及神秘主义作品。说教 / 教诲作品包括圣徒传、布道文和纯教诲性作品。重要的圣徒传有 13 世纪早期的《凯瑟琳系列抄本》(“Katherine Group”）中半传说性质的童贞女殉道者凯瑟琳、朱莉安娜和玛格丽特的故事，以及卡克斯顿由拉丁文本译为英语并于 1483 年出版的《圣徒列传》(*Golden Legend*)。圣徒传除说教外也有一定程度的消遣、娱乐作用，所以是中世纪颇受欢迎的文学形式。《圣徒列传》共有一千个左右的手抄本留传

---

1. 见杰弗里·L. 辛曼的《乔叟时代英国的日常生活》，格林伍德出版社，1995 年，第 50—51 页。

下来，1450年后它的拉丁文及所有的西欧语言译本的印刷版本数以百计，其流行程度可见一斑。威克里夫及其追随者们则留下了大量的布道文。纯教诲性的作品包括《凯瑟琳系列抄本》中的《神圣的童贞》《守护灵魂》等，本章将介绍的雷金纳德·皮科克的《批驳对教士的过分指责》也可放在此列。

1215年拉特朗公会敕令教区神父要定期听取忏悔，忏悔性作品的出现与此有关。较重要的有14世纪的《忏悔的良心》、15世纪的《美德与恶行》《雅各之井》等。最后一类是近几十年受到相当重视的中世纪晚期神秘主义作品。中古英语神秘主义作品这一提法是20世纪才出现的，一般指14世纪的理查德·罗尔（Richard Rolle）的《诗篇》《沉思受难》，佚名氏的《云雾中的无明》《鉴别情感》，沃尔特·希尔顿（Walter Hylton）的《通向完美的阶梯》，以及诺里奇的朱莉安（Julian of Norwich）的《上帝之爱的启示》等四五位作者的作品。在15世纪则有本章中要讨论的玛杰丽·肯普的《肯普之书》。

除上述作家、作品外，应特别提到的是英译《圣经》。中世纪基督教官方采用的是圣哲罗姆（Saint Jerome）于公元405年完成的从希伯来文和希腊文译成拉丁文的《圣经》(Vulgate)，但布道者大多为自己的会众将其中一部分，至少是福音书部分译成英语。事实上早在1066年威廉大公征服英国之前，10世纪的埃尔弗里克已将《圣经》中相当一部分译为古英语。但是，古英语/中古英语时期的《圣经》英译路子与现代人熟悉的不同。埃尔弗里克在他的《创世记》英译本的前言中说读懂该书十分不易，让一个没有学问的人只读文本本身是危险之举，他因此主张添加可靠的阐释。[2]他的译本中常作节略和概括，并掺杂他针对议题的布道，因而有人认为这不是翻译而是释义。在威克里夫之前需要提到的

2. 见德里克·皮尔索尔的《古英语及中古英语诗歌》，劳特利奇和基根·保罗出版公司，1977年，第59页。

还有奥姆（Orm）和理查德·罗尔。奥姆的《福音书》中，小部分是忠实原著的译文，大部分是他本人写的评论。罗尔的《诗篇》中拉丁文本的忠实直译同样只占小部分，大部分是他写的阐释和评论。14世纪后半叶出现了威克里夫及其追随者的《圣经》英译本。但这次《圣经》英译与以往不同，它是罗拉德分子批评教会、挑战其权威的重要组成部分和工具，自然引起教会的敌意和反击。到15世纪初，坎特伯雷大主教阿伦德尔（Thomas Arundel）已颁布牛津法令，严禁翻译《圣经》，没有教会颁发的特许不得拥有英语《圣经》，违者以异端论处。这一态势一直持续到翻译了全部《新约》但未及译完《旧约》的廷代尔（Tyndale）被害后的1537年。

英文中Wycliffite Bible的意思是威克里夫及其追随者的《圣经》译本，威克里夫本人有多少的直接参与并无定论。至于这个译本对后世是否有影响，传统的看法是否定的，因为它译自哲罗姆的通俗拉丁文本《圣经》，而16世纪的廷代尔的译本依据的是希腊文和希伯来文本。但近年来有些学者也从社会、文化的角度提出了不同的意见。[3]

宗教性的作品一般不符合现代人的口味，但这并不等于从历史的角度看它们也一无可取之处。欧洲的中世纪往往被称为“信仰世纪”，是一个人人皆为基督徒的时代（犹太人、摩尔人除外），上述作品至少部分地呈示了当时人们的世界观、人生观，他们与今不同的愿望和恐惧，他们炽热的感情的目标和宣泄的方式。从语言和文学手法来看，这些作品也并非千篇一律的刻板、枯燥的说教，事实上为生动有力起见，布道文中常常使用带有明显地方色彩和语言特点的寓言小故事。此外，生动的意象、比喻（如象征抽象品质的寓体形象）不仅广泛使用于各类宗教

3. 这一部分参见戴维·劳顿的《〈圣经〉的英语化进程》，载戴维·华莱士编《剑桥中古英语文学史》，剑桥大学出版社，1999年，第455—487页；以及安东尼·肯尼的《威克里夫》，牛津大学出版社，1985年，第56—57页。

性作品，有些还被世俗文学作品借用。

一

按照马洛礼（Sir Thomas Malory）权威尤金·维纳弗（Eugène Vinaver）的说法，人们对马洛礼所知甚少。[4]他可能于1416年出生在英国中部的沃里克郡，继承了父亲的田产，是个骑士，并且是议会代表，但后来却由于一些犯罪行为以及政治牵连被投入监狱。按马洛礼自述，《亚瑟王之死》（*Le Morte Darthur*）于爱德华四世即位后的第九年完成（即1469至1470年间），约15年后（即1485年）由威廉·卡克斯顿印刷出版。此外，马洛礼可能还根据长期流传的民间故事“女人最想要的是什么”写过《高文爵士与拉葛耐夫人的婚礼》（*The Wedding of Sir Gawain and Dame Ragnell*）。[5]

马洛礼把自己的书命名为《亚瑟王及其高贵的圆桌骑士全书》，卡克斯顿印刷此书时把其中最后一个故事“亚瑟王之死”的题目当作全书之名。马洛礼称自己的书为《全书》显然与他认为它集亚瑟王故事之大成有关，而且这也并非没有根据。这本书记述了亚瑟王怎样出生、当选为王、娶圭尼维尔为妻，他的冒险经历、赫赫战功，最后他如何在战斗中身负重伤、在隐士的茅舍里死去。此外，马洛礼用大量篇幅讲述亚瑟王周围的骑士的故事，其中最精彩的有朗斯洛的故事、特里斯丹与绮瑟的故事等。

现代的《亚瑟王之死》有两种版本：一是1485年卡克斯顿的印刷本（此本所依据的手抄本已失传），中文《亚瑟王之死》即译自这个版本；二是1947年尤金·维纳弗在1934年于温切斯特公学发现的手抄本的基础

4. 见尤金·维纳弗编的托马斯·马洛礼著作《马洛礼之作》第二版，牛津大学出版社，1971年。
5. 见诺里斯·莱西等编的《亚瑟王百科全书》，加兰出版公司，1986年，第353页。

上整理的版本。卡克斯顿把书分成21卷，每卷内章数不等，共507章，各章之间的划分有时很随意。[6]维纳弗根据手抄本整理的版本定名为《马洛礼之作》，由八个大故事组成。这八个故事在卡克斯顿本中所占的卷数不等。这些故事各有自己的主要材料来源，在故事的终了有自己的结束语，因此一种意见认为马洛礼当初把它们写成各自独立甚至不相关的故事。另一种意见则坚持此书为统一的整体。有人则在两极中寻找调和。

第一个故事在卡克斯顿本的1—4卷，由马洛礼压缩改写法语散文体的《墨林》而成。[7]它讲述英国国王尤瑟·潘德拉贡杀死廷塔杰尔公爵，与美貌的公爵夫人结婚，生下亚瑟，亚瑟由埃克特爵士抚养成人。老国王死后亚瑟在伦敦大教堂轻而易举地拔出嵌在巨石中的利剑，被百姓和贵族拥戴为英国国王。他击败反叛的贵族，娶圭尼维尔为后，同时得到巨大的圆桌。故事以朗斯洛和特里斯兰姆（即特里斯丹）加入亚瑟王的宫廷结束。

第二个故事在英语头韵体的《亚瑟之死》基础上改写而成，对应《卡》本的第五卷，主要内容是亚瑟王及其骑士在法国和罗马的征战。在击败并杀死罗马皇帝卢西乌斯后，亚瑟王在罗马被加冕为王，然后与骑士们凯旋英国。马洛礼在本故事中将亚瑟王描绘成骑士精神和中世纪国王的代表。

第三个故事对应《卡》本的第六卷，由散文体《朗斯洛》中的几个故事组成。改写后的朗斯洛兼备骑士美德，他经历种种考验，伸张正义，赢得友情。他与王后圭尼维尔的感情强烈却不失贞操，保持相当的距离。

第四个故事对应《卡》本的第七卷，主人公是高文的弟弟盖莱士，他因生就一双美好的大手被凯爵士起绰号为“白手”。他向亚瑟王要求三个恩

6. 见D. D. R. 欧文编的《关于亚瑟王传奇的七篇论文》，巴恩斯·诺布尔出版公司，1971年，第83页。

7 关于八个故事的来源及相关评论见伯特·迪伦的《马洛礼手册》（波士顿：霍尔出版公司，1978）以及《亚瑟王百科全书》。

惠，得到了骑士身份、冒险经历、土地、仆人、新娘、声誉以及朗斯洛的友谊。据信这个故事源于民间故事，马洛礼的蓝本是一首现已佚失的英语诗。

来源于法语散文体的《特里斯丹》叙述特里斯丹的出生、成长、冒险以及他与绮瑟的爱情和与舅父马可王的纠葛（《卡》本的卷 8—12）。由于他对绮瑟的背叛，以及对其他骑士背信弃义，他有时被看作是歪曲了朗斯洛代表的美好的骑士精神。

第六个故事的内容为追寻圣杯（《卡》本卷 13—17）。圣杯的辉煌但短暂的显现使亚瑟王的宫廷内群情激昂，150 个骑士披挂上马，离开卡米洛宫，然而最终只有波尔爵士、帕尔齐法尔爵士和加拉哈这三个优秀骑士有幸在卡尔布耐克城堡见到圣杯、吃了圣餐并亲眼见到受难的耶稣，而朗斯洛却由于与王后的恋情违背了基督教道德而无法走近，只在门外瞥见圣杯的光辉。马洛礼的这个故事基本沿用了 13 世纪的法语《追寻圣杯》的情节。

第七个故事（《卡》本 18、19 卷）由有关朗斯洛与王后的秘密恋情的五个插曲构成。骑士们从追寻圣杯之旅回到卡米洛，回到尘世的追求，亚瑟王的宫廷表面上依旧昌盛，但已显露内部纷争的迹象。

最后一个故事（《卡》本的卷 20、21）取自法语系列的《亚瑟王之死》。朗斯洛与王后的恋情终于败露，朗斯洛为营救被判死刑的王后杀死亚瑟王的众多骑士，致使亚瑟王带兵渡海追杀到法国，只因儿子莫德雷德趁机在英国自立为王才匆匆赶回。战斗中亚瑟王杀死儿子，自己也身负重伤，他命令部下把自己的神剑沉入水中，之后便与世长辞。朗斯洛与王后分别遁入修道院。

尽管《亚瑟王之死》中的大量材料马洛礼直接取自当时已有的法语、英语传奇，他仍被许多批评家称作此书的作者、创作者，以下是其中的一些重要原因：虽然他的最主要的来源是法语系列传奇，但他摆脱它们的结构、内容和语言的束缚，进行取舍和重组，加进了许多其他来源的材料（如英语头韵及分节长诗《亚瑟之死》、法语散文体《特里斯丹》等等）以及大段他自己的创作（如故事后期中朗斯洛与王后恋情中的部分内容）。他减少了情节上的多条主线的交错，用亚瑟王取代朗斯洛作为全书的中心人物，放弃系列传奇以耶稣受难起始的圣杯历史为开宗的做法，去掉法语散文体《墨林》中关于墨林出生成长的篇幅，构成亚瑟王的崛起、亚瑟王朝及圆桌骑士的光辉，以及王朝的覆灭三大情节。[8] 这一切，加之故事中采用的英国地名，给全书蒙上明显的民族史诗和王朝传奇的色彩，而且他笔下的亚瑟王也更少瑕疵，因而更适合英国读者的口味。此外，在直接由法语译为英语的部分（如圣杯故事），马洛礼的细节处理和词语选择在一定程度上有意淡化宗教精神，去掉具有强烈的基督教说教色彩（规劝世人放弃对尘世的成功、荣耀的追逐而专心寻求灵魂的救赎）的细节，或选用相对中性、不带宗教象征的词语表达。从他叙述的口吻读者感到他是个世俗的绅士，虽虔诚却不说教。在语言方面，他采用了 15 世纪的英语编年史风格，抛弃法语材料中的复杂的主从复合句法，使用英语散文中常用的并列复合句型。他选用的语汇大多简单、明了、口语化，但不失温雅，也不单调。在故事的结尾部分，尤其是在其中的对话里，读者明显感到一种与主题相符的高贵、堂皇和尊严。

既然书中的大量材料直接取自众多的来源各异、年代各不相同的法语、英语传奇，上述八个故事也多有各自的主要人物和相对独立的情节，那么《亚瑟王之死》是否有完整的结构便自然成为历代讨论的问题。纷纭驳杂的意见大致可分为三类[9]：一类认为这是一部艺术结构明显、主题贯穿一致的作品；另一类认为它虽然以道德目的统一人物塑造，却没有一部作品所应有的整体结构；第三类是一种折中的意见，肯

---

8. 见诺里斯・莱西等编的《亚瑟王手册》第二版，劳特利奇出版社，1997 年，第 128—131 页。

9. 见 M. J. 帕林斯编的《马洛礼作品历代批评文集》，劳特利奇出版社，1988 年，第 20—25 页。

定它的艺术结构的存在，同时指出，八个故事的情节、人物（如波尔爵士）及风格（如罗马战争部分）的某些不一致表明这些故事之间缺乏必要的有机联系。一般说来，持肯定态度的往往把这部作品看作民族或王朝史诗传奇，因此认为不应该用古希腊、罗马的史诗或现代小说的结构标准来衡量它。在对作品结构争论的同时，人们也对它的主题提出各自的见解。一些重要的观点都着眼于骑士的美德、爱情以及宗教之间的相互关系：有人认为马洛礼想要表明纯粹的骑士品格与尘世的爱情相冲突，朗斯洛最终投身宗教才上升到真正的英雄的高度；有人认为马洛礼写这三种因素的冲突时表现了一定的道德立场的含混，故事的悲剧结局可以被看成他对骑士理想的批判；也有人认为骑士精神与爱情是并列的两主题，共同把众多的人物和事件编织在一本统一的书中。持王朝史诗观点的认为亚瑟王朝的崛起、卡米洛的建立和兴衰是故事的主线。对尘世的荣耀的追求既是伟大和崇高之源，也是毁灭的祸根，这个教训便是作品的主题。也有人进一步把莫德雷德看成贯穿史诗始终的毁灭一切的工具。至于亚瑟王本人对自己的毁灭是否应负责任，以及他的罪行的性质，各家的意见同样不能统一。

卡克斯顿认为此书以道德教诲为本，兼有娱乐功能。他在印刷本的前言中写道：

> 我刊印此书目的是使社会贤达们能了解和认识高贵的骑士精神、当年一些骑士的高尚的行为，以及他们因此而获得的荣誉；以及那些因邪恶而被惩罚之徒，他们蒙受耻辱、遭到蔑视。我谦卑地恳求此书所有高贵的读者牢记并仿效其中的美德懿行……若为消遣，阅读此书令人愉快……然而书中所述完全为教诲世人，教人警惕，勿要作恶，行为要遵循美德……[10]

10. 见托马斯·马洛礼的《亚瑟王之死》，麦克米伦出版公司，第 2 页。

教诲和娱乐的内容即是书中全面、淋漓尽致描述的骑士精神的三个基本方面：尚武、宗教热忱以及典雅爱情。《亚》自始至终刀光剑影，无论是骑士主动寻求冒险，还是被动卷入，是好骑士之间的争斗误打还是善恶之间的搏杀，是基督教骑士彼此争斗还是与异教分子的厮杀，是济世救人还是为一己之私利，是为上帝还是为美人。每个故事、每卷的大多章节都有打斗。战斗是表现勇气的机会，是获取荣誉（乃至爱情、土地、财产）的条件，因此上至亚瑟王本人，下到无名骑士大多渴求战斗（如卷六第一章中的朗斯洛、卷七第三章中的盖莱士等）。他们战得威风凛凛，危及生命的冒险在他们眼中显得“奇特”“绝妙”。安逸受到鄙视，怯懦更是奇耻大辱。

骑士为上帝、为教会而战。宗教不但为骑士们战斗不息的生涯提供了精神、道德的支柱、约束和解释，也通过整套的仪规给它蒙上庄严、神秘的面纱。追寻圣杯这一宗教主题在很大程度上组织和控制了《亚》中众多的人物和事件、英雄的业绩及他们的弱点和遗憾。各方骑士经历艰险汇集卡米洛，仿佛就为从此踏上追寻圣杯的路程（象征追求完美和灵魂的救赎之旅）。故事用加拉哈与帕尔齐法尔见到圣杯后相继死去这一情节说明见到圣杯是完美的骑士的尘世生涯的顶点，也是它的结束。对加拉哈的这一经历的庄严、简洁的叙述生动地体现了这个主题：

> （加拉哈）与他的伙伴很早起身来到宫殿，看见圣杯前跪着一个人，他看起来像是一个主教，如同耶稣基督一样，有许多天使围绕着他。此人随即起身，开始主持圣母弥撒。……然后他叫加拉哈，对他说：“耶稣基督的仆人，你过来吧，你将见到你热烈期待的。”这时尘世的肉体见到了圣灵，他开始剧烈颤抖，然后他双手上举说：“主啊，感谢你，那向往已久的，我如今见到。神圣的主，只要是你的意愿，我将离开尘世。”这个可敬的人随即用双手举起圣体，递给加拉哈，他谦卑地接

过，满心喜悦。……这个可敬的人说："我是亚利马太的约瑟[11]，主派我来此陪伴你。你知道他为什么派我而非他人吗？因为你在两点上与我相似：你见到了圣杯的奇迹，而且你保有洁净的童贞，一如我的过去和现在。"听到此话，加拉哈走到帕尔齐法尔旁，亲吻他，并把他托付给上帝。他又走到波尔爵士旁，亲吻他，把他托付给上帝，对他说："亲爱的阁下，请代我向我的父亲、我的主人朗斯洛爵士致敬，见到他时立即请他记住尘世是何等的变幻无常。"他随即在桌前跪下祈祷。他的灵魂随即倏然离他而去，到主耶稣那里，许许多多天使将他的灵魂托上天堂。[12]

随着追寻的结束，阴谋、背叛接踵而至。正如尘世一切浮华转瞬即逝，亚瑟王朝分崩离析，幸存的最后四人远征圣地，讨伐伊斯兰教徒而死。除宗教主题外，宗教仪规（如祈祷、弥撒、教士的祝福、斋戒、忏悔等）虽然大多简略带过，但遍及全书，因此起了烘托宗教内涵的作用。起类似作用的还有众多的象征和隐喻（如森林、桥梁、圆桌、危险座位、波尔爵士梦见的白鸟和黑鸟、朗斯洛与加拉哈分别代表尘世骑士与天国骑士等等）。[13]

与为宗教信仰而战相比，骑士更多地、更具体地、更热烈地为爱情、为美人而战（朗斯洛为王后、盖莱士为莱奥涅丝、特里斯丹为绮瑟、帕拉迈迪斯为班迪斯王的女儿、波尔爵士为被剥夺财产的贵妇等）。在骑士眼里他们的情人、他们仰慕的贵妇美貌圣洁、完美无瑕，他们

---

11. 根据《新约》福音书，在耶稣死后是他去彼拉多处要出耶稣的尸体，裹上细麻布，放在为自己准备的新墓中。

12. 《马洛礼之作》，第 606—607 页。

13. 见缪里尔·惠特克的《亚瑟王的冒险王国》，博伊德尔·布鲁尔出版社，1984 年，第 53—68 页；艾尔弗雷德·凯洛格的《乔叟、朗格兰及亚瑟王——中古英语论文集》，拉特格斯大学出版社，1972 年，第 11—28 页。

对其谦卑有礼，绝对服从，忠诚不贰，他们的品质由于爱情而升华。从某种角度看，这种典雅爱情是基督教中对圣母马利亚的膜拜和圣伯尔纳的神圣之爱的世俗化翻版。[14] 以朗斯洛与王后的爱情中的一个插曲为例：朗斯洛苦苦追寻圣杯，但最终却因与王后的恋情不能走近它。他自觉有罪，心怀遗憾回到卡米洛，一度疏远王后，王后因此大怒，令他离开宫廷。他遵命离开后，在王后为高文爵士准备的宴席上有人中毒身亡，她因此被梅多尔爵士及其他骑士指控投毒，犯了叛逆罪，如果15日内有骑士挺身而出打败梅多尔，她能幸免，否则她将被烧死。朗斯洛听说王后的厄运，立即披挂策马奔赴比武场：

> 国王问他是否愿为王后而战，他回答说："我即为此目的而来，因此，国王大人，不要耽误我……战斗结束我须立即离开此地，因为在别处还有许多战斗。……像圭尼维尔这样高贵的贵妇、谦恭的王后竟然在你们当中如此蒙受指责和羞辱，这是圆桌骑士的耻辱。"……然后他们（指朗斯洛与梅多尔）策马跑到比武场的尽头，平端长矛，拼足全身力气厮打。梅多尔爵士的长矛被折得粉碎，但对手的矛未折，它把梅多尔爵士的马逼退，击翻在地。但梅多尔却迅速有力地跳下马来以盾牌自卫，拔剑出鞘，命那位骑士下马与他徒步格斗。那骑士以骁勇斗士之态轻捷地跳下马来，以盾护身，出剑在手，他们于是急切地厮杀起来，彼此多次砍杀、奔跑、躲闪，像野猪一般用剑猛烈冲锋、撞击。他们如此鏖战近一小时，因为多次战斗已有力地证明梅多尔爵士孔武有力。最后这位骑士将梅多尔爵士打伏在地，他走上前，把他的身体拉直。这时梅多尔爵士突然跳起，并重击那骑士的大腿，结果血如泉涌。那骑士感觉到自己受

14. 见埃德蒙·赖斯的《托马斯·马洛礼爵士》，特温出版社，1966年，第110—120页。

伤，看见出血也跳起身。他狠击梅多尔爵士的头盔，使他倒伏在地，并立即大步上前摘下他的头盔。这时梅多尔爵士祈求饶命……那骑士说："除非你气度高贵，永远解除对王后的指控，否则我决不饶你性命……"[15]

这一片断生动地表明朗斯洛代表的优秀骑士以战斗为其生活的主要内容，以捍卫爱人的声誉和生命为其战斗的目的，当然它也表明只有拥有过人的勇气和技艺并以此获得战斗的胜利才能赢得贵妇的爱情。

中世纪晚期，骑士制度没落。但是骑士文学中崇尚的价值与当时的主流文化并无冲突，而且新兴的中产阶级渴望分享旧日由贵族独占的浪漫传统。此外，散文体传奇兴起，效率高、价格低的印刷开始取代手工抄写，识文断字、需求读物的人数增加。亚瑟王传奇因此广泛时兴，马洛礼此时写出英语文学中集亚瑟王传奇之大成的《亚》可以说是顺应时势。当然《亚》的成功的原因也在于它的现实意义。故事中亚瑟王宫廷内外的纷争和冲突使读者想起的往往不是早年撒克逊人的入侵，而是百年战争和红白玫瑰战争，亚瑟王朝梦幻的破灭和当时英国的政治灾难同样都说明骑士制度的巨大局限性。中世纪骑士的类型于 14 世纪晚期开始向 16 世纪的具有社会责任感的绅士转化，《亚》对理想骑士的探讨反映并影响了这种变化。

但此后的宗教改革改变了英国的社会、文化氛围。16 世纪中叶的人文主义者阿谢姆（Ascham）撰文猛烈抨击《亚瑟王之死》，指责它公然表现杀戮和淫秽。书中一些传统的宗教内容变得不合时宜，以至 1634 年版宣称，里面"迷信色彩的"言语已被清除干净[16]。在 17、18 世纪的冷落后，随着浪漫主义运动开始的中世纪热，亚瑟王的传说重新流行，各种版本、选本的《亚》相继出版，被称作亚瑟复兴之父的丁尼生以这些

15. 《马洛礼之作》，第 619—620 页。

16. 《剑桥中古英语文学史》，第 718 页。

传说为题材创作了一系列的诗篇。但是它成为一部得到批评家重视的文学作品还是 20 世纪中叶的事，而过去 30 年中对它的评论从数量上竟超过了在此之前的总和。

二

威廉·卡克斯顿（William Caxton）与其他在英国中世纪文学中占有一席之地的诗人、作家大不相同，他本人创作的作品基本上只有为他印刷出版的书籍（其中约二十八种由他从法语译成英语）撰写的序言或跋。他的重要贡献是从佛兰德把活字印刷术引进英国，印刷出版了一百余种书籍，其中七十余种为英语书籍（用英语写就，或拉丁语、法语作品的英语译本），对中古英语文学作品的传播、确立英语的权威起了重大的推动作用。

卡克斯顿可能生于 1415 与 1424 年之间，十几岁时进入一家从事英国与低地国家的绸布贸易的公司当学徒。满师后他出国经商成功，名利双收，在绸布贸易中心布鲁日当选为英国同乡会的会长，并因此参与了与汉萨同盟的谈判，以及英国与法国、勃艮第之间的外交事务。卡克斯顿除买卖绸布衣帽之外，后来还经营起手抄本书籍，进而到科隆学习印刷术，成了印刷商和书商。在 1476 年返回英国之前他已印制了六七种书（包括他本人翻译的《特洛伊传奇》和《象棋》、四种法语书，可能还有林肯主教在勃艮第的一篇布道文）。

从 1476 年回到英国在威斯敏斯特定居、开办出版社，到 1491 年去世，卡克斯顿出版了 106 种书，这些书大致上可以分成实用型和宫廷所需两类。实用型的包括：1. 宗教方面的，如赞美诗、祈祷书、圣徒传，以及《教士指南》之类的教士用书；2. 法律类；3. 辞书类（如《词汇》）；4. 行为规范。迎合宫廷之需的书籍往往为某重要贵族所写，并不很古老，且风格典雅。它们主要有三种：1. 卡克斯顿本人的译作；2. 英国诗人之作；3. 用英语写的散文。从数量上看，卡克斯顿本人的译作最为重要（如《世界之镜》、《伊阿宋》、克里斯蒂娜·德·皮桑的《疆场技艺》、奥维德的《变形记》等）。这些都是勃艮第崇尚的文学作品，而在当时除意大利以外勃艮第宫廷即是欧洲最优雅、最时髦的宫廷，是英国宫廷、贵族的模仿对象。卡克斯顿是商人，享受过在勃艮第住过多年的爱德华四世的妹妹、勃艮第公爵之妻玛格丽特的保护。在民族语言盛行的大氛围里，他的选择自然而精明。由于上行下效（权贵模仿宫廷，小贵族及富裕市民模仿权贵），读乔叟、利德盖特成为时尚和地位的象征，因此，实际上此类书籍的读者群已很可观。[17]

卡克斯顿知道在宫廷中头韵诗已经过时[18]，盛行的是乔叟式的诗作，受欢迎的诗人是乔叟、高尔和利德盖特。他们的作品的手抄本价格昂贵，因此出版价格便宜得多的印刷本会受到欢迎。他刊印了乔叟的《坎特伯雷故事集》《声誉之宫》《特洛伊罗斯和克瑞西达》，高尔的《情人的忏悔》，以及当时被认为是利德盖特的《睿智之宫》等书，而朗格兰的头韵诗《耕者皮尔斯》却引人注目地不在此列。

卡克斯顿出版的英语散文作品大多是译作，如乔叟的《博伊西斯》、利德盖特译自法语的《灵魂的天路历程》、里弗斯伯爵译自法语的《哲人语录》、特里维萨译自拉丁语的《多国编年史》和《论老年》等。

卡克斯顿出版的书至少有 28 种由他本人翻译，原著绝大多数为法语作品或拉丁文作品的法译本，一部为荷兰语（《列那狐》），两部为拉丁文作品。他的译文的一大特点是忠实于原文，这是 15 世纪作家们的一个特色。

---

17. 见 N. F. 布莱克的《卡克斯顿及他生活其中的世界》，安德烈·德意志公司，1969 年，第 64—78 页。

18. 见德里克·皮尔索尔的《古英语及中古英语诗歌》，劳特利奇和基根·保罗出版公司，1977 年，第 187 页。

然而在注意到卡克斯顿亦步亦趋跟随原书原文的同时也不能忽略他有时在内容上作的增删，尽管以他庞大的翻译总量衡量，变动是很有限的。卡克斯顿通常只在由相对独立的篇章组成的书中添加自己的评论，如《圣徒列传》《象棋》等，而在叙述文体的《查理大帝》《耶路撒冷之围》等书中变动却很鲜见，原因是连贯的故事叙述不容插入外来的感想、评论。卡克斯顿作改动的原因大致有三：一是爱国情绪，或至少是想让故事更适合英国读者。以《世界之镜》第一章为例，他删除了一个长了尾巴的英国人的故事，而且只要提到作为学术中心的巴黎，他必加上牛津和剑桥。二是他渴望掺进自己的经历，这类增添的篇幅稍长，大多有关宗教或他心仪已久的骑士道。例如在《圣徒列传》的“圣奥古斯丁”章有关奇迹的部分，卡克斯顿自己插话说：“我在此要加进一个奇迹，这是我在安特卫普道明会的圣奥古斯丁祭坛上的画中所见。”又例如他在《圣徒列传》中加入对嘉德骑士团的所在地——位于温莎的圣乔治教堂的详细说明。最后的一个因素是卡克斯顿受他本人读过的书的影响。例如在《列那狐》的荷兰文原文中只提到雄鸡香提克利尔，而卡克斯顿因受到乔叟的“女修道院教士的故事”的影响，把母鸡普提洛蒂加进了故事。

现代人认为卡克斯顿的译文有明显的缺陷。[19]第一个弱点与他过于忠实或拘泥于原文有关。他似乎并不努力搜寻英语中已有的词汇，而往往直接把原文中的法语词搬过来，因此译文有明显的外国腔。此外，他经常照搬法语原文中的句型，不按英语习惯调整。比这个缺陷更严重的是他有时误读原文，看错行导致整段遗漏的情况也时有发生。究其错误不能归于他的语言水平过低，因为同样的字词在许多其他地方都得到准确的翻译。主要的原因是他集商人（而且是精明的商人）、编辑、译者

19. 见N. F. 布莱克编的《卡克斯顿本人所著散文集》，安德烈·德意志公司，1973年，第32—50页。

于一身，一旦决定出书，便为市场期限所迫，于是草草提笔，不加复查、校对就把书稿送去排版，这一点也说明为什么与早期的相比，他晚期的作品并无实质上的改进。

卡克斯顿的作品中的另一重要部分，或者说更重要的是他为自己出版的四十余种书籍所写的序和跋，以及一些书尾题署及个别广告。这是他“自己的散文作品”。

卡克斯顿的序和跋一般篇幅不长，在相当程度上是一种献词。他与同时代的作家、诗人、誊稿人一样需要有人给予推荐，赞助资金，因此为作品写出优雅、得体的献词是他的出版活动中的重要内容。他写献词主要受到勃艮第宫廷作家的法语散文和英语诗歌（特别是利德盖特的作品）的影响，一般包括三项内容：作品因教诲作用、独创性或典雅的宫廷风格而具备的价值，赞助者的高贵、美好的品质，以及译者 / 印刷人的谦卑心情。除去这些程式性的内容外，卡克斯顿也在序、跋中说明该作品的翻译和印刷的日期。

卡克斯顿重视书的道德功能，说明这一点的不仅有他翻译、印刷的书目，他撰写的序、跋中的道德价值评论也是证据。

卡克斯顿最经常称颂、宣扬的是基督教道德，他在为里弗斯伯爵所译《滋养灵魂之四要点》写的跋中说：

> （伯爵）深知尘世变幻不定，因此以巨大的热情和心灵之爱求助于上帝，渴望灵魂的救赎。目前，骄傲、假誓、诅咒、偷窃、谋杀以及许多其他罪恶屡见不鲜，我们应该厌恶这些可怖的罪恶，彻底将其抛弃。（里弗斯伯爵）翻译此书，正因为他深知凡阅读或聆听此书，众人皆能获自知之明并改正其生活方式。[20]

---

20. 《卡克斯顿本人所著散文集》，第 71 页。

又如他在许多书的序中鞭笞七大罪之一的懒惰（如《特洛伊传奇》《世界之镜》《圣徒列传》《象棋》等书的序），强调人要“力戒懒惰与懈怠，因其为邪恶滋生之根源”[21]。

早在与勃艮第公爵夫人来往的年代，卡克斯顿已对骑士文学有浓厚的兴趣，出版了许多这类书籍，在其序、跋中他常常赞美骑士精神（如《耶路撒冷之围》《亚瑟王之死》《布兰恰丁与伊格兰丁》《伊阿宋》《骑士道》等书的序）。他对勇敢的精神、高贵的行为，对荣誉和辉煌的战功的追求等心仪神往，甚至认为当时英国软弱不振，骑士精神衰落即是重要原因。他在《骑士道》的序中痛心呼喊：

> 哦，英国的骑士们，往日高贵的骑士风尚和行为而今安在？除去掷色子、光顾浴厅，你们还有何为？某些不明智者违背骑士之道，使用并非正当、诚实的手段。改弦更张吧，读一读关于圣杯、朗斯洛、加拉哈……的高贵篇章。[22]

虽然卡克斯顿为不同的书籍写序言，但一些序言中的道德议论不仅内容常常大同小异，有时连选用的字词、谚语都相差无几（如《圣徒列传》《塔中骑士》《特洛伊传奇》等），成了一种套话。但是有了这些事关重大、口吻庄严的议论，序言的风格显得凝重、崇高，而文中屡屡使用的二重、三重叠词更增强了这种效果。以他为《坎特伯雷故事集》写的序为例：

> 有些学者、诗人和历史学家书写智慧，圣徒的生平、受难和奇迹，记录著名而高贵的行为和业绩，以及自创世至今的编年历史，他们若未留下自己的著述，我们将对许多事迹一无所知。我们日日捧读这些书籍，汲取知识，应该给予作者以深切的感激、高声的赞美和崇高的敬意。我们应该给他们之中最杰

21. 《卡克斯顿本人所著散文集》，第 97 页。

22. 同上，第 126—127 页。

出的学者，伟大、高贵的杰弗里·乔叟以特别的赞美，他用我们自己的语言写就精美的篇章，当被称作桂冠诗人。[23]

在卡克斯顿生活的15世纪，人文主义在意大利已取得伟大的成就，意大利与英国之间的交往从未间断，所以英国人对新思想、新书籍并非完全一无所知。卡克斯顿就印刷过受人文主义影响的作品（洛仑佐·特拉韦尔萨尼的《新修辞学》及彼得罗·卡尔梅利亚诺所编《六封信》），也在序、跋中提过波焦·布拉乔利尼、薄伽丘等人。以前的一个主流观点是他对新思想并不了解，刊印书目的选择大多出于商业考虑。他眼光向后，真正感兴趣的还是当时在欧洲大陆和英国有很强影响的勃艮第宫廷文化，骑士精神是他心目中的理想道德。因此虽然他翻译、印刷的书籍迎合了当时读者的口味，但人文主义一旦传入英国，文化氛围改变，一些当时被看作有严肃内容的书便很快受到冷落，甚至被遗忘。有持久、深远影响的可能只有乔叟的作品，以及被冷落数百年后在19世纪又重新引起注意的马洛礼的《亚瑟王之死》。诚然当时乔叟已被誉为最伟大的诗人，但卡克斯顿印刷发行他的作品帮助造就了更为广大的读者群，使乔叟的影响伸展得更深更远，其中最引人注意的是被许多人称之为苏格兰乔叟派诗人（罗伯特·亨利森、威廉·邓巴）的创作活动[24]。

近年来与上述观点不同的一种看法是，当时，新兴的中产阶级急于确立自己的合法地位，打造自己的文化形象，产生了对宗教书籍、行为规范、骑士文学的强劲需求。卡克斯顿的书目适应社会的变化，有其合理性。其次，卡克斯顿还在书籍的序和跋中讨论所用文本的来源、优劣，而这正是早期人文主义文本批评的路子。因此，简单地把他归入眼光向后、无涉于新潮流的看法有失全面。[25] 中古英语向现代英语的转变始

23. 《卡克斯顿本人所著散文集》，第61页。

24. 见R. D. S.杰克编的《苏格兰文学史》第一卷，阿伯丁大学出版社，1988年，第55—71页。

25. 详见塞思·勒雷的《卡克斯顿》，载《剑桥中古英语文学史》，第720—738页。

于 15 世纪（英语发音开始经历所谓的“元音大变化”，外来词丰富、扩充英语的词汇，宫廷中的语言使用方式及伦敦方言开始成为一种标准）。卡克斯顿的活动或多或少地参与了英语的变化和发展。首先他的译文中用了许多直接来自法语的新词、习语，对扩展英语词汇做出了贡献。其次他也赋予一些已经引入英语的法语词以新的语义和用法：以来自法语 reduire 的 reduce 为例，《牛津英语大辞典》的这一词条中便有四种定义为他首先使用。此外卡克斯顿编辑他人的作品时还跟随当时的潮流用新词（往往是罗曼语系的词汇）取代一些陈旧的词（往往是盎格鲁-撒克逊的词汇），《多国编年史》便是一例。与此同时他也改掉了一些过时的头韵的词句（如《亚瑟王之死》），用新式拼写取代 3 和ɑ这样的老式拼写，这些变化使他印刷的书显得比较现代。

卡克斯顿 1491 年去世，距今已有五百多年。随着社会、文化的变迁，对他的评价始终在变化，时至今日，人们对他对英国语言和文学的贡献评价仍不统一。然而，不管人们对他的文学成就如何褒贬，以下几点不可否认：他是一个成功的出版商和能干的编辑。他出版书籍，有时还先进行整理、编撰。以马洛礼的故事为例，卡克斯顿将其分卷分章，定书名为《亚瑟王之死》，从而把形形色色、头绪纷繁的故事统入一个大框架中，赋予它们明确的叙事目标。此外，他为自己印刷的书撰写序言和跋的做法以及文中使用的套语为后来的印刷商所采用；他为《多国编年史》做的按字母顺序的内容目录是英国书籍印刷史上的第一个索引；他出版多种译成英语的书籍，实际上继承了乔叟开创的吸取外国文学语言和模式的传统，在一定程度上为后来的英国文学的繁荣作了准备；在宗教和世俗作品日益广泛地采取散文体的变革时代，由他大量出版的散文体译作起了支持和推动这种变革的作用。最后，他的作品及他出版的书籍使后人得以更好地了解 15 世纪英语的状况和变化，以及英国乃至欧洲的文学品味的演变。

三

约翰·威克里夫（John Wyclif，1320？—1384）于1372年取得神学博士学位。到1374年他开始介入英国王权与教会的冲突时他已在牛津大学学习、研究、教授神学达20年之久，据说“在各学科中皆无人与之匹敌”。他的名声和影响直达欧洲大陆。当时正值英法百年战争，英国王权渴望取代教廷对英国的教会征税，以缓解战争造成的财政困难，还希望能从教廷手中拿过高级教士的委任权，并反对教士担任高级公职。由于威克里夫的观点对王权有利，他被邀请参与英国与教廷的谈判，后又被鼓励布道抨击高级教士追逐世俗的权力和财富。1378年发生的教会大分裂使他进一步明确地反对教皇和教会体制。他的异端性质的著作和观点招致教廷对他及其追随者（被称为罗拉德派）的迫害。教廷为此发出五份教皇诏书。由于世俗权力的干预，威克里夫生前并未受到很严厉的惩罚。他被迫退出牛津大学，在拉特沃思度过的生命的最后几年中他写作不止，继续阐发自己的理论。15世纪初英国教会的势力增强，对异端、罗拉德派的迫害升级，1413年奥尔德卡斯尔领导的起义失败后罗拉德派在政治、思想界的重大影响不复出现。根据1415年举行的康斯坦茨会议的要求，威克里夫的遗骨被掘出焚烧，骨灰被扔入斯威夫特河中。

威克里夫的神学思想和对教会的批评主要有以下四方面：

1. 作为一个重视共相的唯实论神学家，他指出唯名者沉溺于特殊性，导致严重的道德后果：

> 缺乏对共相的有序的爱为一切嫉妒和罪恶之起因。……因此，如果专注于特殊的领主们更为关心的是全体国民的福祉，而不是自己亲人的昌盛，他们便不会竭力为自己的家人谋取财富、公职、教职以及其他地位、封号了。……对共相的错误理解、

产生的错误情绪无疑是世上的罪恶之根。[26]

他指出对共相的强调使人懂得共有的人性是上帝的创造，而人与人之间的具体、特殊的关系则是人为所致，上帝关注创造整个人类而不是某个特殊的个人。基督徒爱他人的基础应该是人的共同的人性，而不是人的具体、特殊的有用之处、亲属关系或能带来的快乐。沿循这一逻辑，他得出：

根据基督的律法，人人须爱自己的邻人如同爱他自己。然而奴隶都是王公贵族的邻人，因此贵族必须像爱自己一样爱他所有的奴隶。但是自然的本性应使贵族憎恶奴隶状态，因此，博爱的原则要求他不能把奴隶身份强加在任何人类弟兄身上。[27]

2. 他强调上帝的恩典是一切权力的最根本的条件，神职人员如果犯罪，不能很好地为上帝服务，他便失去上帝的恩典，因此便不能享有任何统治、支配权，世俗的国王、贵族便可以拿走他们的财富。与此有关的一点是“教皇不可能有过失”是一种错误的信念，因为这将导致他就是上帝的结论。他曾猛烈抨击教皇格列高利十一世：

一个人可能通过一切尘世的庄严仪式和声誉被当作基督的代牧，但他其实是一个可怖的魔鬼，这种情形并非不可置信，格列高利十一世及其同类即为此类。如果一个人把从英国的穷苦人处得来的什一税款和财物用于侄子的婚事、为众多的亲属提供铺张的物质生活……而且他最终仍不悔悟，那么他永远是一个异教分子，绝不是教会的一员，有谁会对此产生疑问呢？[28]

在另一篇文章里他更明确地指出教会和世俗统治者有其分工：“世俗事务由国王管辖，灵魂事务由教士管辖，两者总是分开的。”而高级教士必须遵循圣彼得的规范才有资格享受权力：

---

26. 转引自安东尼·肯尼的《威克里夫》，牛津大学出版社，1985 年，第 10—11 页。

27. 同上，第 48—49 页。

28. 同上，第 73 页。

我清清楚楚地知道教皇必须像彼得那样生活贫穷、态度温顺谦卑，用福音书的教导很好地喂养基督的羊群，否则他便与彼得无关。彼得因受到基督的钟爱，被指定为使徒之首，担负起仅次于他的主人基督的责任。同样的道理，如果教皇妄称是基督的代牧，又不肯遵循上述三条，那么他就是基督的大敌。[29]

威克里夫的这些观点受到世俗统治者的欢迎，但招致教会的强烈不满。

3. 他认为面包与酒经祝圣后便不再是面包的说法的基础是偶有属性能够于物质 / 实体之外独立存在。但是“一种性质只能是一个主体的特性，一种形式只能是一个主体具有的形式”。因此在哲学上圣餐变体论是一种荒谬的理论。他指出在神学上它是近几个世纪才强加于信徒的新说法，《圣经》中没有支持它的强有力的证据，早期神学家们，特别是圣奥古斯丁也并未持这种观点。他强调祝圣后的圣体成为基督的身体的标志，但同时仍然是面包和酒。其中的道理可与书写过程中的纸和墨水相比：书写完成后，纸和墨水仍在符号下存在，但识字的人注意的是这些符号的意义，而不识字的人却只看到它们的自然 / 物质的属性。

4. 他强调《圣经》是最高权威、绝对正确，一切真理启示均包含其中，教会在历史上形成的传统本身并不能向人昭示真理。因此无论教会人士还是世俗臣民都应熟悉《圣经》的全部，而不仅仅是星期日做礼拜时念的几段，而且不仅要有拉丁文的《圣经》，还要有各种民族语言的《圣经》：

基督与使徒使用大众最熟悉的语言，向他们揭示神圣的经典，以此使他们皈依上帝，圣灵赐予大众各种语言的原因即在于此。为什么基督的现代门徒们不依此行事？必须用圣灵所赐的

---

29. 见安妮・赫德森编的《威克里夫及其追随者的英语著作选编》，剑桥大学出版社，1978 年，第 129 页。

每种语言向人民揭示基督的信仰。[30]

但是，在他看来，当时的实际情况是："贪婪的教士痴迷于买卖圣物、异端，以及诸多其他罪行，他们竭尽所能，轻慢、阻挠《圣经》。然而，民众渴求《圣经》，为了解、保有《圣经》付出了重大的代价，危及自己的生命。"[31]他感到事关重大，便与诸同人"搜集多种旧版《圣经》及其他教义和评注"；待做出较好的拉丁文版后，再请教资深语法学家和神学家如何理解、翻译疑难词句；一旦译为尽可能清晰、明确的英语，再请通晓这两种语言的有学问的人校正。[32]

威克里夫及其追随者的《圣经》译本有两种，早期本和晚期本。相比而言，早期本是更忠于拉丁文本的直译，起了帮助读者读懂拉丁文本的作用。晚期本的句法则更符合英语语言习惯，与 1611 年的钦定本更接近，普通信众更容易读懂。[33]

在威克里夫的上述观点中，一百多年后新教革命的思想已在闪光。他的思想、英语《圣经》，以及译成英语的其他宗教文献使许多教士和俗人加入神学问题的争论，直接造就了向现存宗教秩序挑战的罗拉德运动。在欧洲大陆，威克里夫的思想通过胡斯及其追随者的著作影响了未来的改革者，人们因此把威克里夫和罗拉德运动看作新教革命的先行者。

据信威克里夫的著作凡 132 种，分别以拉丁语和英语写就。由于教会摧毁有方，这些著作许多都已失传，其中有英语手抄本的不到半数，存在一个英语抄本以上的著作仅 16 种。同样麻烦的是这些英语文本中没有一种能被完全确认为威克里夫本人的著作，而非出自他的信徒、追随者之手，因此，此类英语散文著作（包括论文、布道文、小册子、《圣

---

30. 《威克里夫》，第 64—65 页。

31. 《威克里夫及其追随者的英语著作选编》，第 67 页。

32. 同上，第 67—68 页。

33. 同上，见第 40—41 页上的《以赛亚书》53 章早期本与晚期本的对照。

经》英译本等）一般被称作威克里夫及/或信徒追随者的（Wycliffite）著作。尽管有大量被毁，流传至今整理出版的仍有厚重的两大卷（其中的布道文系列不少于294篇，每星期日用两篇——一篇有关福音书，一篇有关使徒书信，可供牧师用一年，其余的用在圣徒、殉道者纪念日及百余个周日举行的仪式）。在14世纪直至1400年左右的散文著作中，它们是主题、风格相似，数量最大的一批，因此是不容忽视的。

这些论文、布道文、小册子的内容基本上都是教诲性的，宣扬威克里夫的神学思想和罗拉德派的基本信条，批评教会。如果说学者们有一些依据来区分威克里夫本人与罗拉德分子的著作，其中一条是他的追随者们的观点往往更激进，对教会的一些体制（如教会参与世俗事务，画像、塑像在崇拜中的广泛应用，朝圣活动，等）以及对教士的抨击更加猛烈，对意见相左者的态度更强硬，运用更凶狠的吵架、咒骂的词语。例如他们说："傲慢的高级教士多年存在，英国教会形同瞎子和麻风病人。"在他们眼中，教会修士们干脆就是"撒旦的同党"。

从形式上看，这些著作几乎毫无例外地以朴素、简明的英语写成，极少运用文学手段进行修饰。威克里夫曾在他的拉丁文布道文中严厉批评许多布道文脱离《圣经》，日常生活中的事例、寓言、轶事、故事、诗歌充斥其中，文字往往由布道者独创，带有过多的"修辞色彩和节奏上的关联"。他认为这类生动的语言形式会把听众的注意力从主要的宗教意义转移到语言本身。他问道："何谓言语真诚？这就是抱定明确的目的，以简单、恰当的方式道出真理，[在道德上、宗教上]增益世人，舍此无他。"有人把五篇最可能是威克里夫本人写的布道文（阿诺德选本中的第3、30、48、83、105篇）与同时代的同样是宗教教诲性的散文精品《云雾中的无明》（佚名氏）和"牧师的故事"（乔叟）相比，发现这些布道文不但每个句子的平均字数少，而且句子的长度都接近平均数，很少有极长或极短的句子。此外，威克里夫的句子绝大多数结构相仿，形容词、副词的数量也比较少，这样的文体特征是上述威克里夫要求行文简单明了的最好说明。[34]

虽然威克里夫的文体常常朴素到了单调无味的程度，他对英语散文的贡献仍不可否认。首先，几乎能被认定是他本人的作品表明他吸收、运用新的英语语汇（来自罗曼语系）并不明显亚于乔叟，而且他在句子结构中使用老式的主谓倒装的次数远远低于乔叟。如翻阅《牛津英语大辞典》即可以发现许多词在 14 世纪的用法实例取自威克里夫，这说明他跟上了英语散文发展的步伐。其次，虽然无法确定这一批作品中究竟哪些为他本人所著，但人们确知他的思想和文体都对其追随者们有重要的影响。加在一起，他们的著作在数量上远远超过同时代任何一个重要作家的作品，而且其中相当一部分是布道文、《圣经》这类在中世纪更贴近人们的基本需要的作品，因此拥有更多的读者。用英语讨论神学和政治问题是加在他和追随者身上的一条罪名，但正是这一点促进了英语成为教育语言的发展。因此，就语言而论，这些作品对英语的影响不可低估。

威克里夫及其信徒所热烈捍卫、无情鞭挞的东西早已从人们的关注范围消失，他的论证方式早已过时，加之他们的文章又刻意避免文学色彩，所以他们的著作很少重印，读者只限于数量很少的学者。有趣的是，当时在声势上远远不及他们的神秘主义者的作品作为一种文化现象倒引起现代人的相当注意，以至于企鹅古典系列中也包括了《隐修者指南》《上帝之爱的启示》《肯普之书》等的现代英语译本。此外，还出现了多种有关的小说、戏剧、介绍材料等等。

威克里夫死后约三十年被焚尸扬灰。在罗拉德分子继续受迫害的同时，著书立说、竭尽全力批驳罗拉德“异端”的雷金纳德·皮科克也被戴上异端的帽子，囚禁于索尼修道院中。这样的殊途同归不啻是对当时

---

34. 见亨利·哈格里夫斯的《威克里夫的散文》，载《论文与研究》，人文出版社，1966 年，第 1—17 页。

的教会和社会的莫大讽刺。

皮科克（Reginald Pecock，1395？—1460）在牛津大学受教育，后来进入教会，1444年职位升至主教。1431年他到伦敦任职后开始研究罗拉德派及其反对派之间的冲突，认为罗拉德分子对教会，特别是对主教、罗马教廷的批评（如主教不布道、不住在自己的教区、买卖圣职等）已夸张到不实的程度。在20年的时间里他竭力为教会辩护，用英语（"老百姓的语言"）写书、布道（保存至今的有《批驳对教士的过分指责》《基督教基本教条》《信仰之书》《基督教基本教条的追随者》《不幸者之镜》等），企图用理性（他所谓的理性即形式逻辑）说服罗拉德派摒弃自己的谬误。由于各派教会及世俗力量之间的复杂冲突和联盟，也由于他本人的不合时宜的智慧和保守的倾向，以及急于表现自己的虚荣，他的观点遭到各派力量的敌视和反对，牛津和剑桥大学里的神学家们、托钵修会等纷纷撰文、布道攻击他为异端，他的保护人萨福克公爵和诺里奇主教在权力争夺中失利，使他失去保护。1457年11月他被迫交出9种著作，由24个神学家审阅。大主教的结论是他犯了异端罪。在被送上火刑柱和公开摒弃自己的观点之间，他选择了后者，他的书文代替他被扔进火焰。两周之后牛津大学焚烧了他的所有著作。

在皮科克留传下来的作品中《批驳对教士的过分指责》被认为是15世纪英语散文中的杰作。

这部书长达565页，由序言及五大部分组成。[35]皮科克在序言中解释，此书的目的是针对罗拉德派的攻击从11个方面批驳他们，为教士辩护。他引用《路加福音》中耶稣的两条比喻（"医生，你医治自己吧！""为什么看见你弟兄眼中有刺，却不想自己眼中有梁木呢？……"），把罗拉德派比作这类对自身问题不闻不问、专门挑剔别人

35. 见丘吉尔·巴宾顿编的雷金纳德·皮科克著作《批驳对教士的过分指责》，朗文·格林·朗文·罗伯茨出版公司，1860年。

的伪善者。这篇四页的短文因此更为生动有力。

书的第一部分主要层层分析驳斥罗拉德派的主要观点：《圣经》是一切道德戒律、正当的法规条例的依据。皮科克指出在《圣经》出现之前许多道德戒律已经存在；此外，许多法规条例，包括罗拉德分子推崇的做法在《圣经》里并无法找到任何依据（如让老百姓阅读译成民族语言的《圣经》，酿制、饮用啤酒）。实际上人借助自然理性的判断才能认识真理，因此通过理性获取的知识是《圣经》的先决条件：

> 《圣经》中关于上述条例、契约或上帝的道德戒律的真理的一切学问和知识，人皆可通过自然理性的判断来获取……因此，自然理性判断（称之为“自然的道德法规”），而不是《圣经》，才是所有的法规、契约、美德和真理的依据。[36]

第二部分主要在圣像使用和朝圣两方面为教士辩护。皮科克的证明分为两步，他首先说明《圣经》中并无谴责它们的内容，相反可以把其中有些地方理解为这类做法（如福音书中的三个马利亚到坟墓去看停放于此的耶稣的尸体便可看作朝圣活动）。然后他进而证明它们是有益的活动。他举朋友之间的感情为例：当朋友就在身边或眼前，我们会对他产生强烈的感情；当他不在身旁，我们可以通过想象他在眼前而增加对他的感情，而借助某些东西（如肖像、遗物、仪式），我们的想象会更容易、更生动。既然耶稣、圣徒是人的最好的朋友，这个例子可说明圣像、朝圣的积极功用。

第三部分涉及教士拥有土地等财产的问题。罗拉德派说君士坦丁大帝临终向教皇西尔维斯特赠予大片土地时，天空中一个天使大喊毒汁被注入了教会。他们以此证明教会因财产而堕落。皮科克分别引证《旧约》和《新约》，说明《圣经》允许教士拥有财产，并指出自然的理性

---

36. 《批驳对教士的过分指责》，第 12—13 页。

也判断它为合理，因此，教士接受赠予、拥有财产为完全合法的行为。这部分的独特贡献是在论证过程中他指出《君士坦丁惠赐书》系伪造文件。皮科克不厌其烦，引经据典解释说天使谴责惠赐的说法出自生活在1200年左右的威尔士的杰拉尔德，而死于340年的权威历史学家尤西比乌斯的《君士坦丁生平》中却说教皇西尔维斯特死于君士坦丁大帝之前，不可能在皇帝临终时为其洗礼，君士坦丁是由尼科美底亚主教施洗的。而且他把帝国分为三份，分传三个儿子，而不是教会。从君士坦丁大帝到查理大帝的几百年中罗马基本上由拜占庭的东罗马皇帝控制，教皇们只是在早期日耳曼皇帝时期时对罗马有短暂的统治。[37]皮科克本意是维护教会，证明罗拉德派的根据不能成立，结果却是揭开了教会史上的大骗局。作为一个虔诚的主教、神学家，皮科克向千年的传统挑战，独立作出了与意大利人文主义者洛仑佐·瓦拉相同的结论，不能不算作一件壮举。此外，皮科克还指出教会的神学家们的观点往往不一致，因此并不永远正确：

> [圣哲罗姆]的话并非天堂或尘世[大门]的钥匙，也并不具备使哪件事变成正确或谬误的力量。[38]

对教士内部的等级制度及教皇、主教的法令的合法性的论证是第四部分的内容，论证方式与前几部分的相同：《圣经》及理性对教会的等级体制并无禁令，原则上也并不反对。皮科克引证《约翰福音》和《马太福音》说明耶稣指定彼得为教会的最高领导，从而建立了等级制度：

> 我还告诉你：你是彼得，我要把我的教会建造在这磐石上，阴间的权柄不能胜过他。我要把天国的钥匙给你，凡你在地上所捆绑的，在天上也要捆绑；凡你在地上所释放的，在天上也要释放。[39]

---

37. 《批驳对教士的过分指责》，第350—366页。
38. 同上，第335页。
39. 同上，第440—441页。

皮科克在第五部分中列举《旧约》和《新约》中的许多证据证明《圣经》并不禁止人建立宗教派别、修会，实际上上帝允许人们在他所赐的教规、仪式之外建立其他派别的崇拜方式，而且有的使徒就是这样做的（如伪丢尼修在《上帝之名》中提到以某种不同的方式接纳修士、授予神职等等）。此外，自然理性和实践经验也证明这种做法是有理、有利的。最后他为受到攻击的其他规定和行为辩护。

皮科克写此书原为捍卫教会、驳斥罗拉德异端，他何以成为教会眼中的另一异端？回答是正是它的主要成就使他被打成异端。他懂得并自始至终强调自然法规、自然理性的权威和力量，实际上他把它们置于《圣经》、信仰和教会之上。与尊重理性相联的是他主张用说理的办法纠正异端分子的错误，而不是单凭权威的论断来压服，甚至从肉体上消灭他们。以今天的眼光看，在偏执横行的时代强调理性的虔诚、在镇压异己的年月鼓吹以理服人是一种接近于宗教宽容的态度，应视为成就。但是当时这本身就是异端，需要镇压，因为讲究理性就是拒绝无条件顺从教会的千年教条、积习，与异端们讲理争辩等于含蓄地承认他们或多或少还有一点理由。从这个意义上讲，皮科克的思想是 16 世纪理查德·胡克的先驱，他不但超越了当时的教会，而且领先于 16 世纪的宗教改革者。但可惜的是他企图用理性和知识捍卫的是一个腐败的教会，失败自然不可避免。第二个成就是它的历史价值。它的内容表明腐化、堕落普遍存在于当时的英国社会。此外，他严格遵循以理服人原则，其论证始终包括对对方论点的相对客观的叙述，此书因而成为保存罗拉德派的最有力的论点的珍贵资料。此书的另一个重要成就是它是英语散文作品中第一部优秀的哲学著作：他用英语书写深奥、至关重要的问题固然是为了宗教目的——说服广大的世俗的罗拉德分子，但客观的效果之一是英语因此被证明有能力处理抽象、深奥、复杂、系统的问题，这是英语散文史上的重大事件。

皮科克头脑敏感、训练有素，且学问广博。他不但通晓神学，而且对文学作品和技巧也有相当的了解，因此被誉为15世纪最好的散文家。他的散文具备如下的特点：1. 组织有序，论点精巧、机敏。他一般首先清楚、准确地阐明反面的观点，继而反驳。反驳往往包括对一些关键的概念、词汇的解释和界定，运用短小生动的例子、大量的引经据典（《圣经》、神学权威等），以及逻辑论证等等。以这类书的标准而言，他做到了言之有据和言之有理，通篇没有一处谩骂。举前面提到的他为使用圣像所作的辩护为例：他认为在教堂里陈设圣像起到提醒人们、促发其联想的作用。没有任何信仰方面的依据，即《圣经》、教会的信仰方式，以及上帝的神迹对此非难。他说：

> 就《圣经》而言，对此结论的正确性我的论证如下：如果《圣经》中有任何段落或文句指谪此举……它们应该出自下列章节，首先《出埃及记》20章如是说：不可为自己雕刻偶像。完全一样的词句记于《申命记》的第5章……我以六个论点证明它们并不非难上述做法。第一点是虽然上帝对犹太人说过“不可为自己雕刻偶像”，但如《出埃及记》25章所言他也命令他们雕刻两个黄金的小天使，安放在约柜里的两端。然而，上帝的命令不可能彼此对立，因此当上帝说“不可为自己雕刻偶像”时，他并非意在禁止他们做偶像。[40]

他在第二和第三点中遵循相同的逻辑，分别引用《民数记》第21章（上帝通过摩西叫以色列人造一条铜蛇）、《列王纪上》第6、7章（上帝吩咐所罗门在宫殿中用橄榄木刻两个天使，以及棕榈、铜牛等等）、《新约·马太福音》第22章（耶稣赞成使用刻有凯撒头像的钱币）等证明上帝并不禁止人做偶像。在列举充分的例证后他在第四至第六点中说明

---

40. 《批驳对教士的过分指责》，第137页。

《出埃及记》及《申命记》中的训诫的真正意思是不可雕制充当上帝的偶像，而对作其他用途的并未禁止。[41] 2. 词汇量大。学者们发现，皮科克辨析抽象理念、讨论哲学问题时不仅用了自己精通的神学词汇，也吸取了文学作品的营养（如乔叟和朗格兰诗歌中的词汇）。此外，除了运用一些新近进入英语语汇的词外，他也自己编造新词使意思精确有别。与同时代的人一样，他不时运用二重同义叠词（往往一个古老，一个较新），在《批驳》一书中最常见的是 undirnome 和 blamyd 这一对。与早半个世纪的特里维萨相比，皮科克使用的语言离现代英语更进了一步，一些古老的前缀消失了（如 by、to），一些以前少见的词出现了，一些词有了现代的意思，而且他的书拼写前后一致，在相当程度上摆脱了中世纪文本中拼写随意、不守规律的毛病。

《批驳》风格上的一个缺陷是不够简洁。或许是为了使论证严密、无懈可击，皮科克有时过于广征博引（如第四部分第三章中关于彼得作为教会的磐石的论证）；在遣词造句方面，他也与同时代的其他一些人一样讲究平衡，结构严密，语气庄重严肃，结果虽创造出庄严的风格，有时却不免写下一些赘词冗句。不过，应指出的是书中也不时出现间断的句子、生动的例子及口语化的用词，这不仅造成风格上的变化，而且也缩短了这部题材重大的长篇论文与普通读者的距离。

四

中古文学史给基督教神秘主义的作品以一席之地，一个重要原因是这类作品注重感情的表达，而且语言表达手段（诸如比喻、象征、意象等）比较丰富，因此具有诗的倾向。这两种特征出自神秘主义的基本观

41. 《批驳对教士的过分指责》，第 138—145 页。

点和追求：他们不关心理性的神学，追求的是面对上帝、与之融合的强烈而神秘的体验。他们认为这种神圣的体验超出了尘世的、物质经验的范围，而人类语言从本质上是物质的，局限于尘世，因此不适于也无法胜任表述他们的体验这一任务。然而，如同多数抱定强烈信念的人，他们渴望传递自己的体验，影响他人。不得已之中他们逐步采用了一套被赋予特定意义的词汇（如 union、oneness、enlargement、elevation、departure、daliance、ravish 等等）以及比喻、象征等修辞手段，相信基于感官经验的喻体至少能在一定程度上类比上帝的本质，引导、暗示、启发他人部分地体验他们的纯精神的、神圣的心灵追求和经历。常用的比喻主要来自柏拉图、新柏拉图主义以及《圣经》，例如用光、火（如《出埃及记》中的燃烧的荆棘）或用音乐类比、象征上帝，把抽象莫测的灵魂比作插翅的骏马和赶车人，男女之间的情爱被用作上帝爱人及人爱上帝的隐喻，等等。中世纪后期神秘主义遍及欧洲，卷入的不仅有修士、隐修士，还有世俗社会。教会的腐败使一些神秘主义者的关怀超出了本人的灵魂救赎，涉及整个基督教会、社会政治。特殊的体验有时给予他们大胆抨击时弊的信心和勇气，如锡耶纳的圣凯瑟琳曾当面对教皇格列高利十一世说他在阿维尼翁的教廷臭气熏天，如同地狱。瑞典的圣布丽奇特声称看见上帝对教皇说："你从我这里夺走了无数的灵魂，你几乎把所有来到你的教廷的人都扔进了地狱之火。"神秘主义者的此类宽广的关怀使他们以民族语言（英语、德语等）书写的作品不仅取得了与同类拉丁文著作同等重要的地位，而且也取得了一定的超越狭窄的宗教流派的价值。在这类作品中，《肯普之书》近年来引起广泛的注意和争论。

玛杰丽·肯普（Margery Kempe）1373 年生于英国诺福克郡的林恩城一个富裕的商人家庭，由此而得的财产和地位以及林恩城（一个享受相当程度自治的商贸城市）特殊的社会、经济、文化环境使她享受到与丈夫平等的地位和相当的行动自由。在多次生育后，她弃绝旧我，变成一个在世俗社会中以怪诞的方式行走圣徒之路的人物。目不识丁的她在晚年口授，先后由两人替她记录，写下她的精神历程，名为《肯普之书》，一些人视它为第一部英语自传。

《肯普之书》由序言、前言、第一卷、第二卷等部分组成。肯普在序言和前言中叙述她受上帝之命先后找到两个有文化的人把自己洗涤灵魂、走向上帝的历程笔录下来的过程。第一卷从她首次怀孕生产过程中经历的危机讲起。她不断遭到魔鬼的骚扰，产后重病大半年，直到耶稣以人形出现在她床前，安慰她道："我的女儿，我从未抛弃你，你为何将我抛弃？"[42] 她眼前出现美丽的异象，一瞬间便恢复了身心健康。此后她逐渐克服虚荣、骄傲。一天夜间她耳中响起天国之乐，美妙的音乐引起她生活中最重大的三个变化，奠定了新的生活内容和模式。这三个变化是：1. 她领略到天国的至高、甜蜜的欢乐，从此逢人便诉说天国的美好，不能容忍对尘世万物的兴趣；2. 她被音乐感动至深，以至后来只要听到音乐，看到耶稣诞生、受难的画面，或甚至心里想起这类情景便会泪如泉涌，号啕痛哭不能自已。这两点很快引起众人的反感和敌意，她多次因此受到攻击；3. 她厌恶过去的情欲，经过多次努力，终于说服丈夫立下禁欲誓言，免除她的所谓"婚姻之债"。她放弃感官享受，几乎摆脱了一切尘世的羁绊，在冥想中与基督、圣母对话，感受神圣的爱和欢乐。她寻求各地的教士、隐修士的指导，请他们验证自己的所见、所思、所感均来自上帝的恩惠，并非魔鬼的蛊惑或异端邪门。她遍访英国、巴勒斯坦、罗马等处的圣地，历经艰难挫折，逐渐获得许多教会人士及普通人对这种奇特的崇拜形式的认可和尊重。在第一卷结尾，肯普提到第一个书写员帮助她写成本书的第一稿。

卷二的篇幅只是卷一的约七分之一，叙述肯普在虔诚的儿子死后护

42. 见玛杰丽·肯普的《肯普之书》，牛津大学出版社，1997 年，第 8 页。

送儿媳返回她的故乡德国，并在德国各地朝圣。回到英国后她继续以自己独特的方式崇拜上帝，全书以热烈的长篇祈祷结束。

五百多年前写成的《肯普之书》在今天不免显得奇奇怪怪、格格不入。但若用历史和文学史的眼光来看待此书，它在内容和形式方面的一些特点和价值就变得容易理解。

首先，这是一个生活在晚期中古神秘主义背景下的活生生的女人对自己的生平和信仰的自述。

虽然西方文化中自我追溯、自我画像性质的作品有很长的历史（如圣奥古斯丁的在4世纪末到5世纪初写成的《忏悔录》)，但人们往往认为真正的自传始于16世纪的切利尼和蒙田，或甚至在1800年后，因为自传写作必须以历史意识的生成、个体的人被承认并得到发展为条件。[43]在此之前的所谓自传一般带有超验色彩，即写传人并未意识到自己是自己生活的创造者和推动者，而是以罪人、一个creatur（上帝创造、喜爱或摒弃的人）自居，只是上帝实现神意的工具，这种中世纪的“自我意识”是诸多圣徒传的一个特点，在肯普的书中也比比皆是。她不以第一人称“我”、而用pis creatur自称。她年青时喜爱穿戴讲究、招摇的衣服和头饰，渴求受人尊敬，不满足现状，总想得到更多。后来她做生意连遭挫折，酿出的啤酒没有泡沫，好端端的马到了她的磨坊便不肯拉磨。此时她想：

> 上帝因她的罪以厄运惩罚她，于是她祈求上帝的怜悯。她摈弃骄傲、贪欲，以及对世人眼中的尊贵的追求，严格苦行，开始走上追求永生的道路。[44]

肯普用上帝的意志和奖惩来解释自己的命运，决定自己的生活之路，虽然这种“自我意识”使她的书无法与现代的自传相提并论，但不可否认

---

43. 见克拉丽莎·阿特金森的《神秘主义者与朝圣者》，康奈尔大学出版社，1983年，第21—25页。
44. 《肯普之书》，第11页。

的是，它的表现并非全无个人特色。通过许多生动的细节，读者在这个以奇特的情感方式表达自己信仰的妇女身上看到的不仅是一种类别，还是一个活生生的人。

此书的展示由两大部分组成：叙事及神示、异象。

叙事部分讲述肯普从第一次危机到老年时口授此书的重要经历，其中包括她如何在饮食、服饰方面奉行苦行；如何坚决而又有耐心、有策略地达到自己在婚姻中禁欲的目标；如何克服胆怯、羞愧，在大庭广众下以痛哭流涕这种异乎寻常的方式奉行和表达信仰；克服重重阻力、经历千辛万苦的朝圣活动；以及她与违背教义的神职人员的冲突、对他们的抨击等。事件的种类、大小不一，叙述繁简相杂，勾画出一个世俗社会中的虔诚之极却又不失精明，令人或惊诧、或同情、或嫌弃的妇女形象。

在这部分中反复提到达数十次的是情感虔诚的一个特征——肯普的不可遏制的眼泪。虽然没有大段的描述，但多样的动词如 sobbyn、cryyn、wepyn、roryn、mornyn 等等与 lowde、bittyrly、ful plentyuowsly、abundawntly、merueylowslyche、hedowslyche、vyolently 等修饰词搭配，同样创造出一幕幕生动的痛哭的场景。肯普哭得“像个喝醉的妇人”，“身体好似就要爆裂”，似乎“整个人会溶化在泪水之中”。人们起先感到惊异（had gret wondyr of hir），逐渐便有人嫌弃、厌恶她，想把她逐出教堂，一路朝圣的伙伴也拒绝与她为伍。肯普虽然相信这种异乎寻常的眼泪是上帝的特别恩惠，痛哭之时对耶稣和神圣的爱有最直接、最强烈的感受，但在她身上仍有常人的需要、忧虑和关怀。她不讳言自己渴求同类的理解与接受，为此数次向上帝祈求，让她私下轻轻哭泣而不是在大庭广众之下号啕。

在肯普身上与虔诚、执着和坦白并存的是世俗的精明，以肯普与丈夫谈判达成禁欲之约为例：

> 仲夏的一个星期五傍晚，天气炎热，pis creatur 与丈夫走

在从约克郡回家的路上。她手中抱着一瓶啤酒，丈夫怀中揣着一个饼。这时丈夫问她："玛杰丽，要是现在跑来一个人，要你我像过去一样做爱，否则就用手中的剑把我的头砍掉，你凭良心告诉我——你说过你决不说谎——你是情愿让我掉脑袋还是让我像以前那样跟你做爱？"

"哎呀，先生，"她说道，"我们禁欲已经八周，你为什么还要提出此事？"

"因为我要知道你心里到底是怎么想的。"

她于是极为伤心地回答说："说实话我情愿看你被杀也不愿回到过去那种不洁的生活。"

他说："你不是个好老婆。"

经过几个段落的争论和谈判，肯普对丈夫说：

"先生，只要你愿意答应我的要求，我便接受你的要求。答应我你不再上我的床，我同意在去耶路撒冷之前替你偿还债务。我把身体奉献给上帝，因此从此以后你再也不能提出婚姻之债的要求，而我则按你的请求星期五不再斋戒。"[45]

肯普动用自己的财力再加上星期五饮食照常这样的小让步换取丈夫同意禁欲的大胜利，突出的固然是她的虔诚，但中世纪晚期商人的交换观念、以少换多的精明也同样跃然纸上。类似的例子还包括：她两次一眼看穿用花言巧语哄住神父的骗子；要爬山而体力不支时，她便顺手把一枚银币塞到身边的一个健壮的穆斯林手中，让他把自己驾上山去，等等。

与叙述部分相比，肯普的沉思、得到的神示、经历的异象更难以为现代读者接受。事实上此书的手抄本于 1934 年被发现后在最先刊印的版本中，这第二类内容被中世纪学者或放入附录部分，或以小号字体印刷，

45. 《肯普之书》，第 23—25 页。

表明他们没有将它看成肯普生平和她的书的一个有机部分。然而自 20 世纪 80 年代以来这种消极的看法得到扭转，对神秘主义作品的深入研究使人们意识到，在一个古怪甚至疯癫女人的梦呓痴言的表面之下，是宗教和文学传统不同程度上认可的神秘主义情感虔诚的种种体现和表达。[46]

第一种体现是散布全书的神示和异象，这是神秘主义经历，尤其是女性神秘主义经历的重要特征。肯普拜访、请教过的女隐修者诺里奇的朱莉安见过 16 次异象，这 16 次经历构成她的《上帝之爱的启示》的基本内容。肯普极崇拜的瑞典的圣布丽奇特对自己的灵魂及欧洲的宗教、政治形势的态度和立场往往基于有关的异象。肯普不仅屡屡见到异象，而且具体所见也大致在这个传统之内（如耶稣的诞生与受难的主题、与上帝的对话等）。

第二种体现是异象出现时神秘主义者的痴迷、狂喜等极度强烈的感情经历，这种经历超出了寻常的表达方式的范围。恸哭、尖叫、昏厥倒地等异乎寻常的行为是并不鲜见的一种表达方式，事实上这是处于社会边缘地位的妇女所能动用的少数方式之一。把肯普的汹涌的眼泪置入这种背景，便不至于导出她只是一个乖戾甚至疯狂的女人的结论。

第三类表现是肯普经常使用这个传统中的一部分表现手法，即用尘世的男女情爱类比她爱上帝（特别是人形耶稣）及上帝特别选中她给予恩惠。这类比喻最早见于《旧约》中的《以赛亚书》《诗篇》《何西阿书》和《耶利米书》（以新娘与新郎、妻子与丈夫的关系类比以色列与耶和华的关系）。《新约》的《马太福音》和《启示录》接过了这种手法。在这种背景之下，《雅歌》中具有明显的感官、性爱色彩的内容被诠释成表现基督与圣母、教会、信徒的关系的隐喻。这个诠释传统通过

---

46. 沃尔夫冈·里尔的《英国中古时期的神秘主义者》（劳特利奇和基根·保罗出版公司，1981 年）、桑德拉·麦肯泰尔编的《玛杰丽·肯普——论文集》（加兰出版公司，1992）、《神秘主义者与朝圣者》等书对此均有系统的讨论。

明谷的伯尔纳和里沃的艾尔雷德的著作对方济会、熙笃会及英国的情感崇拜奉行者们产生了巨大深远的影响，决定了他们见到什么样的异象、如何表述和阐释。这类异象/隐喻及其意义往往被分为肉体的（看见别人所未见的物质、有形的东西）、心灵的（闭上了物质的眼睛后，在睡梦、祈祷中的心灵所见）及纯精神的三个层次。肯普的体验和表述属于第一个层次，在她的眼中和书里，新娘与新郎、妻子与丈夫的隐喻变成了十分具体、带有浓厚现实色彩的活生生的场景，最突出的例子是基督对她说的一番话：

> 妻子应当与丈夫亲近，纵然他是王，而她当初只是贫妇，他们应该在欢乐宁静中同床而卧。因此你我也应当如此……我必然与你亲近，同卧于你床中。你可以把我当作你的丈夫……大胆拉入你灵魂的怀抱，亲切（甜蜜）地亲吻我的嘴、我的头和我的脚……[47]

这里直率的语言没有也无法掩饰她幻觉中强烈的感官、性爱的色彩，这是引起教会内外对她的批评的原因之一。相比之下人们容易接受诺里奇的朱莉安的沉静、富有智慧的心灵，虽然她也有过第一层次的异象经历，但这只是指向抽象的、精神的认知的起点。

研究肯普的书的结构，人们发现时间顺序或灵魂走向上帝这类主题只起了有限的组织作用。肯普说："本书以事情在 pis creatur 心中浮现的顺序写成，并未按照它们发生的先后。"这说明此书在一定程度上是她自由联想的结果。事实上跳跃、类同、事件之间支离破碎的联系等使读者难以找到一条明显的主线。尽管如此，细心的读者会感到自述的展开过程有一种上下跳动的节奏，或者说它遵循一种得失相间、交替的模式：跟随神示带来的安慰和信心的往往是疑虑和恐惧。例如耶稣将某些

47. 《肯普之书》，第 90 页。

人的命运揭示给她，使她庆幸自己得到主的特别恩宠，但事后又总是害怕她得到的并非真正的神示，而是魔鬼的欺骗造成的感觉、妄想，因此她不断需要请权威（如忏悔师、著名的隐修者等）确认异象的性质。与这种波动的心理状态平行的是生活中的多次具体浮沉：她严厉谴责大主教的随从们的行为不端，但这个辉煌的道德胜利感几乎马上就被一个女人对她的恶毒咒骂所抵消。这种胜败的交替一直延续到全书的尾声：她在伦敦四处谴责各类违反上帝旨意的人，为此在异象中得到上帝的特别夸奖，她感动得号啕大哭，而痛哭又立即招致许多人的恶毒诽谤和咒骂，禁止她进教堂。得失/胜败相间的结构贯穿全书，造成一个开放性的结尾，这一点把肯普的书与中世纪流行的圣徒传区分开来，使它作为自传更加真实可信。

《肯普之书》的手抄本几百年不见踪影，人们对它的了解只限于卡克斯顿的继承人温金·德·沃德印刷的 7 页四开的片面摘录。1934 年它的 15 世纪的手抄本被发现，立即引起学者们的兴趣。虽然也有人（如格雷厄姆·格林、约翰·斯夸尔）看中的只是它的文学价值，对它的总的评价与过去几百年中教会的态度相仿。评价的转向发生于 20 世纪 80 年代，起因于中世纪学及宗教学中对妇女层面的研究，这类研究揭示了过去鲜为人知甚至被人恶意地忽略的东西，如妇女与社会中其他方面的关系，她们的处境、作用和成就，以及用来衡量、要求她们的标准，等等。在 14、15 世纪的英国社会中不同的经济、社会、宗教、政治力量交错，冲突、矛盾比比皆是，把肯普放回这样的环境，她的令人惊骇的崇拜方式和异乎寻常的叙述形式即变得不难理解。作为一个享有一定社会地位、个人财产，并有能力、有抱负的妇女，她渴望摆脱社会、婚姻对自己的生活方式、价值追求的束缚，而宗教则几乎是她借以逃脱的唯一出路。然而宗教中高深复杂的神学、等级分明的组织结构实际上对妇女是大门紧闭，肯普选择以神秘的心灵体验、强烈的感情表达完成宗教追求的神秘主义自在情理之中，只不过这条新道路实际也是当时社会的大框架中的一部分。值得注意的是即使这样并未伤及根本的反抗在过去几百年中也遭到许多非议，在这个意义上，《肯普之书》不仅是反映当时现实的一面镜子，它也照出了后人的立场和态度。

第十章

苏格兰诗人

苏格兰与英格兰之间在血缘、文化和政治上的联系、融合及冲突绵延持续于整个中古时期。

这一时期的苏格兰产生过丰富的文学作品。如果以语言区分，这些作品有四类，分别以苏格兰语、英语、盖尔语及拉丁语创作而成。最早出现的是拉丁语文学，圣科伦巴的赞美诗写于 6 世纪下半叶，最早的散文体作品（阿达姆南的《论圣地》《圣科伦巴传》）写于 7 世纪。苏格兰盖尔语诗歌始于 13 世纪初，其中主要是赞美领主的颂歌以及民谣。英语文学留传下来的只是散段、残片，人们对其所知甚少。中古英国文学史通常介绍的是苏格兰语文学。

对苏格兰中古文学的介绍是英国中古文学中不可缺少的一个章节，其主要原因有二。首先与语言有关：中古及文艺复兴时期在苏格兰占主导地位的语言是苏格兰语。中古苏格兰语与中古英语同样出自古英语，不同之处是演变成现代英语的中古英语主要是伦敦方言，中古苏格兰语则由通行于英格兰北部的诺森布里亚的一种英语方言发展而来，而最重要的苏格兰文学作品即以这种语言写就。有人甚至认为文学作品中的苏格兰语与当时人们真正口头使用的自然独立的语言有相当的距离，是一种不同地区的作家、诗人们共同使用的、人工痕迹明显的文学语言，如果罗伯特·亨利森给它取名，大约会称它为“英语”而不是“苏格兰语”。实际上“苏格兰语”这个词作为有别于英格兰人的语言的苏格兰人的语言直到1494年才由亚当·卢特福（Adam Loutfut）启用[1]，虽然它已于大半个世纪前取代拉丁语成为议会文件的语言。除了语言相近、相关外，另一个重要原因是尽管苏格兰与英格兰之间在政治上有很深的敌意，这一时期的苏格兰的文人大多在不同的方面、或直接或间接接受到英格兰文学、诗人的影响，其中有一些（如《埃格尔爵士与格兰姆爵士》一类的传奇以及大量的宗教教诲性的作品）并没有明显的苏格兰特色，可以被看作译成苏格兰语的英语作品或英语作品的苏格兰语文本。即使在一些具有鲜明的苏格兰主题的作品中（如约翰·巴伯的《布鲁斯》、哈里的《华莱士》），以及在组成15到16世纪的苏格兰文学的黄金时代的伟大诗人罗伯特·亨利森、威廉·邓巴、盖汶·道格拉斯的诗中也能清晰地看到英格兰文学对其内容、形式（如君王体、五音步偶句、三节联韵诗体等）和修辞手法的影响。而且诗人们自己也意识到这种影响：威廉·邓巴把乔叟称作“我们的语言中一朵最美丽的花”，并说乔叟、高尔“照亮了我们粗鄙的语言”，而在此之前，“我们的小岛荒凉沉寂，没有美文，也无优雅诗歌的踪迹”。然而，15世纪的英格兰诗坛相对沉寂，作品平庸，在苏格兰却涌现了亨利森等一批才华不凡的诗人。他们有敏锐的节奏感，接过前辈的传统，但又有独特的创造及批评精神，并不单纯模仿，后人于是把他们，而不是英格兰的利德盖特，当作乔叟的传人，因而出现了苏格兰乔叟派诗人这一称呼。在苏格兰文学

1. 见R.詹姆斯·戈尔茨坦的《苏格兰文学——1058—1560》，载《剑桥中古英语文学史》，第231页。此前H.哈维·伍德在所编《罗伯特·亨利森的诗歌与寓言》（1958年版）的引言中说，该词第一次出现是在盖汶·道格拉斯为自己所译的维吉尔的《埃涅阿斯纪》第一卷所写的序言中。

与英格兰文学之间的紧密关系继续得到承认的同时，近年来人们也日益重视它与法国、意大利以及拉丁语文学之间的直接关系，指出应把这段苏格兰文学看作当时欧洲文化中与英语、法语、意大利语文学并驾齐驱的一员。[2]

早期苏格兰语文学的主要作品有14世纪的约翰·巴伯（John Barbour）的《布鲁斯》（*The Bruce*）及15世纪的哈里（Harry）的《华莱士》（*The Wallace*）。约翰·巴伯为阿伯丁的神父，青年时代曾在牛津大学和法国学习。他有强烈的民族爱国意识，作品的风格不同于骑士传奇，而更接近法国中世纪史诗（chansons de geste）。他的《布》采用八音节偶句，共13,550行，讲述苏格兰人在罗伯特·布鲁斯及詹姆斯·道格拉斯领导下打败英格兰人，赢得民族独立的故事，部分内容取自战争目睹者的叙述。这部结构松散、史实与想象掺杂的历代志式的传奇，成为后人了解这场独立战争的主要资料。它虽然未像有的作品那样表现战争的残酷、惨烈，或刻画出栩栩如生的形象，但诗中充溢强烈的英雄精神及对独立自由的追求："哦，自由何其高贵"被公认为苏格兰民族自觉的庄严呼喊。由于巴伯曾为罗伯特·布鲁斯的儿子大卫二世以及罗伯特二世服务，这部作品也被看作是对新王朝的颂歌。[3]

对晚于巴伯一个世纪的《华莱士》的作者哈里的生平，人们一无所知，只从诗中了解到他熟稔编年史及各种浪漫传奇。《华莱士》全诗12卷，约12,000行，组织安排有序，以十音节的英雄偶句写成，叙述苏格兰民族英雄华莱士抗击英格兰侵略者，最后壮烈牺牲的故事。歌唱华莱士的各种故事早已传遍苏格兰，哈里的这部作品公认最为伟大，有些人把它的成就置于同样写苏格兰人争取民族独立的《布鲁斯》之上，更断

---

2. 见R. D. S. 杰克的《意大利对苏格兰文学的影响》，爱丁堡大学出版社，1987年，第3—28页。

3. 见德里克·皮尔索尔的《古英语及中古英语诗歌》，劳特利奇和基根·保罗出版公司，1977年，第187页；R. 詹姆斯·戈尔茨坦的《苏格兰文学—1058—1560》，载《剑桥中古英语文学史》，第232页。

言它远远超过影响了哈里的英国诗人利德盖特的《特洛伊纪事》。成功的原因自然与故事的主题有关，诗人于事实中加入许多自由的想象，他的华莱士的形象超越了一般传奇中的骑士、英雄。主人公幼年遭逢父兄被杀，与母亲逃离家乡，成人后又经历妻子被杀，他的复仇之战基于家仇国恨，与外出消遣、寻衅求战的骑士冒险相比，自然更深沉、悲壮。诗人对英雄内心的悲伤探索入微，对尘世的变幻无常感喟不已，因而许多段落震撼读者的心灵。这些诗行穿越时代，直到18、19世纪，还深深打动着罗伯特·彭斯和威廉·华兹华斯。

15世纪初的一部重要作品是国王詹姆斯一世（James I）的《国王之书》（*The King's Book*），他的创作标志着苏格兰文学黄金时代的开始。12岁的詹姆斯1406年被掳去英格兰，在英格兰的18年中他熟悉了英格兰诗人，特别是乔叟、高尔的作品。被囚于异国的体验，良好的文学、哲学修养以及爱情经历使他得以写出名为《国王之书》的自传性的寓体长诗。全诗长1,379行，以七行一节的君王体写成。诗中的梦境及氛围立即令人想起风靡英格兰、苏格兰的法国寓体长诗《玫瑰传奇》，而富于哲理色彩的爱情经历和人生无常的体验又明确无误地表现出古典时期最后一位大哲学家博伊西斯的《论哲学之安慰》、乔叟的“骑士的故事”、高尔的《情人的忏悔》等对他的重大影响。以国王对琼·博福特一见钟情的段落为例：他被囚于高塔之中，沉思自己的厄运，突然看到窗外下面花园里美丽的琼·博福特，立即堕入情网。这段情节像是“骑士的故事”中的帕拉蒙和阿西特瞬间爱上埃米莉的翻版。再以其中对爱神维纳斯的赞歌为例：

哦，那明亮的金星、那女神熠熠生辉，
我向你致敬，奉献自己。
从今以后你的恩惠我要赞美，

我幸得恩宠侍奉你，
遵循你的戒律。请助我向前。
为我那惊恐的心带来宁静的
唯有你的怜悯。

读过乔叟、高尔作品的读者当会发现此类颂歌面善耳熟。詹姆斯一世是第一位受乔叟影响的苏格兰诗人，他对英格兰诗歌的题材、形式的掌握如此娴熟，以至有人认为他的作品只是英格兰文学中用苏格兰方言写成的一个旁系支族。

15 世纪的苏格兰诗坛人才辈出，成就斐然，这与当时的社会、文化条件有直接关系。苏格兰人的强烈的民族意识使诗人们在从英格兰、法国文化汲取营养的同时也把当地语言、文化作为自己创作的源泉；苏格兰最早的两所大学建立（圣安德鲁大学和格拉斯哥大学），学术繁荣，受过教育的中产阶级、职业阶层（律师、商人等）的出现得益于教育的扩展。诗人们同时也往往是学者，许多作品也超越了传统的宫廷趣味，以中产阶级为其读者群。国王詹姆斯四世的宫廷豪华，他本人性格活跃，喜欢歌舞，斯特林城堡的皇家教堂中有 40 人组成的唱诗班，可以与英格兰的温莎城堡媲美。此外，苏格兰的学者、文人通过乔叟这样的诗人不仅受到法国文学也受到意大利文学的影响，有的甚至有机会直接接触意大利的人文主义潮流（例如彼特拉克、薄伽丘、波利齐亚诺的作品），用自己的民族语言写作便是他们受新潮流影响的一种结果。而在用苏格兰语创作的过程中他们也像其他一些欧洲诗人那样，有意识地从拉丁语中汲取华美庄严的词语，以使自己“粗鄙”的语言与优雅、崇高的主题相匹配，于是在文学创作的过程中他们便成了苏格兰文学语言的创造者。在这一意义上，理查德·霍兰、罗伯特·亨利森、威廉·邓巴、盖汶·道格拉斯们是当时的社会、文化氛围的产物，又用自己的成就丰富发扬了这个传统。

一

罗伯特·亨利森（Robert Henryson）是15世纪后期最重要的诗人，也是最伟大的苏格兰诗人。他生活在15世纪下半叶，1508年前去世，但确切日期无法判断。他在大学学习文科和法律，取得学位，可能当过公证人，去过意大利。他可能在格拉斯哥大学讲过课，当过邓弗姆林文法学校的教师。至于他的思想倾向、好恶、文学主张等都只能根据他的作品作推测。

亨利森的作品包括：1.《伊索的道德寓言》；2.《克瑞西达的遗嘱》；3.《俄耳甫斯与欧律狄刻》；4.《罗宾与莫金妮》《毋轻信》等10多首短诗（并非每首都能确认为他的作品）。这些作品中的大部分由亨利森死后数十年才出现的手抄本和印本保存下来，人们估计抄写、印刷的失误在所难免，而更晚的文本中常常有删节和改动以适应当时新教读者/听众的需要。

欣赏亨利森的诗在一定程度上是欣赏他对中古文学传统的严肃的认同以及对它的自如、独出心裁的发挥。可以从两方面来解释这一点：

1. 许多中古诗篇是"故事新编"，并非完全的独创。亨利森得以超越绝大多数中古诗人，成为15世纪最伟大的诗人，是因为他像乔叟乃至后来的莎士比亚一样具有把现有的材料变成自己独特的作品的创新能力。例如相传源出于公元前6世纪的希腊奴隶伊索的动物寓言流行于中世纪，这些寓言在中古后期最流行的文本是沃尔特（拉丁文Gualterus Anglicus）于12世纪后期编撰的拉丁文本（被用作学校教材）。此外，主要在法国形成的《列那狐》动物寓言诗也是当时人们耳熟能详的作品。亨利森的《伊索的道德寓言》即在这二者基础上写成。他接过现成故事的部分主题和梗概，以他对社会的关怀、对人性的思考、丰富的想象和绝妙的幽默感创造出别具一格的动物寓言。富有时代、民族特色的丰富、生动的细节和深刻的寓意使这些寓言不但能与它们的蓝本媲美，而且为亨利森赢得世界文学中属于自己的一席。第二个例子是俄耳甫斯的故事。在希腊神话中他凭借美妙的琴声得以下到冥界寻找死去的妻子欧律狄刻，中世纪人在罗马诗人维吉尔、奥维德和哲人博伊西斯的诗中都读到过这个故事，其中以博伊西斯（《论哲学之安慰》卷三）的影响最大。除这一原料外，亨利森还借用了尼古拉斯·特里维特（Nicholas Trivet）对其寓意的阐释（1300年左右），写就633行的《俄耳甫斯与欧律狄刻》。他以动人的神话为中心，借俄耳甫斯上天下地寻妻的情节之便描述天上的行星、地下的冥界，在教训部分详细阐述情节、人物的寓意。两部分涉及神话、历史、现实中几十个人物，把原来相对简单的故事扩展到包含大量中世纪的兴趣、知识和价值的复杂作品。再如杰弗里·乔叟的《特洛伊罗斯和克瑞西达》叙述特洛伊国王的小儿子特洛伊罗斯最终被爱人克瑞西达抛弃、战死疆场的故事，堪称中世纪最伟大的爱情诗篇。亨利森接过故事，重写结局，让特洛伊罗斯重创希腊军，在凯旋路上巧遇克瑞西达。她已被狄俄墨得斯抛弃，身患麻风病，沦落街头。此时她痛悔自己善变不忠，自知死后尸体只配蛀虫、蛤蟆吞噬。亨利森在《克瑞西达的遗嘱》中不仅改变了故事的结局，而且还借叙述者（一位老人）之口提出，乔叟之言未必都准。有人因此认为亨利森有一条自己的路，“苏格兰的乔叟派诗人”的提法不足以体现他的全部价值。当然，给克瑞西达安排一个可耻的结局也被许多批评家看作敌视妇女的态度。与《特和克》相比，《遗嘱》的风格更简练，带有一种与悲剧匹配的质朴。威廉·锡恩于1532年出版乔叟的《特和克》时，亨利森的《遗嘱》被当作它的第六卷或续篇而包括其中。最后，亨利森的一些短诗的题材也是中世纪诗歌中反复出现过的，例如告诫贵族、老爷警惕谄媚者的甜言蜜语及用心险恶者的流言飞语的《毋轻信》。

2. 亨利森抱定灵魂/心智/善与肉体/欲望/恶二元对立的观点，对人性、对社会具有强烈的关怀，在文学的功能方面他便顺理成章地遵循壳·核（shell-kernel）的传统来看待意义/教诲（sentence）与娱乐（solas）这两者之间的关系。《伊索的道德寓言》的序言是这样开始的：

纵然古老诗歌中编撰的故事
并非全部基于真实，
那精美篇章中的妙语隽言，
却能愉悦人们的双耳；
转借他事以作比喻，
训诫不义行恶之徒，
即为最初赋诗的缘故。

隔了两节后他更直接点明写动物只是评论人性及社会中的问题的手段。以生动活泼的故事和令人放松、愉快的言辞讲述严肃的道理，这就是写诗的宗旨：

一张长期弯曲的弓，
它的弦会变软、滞呆；
沉浸于严肃的思绪，日夜不辍，
人的心智也将驽钝。
于严肃中掺入欢快轻松，
诚为相宜。确如伊索之言，
饰以美词，严肃之题也呈现可爱的笑脸。[4]

这个原则被用到故事中。他改变拉丁文伊索寓言的安排，把每个寓言分成故事、教训两部分，故事部分写得生动活泼，而尾随的教训（长度从3节至10节不等）则以强有力的措词、充沛的感情直截了当地表达了诗人激烈的道德态度，使读者在欣赏精彩的故事后不能不进而考虑它的寓意，甚至不能不认同他的观点。以《城里鼠与乡下鼠的故事》为

4. 见登顿·福克斯编的《罗伯特·亨利森的诗歌》，克拉伦登出版社，1987年，第3—5页。

例：城里鼠去乡下探望妹妹，发现她生活清苦，便说服她与自己进城享福。然而在她们大开筵席、遍尝珍馐美味之时，管家与猫先后突然出现，乡下鼠险些落入猫口。它饱尝惊吓后匆匆离城返乡，回归清苦但是安静的田野生活。讲这个故事的目的何在？亨利森在教训中说：

朋友，你若肯留意，你将在
本寓言中发现一个有益的教训。
……
生活简朴、免于惊恐，此谓有福；
饮食有度，静享安宁，也谓有福。
纵然人拥有的少而又少，
若别无所求，这些即已足够。
巨大的财富，过分的昌盛
却每每造成凶险的结局：
……
哦，恣意享受的世人！你奉口腹
为神明，惯于将它填饱，
我实实在在地警告你，
猫儿已到，双眼已盯上老鼠；
倘若心中恐惧和忧虑，
你的盛筵及豪华又能值几何？
我因此要说：尘世上的幸福无过于
只有微少的财富，却有喜悦的心灵。
朋友，属于你的火，哪怕只是余烬，
它发出温暖，便是你的黄金。
……
"活得诚实，心中永远喜悦，

蓝天之下别无更大的福气。”[5]

如果说戏剧性的《城里鼠与乡下鼠》讽刺的是人性中的一些弱点，那么《羊与狗》《狼与小羊》《狮与鼠》等则是对社会不公的严厉批评。在《羊与狗》中狗诬告羊欠了它一个面包，羊被召到法庭后提出充当法官的狼曾残害其多名亲属，因此不适合审理此案。但是狼、乌鸦、熊、獾、狐狸沆瀣一气，操纵法庭，判定羊必须偿还债务。无辜且无助的羊终于只得出卖自己身上的羊毛换得面包给狗，然后自己“光秃着身子走到田野”。这个故事的教训部分长达九节（63 行）。在第 1 节中亨利森便挑明“这只天真、可怜的羊比喻那穷苦的下层人 / 日日遭受暴虐之徒的压迫 / 他们以欺诈获取不义之财 / 期望这样的日子地久天长。”[6] 然后他接着解释狼在此充当一个傲慢的司法官：

只因他向国王付了一笔钱，
便得到法庭的处罚充公款项，
他把当地的穷人统统送上法庭。
纵然穷人诚实有如圣徒约翰，
一旦被当官的盯住，
即遭杀身之祸，除非他纳钱交物。[7]

至于那只乌鸦，则是收受贿赂，任意编造、窜改被告名单的贪官。然后亨利森又回到受欺凌的羊，说时值隆冬，北风呼号，羊只得躲入洞穴，它

冻得发抖，
哀咩声声不停。
他抬头向天诘问：
上帝呀，你为何沉睡这般久长？

5. 《罗伯特·亨利森的诗歌》，第 18—19 页。

6. 同上，第 51—52 页。

7. 同上，第 52 页。

醒来吧，查看我的讼案，我占着理。

看一看欺诈、强力和诡计如何将我剥光。[8]

亨利森在多首诗中抨击当权者实施暴力、奸计以满足自己的贪欲，使受欺压的穷人“在炼狱中度日”。执着的关怀、生动的故事、爱憎分明的感情和犀利的语言，使他的这类诗歌对今天的读者仍有很强的感召力。

亨利森生活在15世纪后半期，当时文艺复兴在意大利已有很长的进程，重要的北方人文主义者伊斯拉谟已开始写作，虽然亨利森肯定对此耳闻目睹，他的《俄与欧》中有的故事细节也明确受到重要的人文主义者波利齐亚诺的影响[9]，他却固守中世纪传统价值，无涉于新潮流。贯穿他几部重要作品的是关于灵魂与肉体对立、冲突的传统命题：灵魂/心智把人向上提升，而肉体/欲望使人下坠堕落，因而人的幸福、命运在于灵魂是否能摆脱肉体的桎梏。以《俄与欧》为例，在414行的故事部分之后是219行的教训阐释，它把俄耳甫斯借助音乐的力量上天入地寻找妻子的神话解释为一个说明上述命题的复杂寓言。欧律狄刻象征灵魂中的感情意志部分，她想逃离牧人阿里斯泰俄斯（美德）时，便被毒蛇（大罪）咬死，沉到冥界。俄耳甫斯失去妻子后的痛哭象征智慧看到人沉沦时的悲恸。他到冥界寻妻，用音乐使怪兽和复仇三女神入睡则表明睿智使用雄辩征服了肉体的欲望。最后在领着欧律狄刻（在此象征尘世之物或对其的渴求）离开冥界的路上，俄耳甫斯（既代表理智，又代表受强烈感情控制的人）违约回首致使她被重贬深渊。

《克瑞西达的遗嘱》的安排稍有不同，并未分成两部分，对寓言的暗示和说明散布于故事之中。故事前半部分的克瑞西达象征肉体/欲望，她背叛特洛伊罗斯，投入狄俄墨得斯的怀抱。在被其抛弃后，她沦为妓女，放纵情欲，结果惹怒诸神，受到身罹麻风病的惩罚。麻风病在此有

---

8. 《罗伯特·亨利森的诗歌》，第53页。

9. 《意大利对苏格兰文学的影响》，第8—13页。

数重象征意义：首先在中世纪它被认作性病；其次它被当作上帝惩罚犯罪的一种疾病，麻风病人被社会孤立，但也正因如此他们反而得以亲近上帝，他们在尘世的苦难被看成炼狱的经历。故事结束时的克瑞西达超越以前的纵欲、自怜，终于了解自我，平静地放弃了一切尘世财物，于是上升到灵魂/心智的层次。

在诗歌形式和手段方面亨利森也成功地继承了传统。首先他在《伊索的道德寓言》《克瑞西达的遗嘱》的大部分，以及《俄耳甫斯与欧律狄刻》的故事部分（俄耳甫斯的哀歌50行除外）中采用乔叟始用的君王体（每节7行，五音步，抑扬格，韵为ababbcc），对它驾驭自如。其次，他赋予不同主题的作品不同的风格，例如在《克瑞西达的遗嘱》《俄耳甫斯与欧律狄刻》这类悲剧性的，具有浓重的哲理、神学色彩的作品中他采用乔叟式的典雅和宫廷风格，乔叟的声音和技巧在多处显现。以对爱神维纳斯的崇拜为例，《遗嘱》的叙述者说：

我曾发誓服从女王维纳斯，
我深信，她将以爱情
让我枯萎的心重归年青。
因此我必怀着谦卑、崇敬，
向光辉的女王祈祷。[10]

这几行诗显然是从乔叟的《特洛伊罗斯和克瑞西达》的开卷序诗演变而来。

再以叙述者对故事的得心应手的驾驭为例。《遗嘱》的叙述者主动拉开与故事的距离，声称自己并非创作，只是叙述从另一本书中读到克瑞西达背叛爱人后的下场，而这正是乔叟的《特和克》中的叙述者作过数次的姿态。在《俄与欧》中，俄耳甫斯到天上各行星寻找妻子，漫游之中听到美妙的天国音乐，这使人想起乔叟的《特和克》尾声中的特洛

10. 《罗伯特·亨利森的诗歌》，第111—112页。

伊罗斯。叙述者在用十余行的篇幅议论音乐之后戛然而止，采用类似乔叟在“女修道院教士的故事”中的手法，以不懂音乐为由自如地转回到对俄耳甫斯寻妻的叙述。至于完全抒情的段落，《遗嘱》中的克瑞西达的哀歌似从乔叟未完成的《阿奈丽达与阿西特》中阿奈丽达的哀歌演化而来，而读俄耳甫斯的哀歌时，乔叟的特洛伊罗斯的声音也隐约可闻：

哦，忧伤的琴哪，你根根伤心弦，
把欢笑和音乐变为哭泣，
不要再唱精妙悦耳的歌曲。
与我一起流泪吧，你的主人、忧伤的国王，
我已失去世上所爱的一切。
……
与我一起恸哭吧，在海岬、在陆地，
‘你去到了哪里，我的爱人欧律狄刻？’[11]

典雅的程式，真诚、强烈的感情以及质朴的表达方式在这里得到完美的结合，这一段无疑在英国文学史中最美丽、动人的诗行之列。

与典雅庄重的《遗嘱》《俄与欧》相互映照的是《伊索的道德寓言》。《伊》中的故事部分的风格贴近大众。细节的安排中的节奏、夸张和对比、字词的选择、动物特点与人性的巧妙杂糅、生动的对话等营造出一种犀利但又不尽失善意的讽刺效果，不时出现的幽默雅俗共赏。以《城里鼠与乡下鼠》为例，乡下鼠以最好的饭菜款待城里来的姐姐，而养尊处优的城里鼠对此不屑一顾：

“亲爱的妹妹，”（她说，）“请原谅，
这种粗糙的食物于我不相宜，
我的胃向来习惯柔嫩的美食，

11. 《罗伯特·亨利森的诗歌》，第 136 页。

我不时过得有如王公贵族。

你这些干豆子、陈核桃须先砸开，

否则会崩了我的牙齿，还弄瘦我的肚子。”[12]

姐姐终于说服妹妹跟她去到她那连“基督受难日也比［乡下的］复活节丰盛”的城里的华宅。她摆上满桌的美食，姐妹俩吃得兴高采烈，高唱“嗨啦啦！嗨啦啦！”

然而乐极生悲，

紧随运气的便是麻烦与苦恼，

管家手持钥匙突然开门而进，[13]

随即是叙述者的冷言冷语：

我猜想她们并未磨蹭洗手，

便慌忙各自逃命，

城里鼠钻进洞里，

妹妹却无洞躲藏。

孤零零的老鼠一筹莫展，

她吓昏在地，险些丧命，

她的模样看了真让人同情。

管家离去后，城里鼠出洞邀妹妹继续吃喝，但她已兴致全无：

“我吓得魂飞魄散吃不下东西，

我宁愿禁食四十日

只吃水煮白菜，啃豆子，

也不愿为你的大餐恐惧、焦虑。”[14]

下一例取自《狐狸与狼》，是一个表现狐狸狡猾的品质的独出心裁

12. 《罗伯特·亨利森的诗歌》，第 12 页。

13. 同上，第 15 页

14. 同上，第 16 页

的细节。狐狸向当修士的神学博士狼忏悔自己放纵食欲、偷鸡摸羊之罪。他答应复活节前除鱼以外别的荤腥一律不沾，但很快便

从羊群中偷抓了一只羔羊，
跨过山谷急匆匆奔向溪边，
提着小羊的双角，将它按入水中，
两次、三次，口中念念有词：
“羊先生，沉下去，上来之时就是鱼大人！”
小羊气绝身亡，旋即被提上河堤，
狐狸开怀享受这刚刚造就的鲑鱼。[15]

最后值得一提的是亨利森是个有学问的诗人，他的诗涉及法律、音乐、宗教、哲学，专业知识不仅丰富了作品的内容，加深其内涵，而且在增添幽默、营造戏剧气氛方面起了重要作用。当动物们有模有样地扮着法官、告解神父的角色，有板有眼地吐出串串专业词汇时，这些寓言发挥了最好的娱乐、讽刺乃至教诲的效果。

二

与罗伯特·亨利森的情况相似，人们对威廉·邓巴（William Dunbar）的生平的了解也极为有限。根据他的《争吵与责骂》一诗中第489行“你生于日食那一天（或你孕育于日食那一天）”，人们推测他生于发生日食的1460年或次年。至于卒于何年则无任何线索，人们只知道有关他的记载止于1513年。他可能在格拉斯哥大学学习过。他领取国王的薪俸，肯定曾为国王、宫廷服务，很可能以此身份（像英格兰的乔叟、意大利的薄伽丘和法国的德尚）出使国外。他是教士无疑（可能

15. 《罗伯特·亨利森的诗歌》，第32页。

是方济会修士），并希望得到一个有固定收入的圣职。

邓巴的手迹未能留传下来，他的诗最早见于他在世时的印刷本和去世后的三四种手抄本，现代的诗集都据此编撰而成。基本归为他的作品的有 84 首，对另外 9 首的归属尚有争议。

与亨利森及盖汶·道格拉斯的作品相比，邓巴的诗明显地比较短小、紧凑，除了十余首外（如 530 行的《两位已婚女子与寡妇》、552 行的《邓巴与肯尼迪之争》、近 300 行的《金盾》、近 200 行的《蓟草与玫瑰》，以及《安德鲁·肯尼迪先生的遗嘱》《黑鸫与夜莺》《魔鬼之探》《美人与囚徒》《七大罪之舞》《鞋匠与裁缝之战》《梦幻》《邓巴的挽歌》《基督受难》等百行左右的诗），其余的长度都在几十行，有一些（如《致国王的财政大臣》《爱情易逝》《生命易变》《致国王的新年礼物》《头痛》）则不超过 20 行。

就题材而言，邓巴的诗丰富多彩，可大致分为有关他本人、宫廷城市生活、妇女问题、说教、宗教等几部分。当然这些部分之间并没有清晰的分界线，诗人是教会、宫廷中人，有关他本人的诗自然包括大量有关教会、宫廷的信息及他的相关态度；而他对妇女的看法、他的宗教热忱、说教内容也在相当程度上反映了社会、宫廷中的时尚。事实上，他的诗篇不仅展现了一些社会画面，更捕捉到生活中的许多独特的细节、小事，它们像一扇扇设计精巧的窗口，让读者跟随他犀利而且往往是讥讽的眼光窥探社会情景以及人物百态。就这一点而论，邓巴显然不像亨利森那样具有宽广、深沉的道德关怀并因此写出悲剧性的作品。他是一个机敏的观察者、出色的讽刺诗人，他以几乎是无与伦比的语言能力，以词汇、音韵、节奏等手段或精确、或夸张地再现他的所见所闻，推出一幅幅可笑甚至怪诞的人物肖像。[16] 最能表现这个特色的是那些有关他

16. 见 R. D. S. 杰克编的《苏格兰文学史》第一卷，阿伯丁大学出版社，1988 年，第 65、77 页。

置身其中的宫廷生活的作品，而教士、医生、法庭、某些手艺行业则是他着力讥讽、抨击的对象。

詹姆斯四世熟读《圣经》和其他宗教书籍以及拉丁语、法语的史书，他的兴趣广泛而且实际，宫廷中聚集了“教士、廷臣、能工巧匠，/法学和医学博士，/占卜师、笔杆子、哲学家，/占星师、雄辩家；/武士、骑士，/乐手、游吟诗人和快乐的歌手，/……舞师、……”等等。来路各异的三教九流之间不免明争暗斗，以博取国王的好感以及与此相随的实利：

人们的手段和方式五花八门，
只为在宫中得到自己的索求；
有人凭借勤快多干活，
有人靠赖着不走，
……
有人凭唱歌，有人凭跳舞，有人靠讲故事，
有人则等夜深将跳莫利斯舞的领进，
有人靠调情，有人装模作样，还有人靠奉承。[17]

在这种形势下，以写诗谋取前途的邓巴显然不占优势。他自称“正当别人阿谀奉承、装模作样之时/唉！我只会撰写诗歌”[18]。读者从他诗里的祈求、抱怨、诙谐、讽刺乃至直截了当的抨击之中可以清晰地听到他的期望和不平：无德无能之徒受封得赏，富人锦上添花，而有人服务多年却一无所获，无人雪中送炭。他在一首《致国王》中提醒国王：

陛下，请您记住这点，一如以往：
我受苦、忧伤，为您服务，
我的青春流逝于此；

---

17. 见W. 麦凯·麦肯齐编的《威廉·邓巴诗集》，鼠海豚出版社，1932年，第55页。
18. 同上，第42页。

良心因而在呼喊报偿，

……[19]

又在《当圣职空缺之际》中责问国王：

……

陛下，把酒给予干渴难当者，

是否更有价值；

抑或应该让喝足之徒撑破肚皮，

听任缺水者干渴而死？

把酒给谁功德更高？[20]

更在《致国王的抗议书》中怒吼：

……

别的傻瓜恶棍均得报偿，

而我却一无所获，此时

我对这骗人的世界一声吼：呸！

我的肺几乎气炸，

我的心岂能容忍

宫廷中如此的腐败昏聩，

日日展现在我眼前。[21]

宫廷小人中最使邓巴愤慨的是一个确有其人的江湖骗子。他名叫约翰·达米安，来路不明，手段登峰造极，入宫仅三年便从热心宗教的国王手中骗到汤兰修院主持的职位。这类收入有保障的位子邓巴苦苦久等而不得，气愤之下写了128行的《汤兰的假修士》进行抨击。诗的前26行叙述此人进宫前的恶棍行径：

19. 《威廉·邓巴诗集》，第41页。

20. 同上，第27页。

21. 同上，第38页。

……

从鞑靼之地来了一个土耳其人，

越过柏柏里边界进入伦巴底，

他身着逃犯之衣，

长期在彼隐匿。

他避而不受洗礼，

杀死一个修士，

将其新衣披到自己身上，

……

待到伪装败露

……

畏罪逃窜至法兰西。

他冒充治病郎中，

只凭在伦巴底学到的半点一星，

……

病人统统被他治死

……

手下死人已太多，

他害怕要遭报应，

便急忙逃命。

抄近路窜入苏格兰

……[22]

27—61 行叙述这个江湖骗子在苏格兰虽继续借行医害命图财，却当上修院住持。他玩忽职守，热衷邪门歪道，千方百计炼金不成，忽又弄来各

22. 《威廉·邓巴诗集》，第 67 页。

色羽毛做成的翅膀，企图表演飞天。诗人用余下的 67 行改变、夸张故事，生动地描绘他飞天不成，反遭众鸟攻击，跌入泥塘：

乌鸦哀号，在四周的树林中寻觅，
倘若他暴露自己所在，
众鸟便将以利爪攻击：
用烂泥遮身，与鸭为伍，
他在泥水中浸泡了三日，
飞鸟遮暗了天空。
……[23]

当然，在关于宫廷生活的诗里不仅是怨言、抨击。有的诗以隐喻的手法庆祝詹姆斯四世与英格兰的玛格丽特公主的婚礼（《蓟草与玫瑰》），也有的以喜剧的手法表现了快乐热闹的享受，如《王后宫中的舞会》。后者描写包括诗人本人在内的四男二女，他们或舞姿笨拙，或狂放不羁，但个个无忧无虑、兴高采烈。每节诗的结尾叠句“比这更欢乐的舞会哪里能找到”听来像是骄傲的宣言，又像一声心满意足的叹息。

邓巴写自己的诗大多与宫廷有关（邀宠、失意、牢骚等等），有一些却与此无涉，其中最有趣的一首 15 行的小诗名叫《头痛》，它的头 10 行是：

昨夜头痛袭击，
至今我仍身体无力，
偏头痛锋利如剑，
刺穿了我的头颅，
叫我几乎不能睁眼见光线。
纵然剧痛已过去，

---

23. 《威廉·邓巴诗集》，第 69—70 页。

欲赋诗我提起笔，

却无从寻觅一行一词，

它躲在脑海深处，

疼痛已将它变得呆滞。[24]

用写实的手法直截了当地描述自己的病痛，这在中古诗人中很少见，加上用词质朴，诗行简洁，头韵的踪迹时隐时现，这首诗今天读来仍给人新鲜亲切的感觉。

《冬日沉思》与《头痛》有两点不同：一是它写诗人冬天时的消沉、忧郁的心境、情绪，而非身体的病痛；二是它部分写实，部分采用了隐喻的手法（让“绝望”“耐心”“审慎”“老年”等喻体人物分别开导诗人）。诗中萧瑟的冬天和美好的夏日的写实图画与诗人的心理相互烘托，喻体人物的说教与诗人的反应相互映衬，一个敏感、热爱阳光和欢乐、害怕阴霾和孤独的诗人形象跃然纸上：

在黑色的天空

雾霭迷蒙、乌云满布，

叫我没有心绪

吟诗、唱歌或嬉戏。

……

然而当黑夜渐短，

冬雨压抑的心灵

会得到抚慰。来吧！

可爱的春天带来鲜花，

让我的生活中也有欢乐。[25]

邓巴的目光有时越过宫廷和个人的得失，落到更大范围的苏格兰社

---

24. 《威廉·邓巴诗集》，第 3 页。

25. 同上，第 26—27 页。

会场景。对于城市里丑陋的街景、贪婪自私的市民、教会的腐败他都有敏感的反应。在《致爱丁堡的商人》中他勾画出那里可憎的景象：

但愿你们的大街上无人行走，
因为那里散发着各种鱼臭，
老妇人们在叫喊争斗，
还有令人憎恶的谩骂中伤：
……
你们的城市乞丐充斥，
整日里吵嚷不止，
那帮流浪汉骚扰正人君子，
……
街道上瘸子盲人哭喊不已，
让路人无法通行；

他因此责问商人：

你们对穷人不拔一毛，
竟也不觉羞愧，
……
你们的财产日增月积，
善举义行却日渐稀奇，
……[26]

在《攫取之时须加审慎》中邓巴更把批评的矛头指向形形色色的统治阶层的成员：

教士们乱纷纷夺取圣职，
……

26. 《威廉·邓巴诗集》，第81—82页。

榨取租金心安理得，
愿魔鬼勾走他们的灵魂：
……
贵族老爷们收租且罚款，
将田地里的出产
悉数从佃户手中夺走，
逼得他们挨门乞讨。

在列举商人、地主等人群永不得满足的贪欲后，这首诗在最后一节迸发出最严厉的抨击：

大人们会压善抢，
声名显赫，端坐在议会中，
穷贼则被高高吊起，
蒙受耻辱直至永远：
攫取之时须加审慎。[27]

像许多中世纪的诗人一样，邓巴作品的题材也包括妇女、对人生的感慨、说教以及宗教，而且他的手法（如巧妙、系统的隐喻）、见解也都停留在传统范围之内。他写妇女的诗中表现出推崇和敌视妇女的两种截然不同的态度，而这类前后不一、自相矛盾在当时的作品中并不罕见。他在《赞美女性》中说：

关于妇女我要说，
世上万物无一比她们更美好；
男人理应敬重、礼待她们，
胜过世上其他万物。
……

27. 《威廉·邓巴诗集》，第33—36页。

她们经历痛苦孕育我们，她们的

怀抱喂养我们，让我们安睡；

……

世上的慰藉就是她们，

我们珍视她们超过男人双倍；[28]

但对妇女作出如此高的、真诚的评价的邓巴却会变换腔调。他在最重要的作品之一的《两位已婚女子与寡妇》中接过中古法语文学中的传统，沿着乔叟的“巴斯妇人的故事”的序言的路走得更远。这首530行的诗模仿典雅传奇的程式，让叙述者在仲夏之夜独自徜徉，来到绿叶青葱、鲜花开放的花园，偷听到三个美丽的妇女的谈话。她们以为身处无人之境，便无所顾忌，将自己的婚姻阅历，对感官享受的期望，对丈夫男人的不满、鄙夷和盘道出，其中仅咒骂他们的坏字眼就多达40多个。叙述者在结尾时向读者发问：

“尊敬的听众，您们已侧耳倾听了

这三个妇女的粗俗的故事，

我将此早年奇遇记录于此。

您若娶妻，将选其中哪一位？”[29]

有人认为应将这首诗视为流行的对传奇的讽刺性模仿（parody），与其说它中伤、败坏典雅爱情和妇女的声誉，不如说它以滑稽的方式展现了兴高采烈的狂欢情绪。但是这样的内容自然会使另一些人认为邓巴意在说明并嘲骂在妇女优雅的表面之下的本质性的粗俗和堕落。

邓巴的咏叹人生、说教类的作品大多以人性脆弱、充满不幸且变幻无常为题，如《变幻的人生》《人世的欢乐终成痛苦》《人皆终将一死》《悼诗人》等等。在中古文学作品中（无论世俗还是宗教的）这是一个

---

28. 《威廉·邓巴诗集》，第83页。

29. 同上，第85—97页。

常见的主题，到了思想贫乏的中世纪末期的15世纪尤为盛行，且已无新鲜独创可言。如果说邓巴的这些诗优于当时的同类作品，那主要是因为他杰出的文字能力。简单明了的词汇句法，生动的意象，直白不加矫饰的语气，在尾韵格局中不时出现的巧妙的头韵，以及箴言、谚语型的令人难忘的叠句等诸多因素使这些不符合现代口味的诗读来仍有一定的感染力。《悼诗人》即为很好的一例。

邓巴作品中的最后一类是宗教诗。前面提到的他对教士的猛烈攻击在后期中古文学中是常见的题材，并不一定表明个人的信仰状况。实际上他的七首宗教诗表明他怀有虔诚的宗教情绪。这些诗有两个主要特点：一是它们受到当时盛行的宗教神秘剧的影响，对应中古晚期的宗教崇拜风尚，强调基督经受苦难的一面，热衷描述他被钉十字架、备受折磨的细节，并把童贞女马利亚提到天国的女王的崇高地位，用各种美好的词语赞美她，祈求她的佑护。其次，这些诗的内容实际上是公共的礼拜仪式（如《基督诞生》《基督复活》等），表达个人深沉的宗教体验的很少。从技巧的角度看，《基督诞生》属于英语诗歌中最为抒情、最具歌唱性的一类。

尽管邓巴作品的题材广泛，人们仍认为他的最大成就在于驾驭语言和形式的高超技巧，而非深刻的思想。一个明显的例子是亨利森和邓巴都采用过从法国传来的“遗嘱”形式。邓巴的《安德鲁·肯尼迪先生的遗嘱》在内容上显然有别于像亨利森的《克瑞西达的遗嘱》那样严肃的作品；它的妙处是采用法语的《醉汉之王的遗嘱》这类对“遗嘱”体裁的滑稽模仿，并追随15到17世纪期间在一首诗里用两到三种语言（其中一种必须是拉丁文）的一种潮流。这首诗共14节，每节8行（最后一节例外，有12行），各节中苏格兰语诗行与拉丁语诗行交替，而这两种诗行各有自己的尾韵格局。两种语言的并举和精巧的格律巧妙地配合酗酒的宫廷医生肯尼迪的自述，增强了戏谑、嘲讽的效果。另一例是

《邓巴的挽歌》，轻松的戏谑由中规中矩的安魂弥撒的形式表达出来，使人不得不赞叹诗人的独特匠心。当然，这些诗主要用于娱乐，而不是教化。

在结束对苏格兰诗歌的介绍时，还应提到其他几个名字，首先是前面已出现过的盖汶·道格拉斯（Gavin Douglas），他的罗马诗人维吉尔的史诗《埃涅阿斯纪》的全译本是第一部译成英语方言的古典作品。他的译文忠实于原著（他批评卡克斯顿的译本曲解维吉尔的意思），为其中每卷撰写的序和跋很有特色（如第七、十二、十三卷的序中对自然景色的描写，第一卷的序中表现的强烈的民族文化意识，等），他的名声因此曾经盖过亨利森和邓巴。另外三个名字是政治、道德剧《对三个等级的讽刺》的作者戴维·林赛（Sir David Lyndsay）、抒情诗人亚历山大·斯科特（Alexander Scott）和以十四行诗见长的亚历山大·蒙哥马利（Alexander Montgomerie）。

第十一章

中世纪的英国戏剧

早期的英国戏剧起源于英国中世纪教堂的宗教仪式。中世纪的教堂是当时人们日常生活的一个重要组成部分。它既是宗教的圣祠，又是平民百姓聚会的场所；它兼有学校的功能，又是一种文化与娱乐的中心。为了达到寓教于乐的目的，在许多宗教仪式，特别是重要的宗教庆典活动中加进了吟诵或简单的表演。公元 9 世纪末，英国教堂仪式的记载上已经出现了有关表演的具体指令。最初的表演是哑剧的形式，比如，在复活节的宗教仪式中，随着牧师诵读《圣经·新约》中的有关章节，几位教士用动作来展现耶稣受难的一系列事件：把象征耶稣受难的十字架放倒，移过圣坛，葬入准备好的圣墓。这种简单的动作往往配有音乐。到公元 10 世纪，又为音乐配上了词，于是出现了两个或一组教士配合表演吟诵祷词的情景，这就形成了英国戏剧的雏形。

现存最早的这种宗教庆典祷词是为复活节的弥撒而准备的，介绍了三个马利亚来到耶稣的墓前，见到了守护圣墓的天使：

天　使　　耶稣的追随者们，你们到圣墓找谁？

三女子　　天使呀，我们在找受难的耶稣，拿撒勒的耶稣。

天　使　　他不在这里。正如预言所说的，他已经升天了。去吧，向人们宣告：耶稣已经从圣墓升入了天堂。

这段短短的吟诵仅有四句，采用两组教士应答的形式，同时伴有相应的动作。当然，从严格意义上讲，这种表演无法与现代戏剧相提并论，但它却是英国戏剧的最原始形式。在这段吟诵中对白使用的是拉丁文，因为它取自拉丁文的《圣经》，无疑这对缺乏正规教育的广大平民来说确有困难。但是，由于这只是教堂仪式的一部分，而且当时也缺乏民众喜闻乐见的其他娱乐形式，因此，这种表演总是吸引了大批的平民百姓。

到了10世纪下半叶，温切斯特主教圣艾特尔沃尔德进一步发展了复活节的庆典。在E. K. 钱伯斯（E. K. Chambers）的《中世纪舞台》（*The Mediaeval Stage*）一书中记载了圣艾特尔沃尔德对这一庆典的具体指令：

> 当诵读《圣经》的第三段时，让四位教士着装上台。其中的一位穿着白色的袍子，他走上来就像是要参加这个仪式，悄悄地走到圣墓旁，不要引起过多的注意，然后坐下，手里拿着一棕榈枝。另外三位身着斗篷式长袍的教士接着走上台来，他们慢慢地走向圣墓，就像是在寻找着什么。这些动作都是模仿坐在圣墓前的守护天使和前来准备为耶稣的遗体涂油的女子。当坐在那里的教士看见后三位像是迷了路正在摸索的教士走近时，他用悦耳的中音唱道："你们到圣墓找谁……？"

在圣艾特尔沃尔德的仪式中，最后四位教士一起掀开覆盖在钉有耶稣受难的十字架上的白布，并把十字架一起抬上圣坛。此时，教堂的大钟奏响，全体教徒一起唱起赞美诗，复活节的庆典达到一个高潮。但即

1. 公元9—10世纪间，英国人首次试图将拉丁文的《圣经》译成英文，早期比较成功的英译《圣经》有1382和1388年的两个版本，之后又有马太版（1537）、加尔文版（1560）、主教版（1568）。1611年出版的英王詹姆斯版《圣经》被称作是"权威版"的英译《圣经》。

使是这种发展了的复活节庆典也很难被称为戏剧，因为从本质上来说，教堂无非是希望强调这一仪式的重要。确实，对于基督教徒来说，一年中最有意义的日子就是复活节了，这大概也就是为什么早期的英国戏剧恰恰起源于复活节的庆典。

公元 11 世纪，配合教堂宗教庆典的表演从复活节延伸到了其他重要的宗教节日，特别是耶稣升天节和圣诞节。表演的内容和形式也变得更加复杂，台上出现的角色也增多了。例如，在圣诞节的庆典中出现了圣母马利亚、襁褓中的耶稣、小天使、牧羊人等不同的角色，同时，也出现了简单的故事情节。虽然这种表演仍是为宗教仪式服务的，表演中的对白仍用吟唱的形式表述出来，但是从这个时期的教堂庆典活动中已经可以明显地看出一种倾向，那就是这种表演正在逐渐远离宗教仪式，远离单纯的说教，以便给人们带来轻松的娱乐。这也就导致了这种表演的“舞台”最终搬出了教堂，先是到了教堂附近的空场上，而后又移到了城镇的广场。

对于搬离教堂的原因历代专家学者有不同的说法：表演的时间加长，表演的内容逐渐与特定的宗教节日分离，特定的和传统的宗教仪式对表演的干扰，以及教徒对吟唱所用的语言、对场面和表演中的幽默感提出的要求都很难使教会把这种表演看作是教堂宗教仪式的一部分。到了 12 世纪，这种与宗教仪式相关的教堂中的表演已经基本终止了。为了满足广大平民百姓的需求，表演中的拉丁文吟唱改成了用英文来朗诵的台词，或者先用拉丁文，然后马上翻译成英文。这种世俗化的表演开创了英国戏剧的先河。

1264 年，教皇乌尔班四世的一纸命令更加速了英国早期戏剧世俗化的进程。13 世纪上半叶，比利时修女朱丽安娜四处奔走，试图说服教会接受一个专门纪念圣餐的宗教节日。她的努力得到了教皇的支持，在朱丽安娜死后（1258 年），教皇发布命令，指定每年三一节后的第一个星期四为基督圣体节。在他的训令中，教皇是这样解释圣餐的含义的：

> 因为我们的主进餐的那一天［即耶稣受难的前夜］——是他亲自创立了这一圣事——整个教会像往常一样忙于接待忏悔者，忙于按教会仪式安排圣油、安排洗足的各项程序和其他事宜，因此，没有时间来庆祝这一最有意义的圣事。[2]

显然，在教皇看来，耶稣受难日的前夜不适宜定作宗教庆典，因此，庆祝活动就被推迟到复活节之后，一般在5月21日到6月24日之间。1311年，这个节日第一次写进了教会的年历。基督圣体节真可谓是中世纪的“艺术节”，主要形式是由神职人员带领的游行。在这一覆盖全城的庆祝行列中就有各同业公会组织的戏剧演出，规模之大在当时是空前的。究竟从哪一年起戏剧演出成了基督圣体节庆典的一个组成部分现在已经无从考证，但根据现存的记载，英国从1318年起就开始庆祝基督教的这一重要节日了。

圣体节上演出的都是以《圣经》中的主要事件为题材的小型戏剧，常常几个或十几个，甚至几十个连成一个组剧，从上帝创造世界一直延伸到上帝的最后审判日，这类剧种在英文中有两个名称 mystery plays（神秘剧）和 miracle plays（奇迹剧）。在一般情况下，这两个词组都可以用来指13世纪起在英国非常流行的组剧，但是，有的学者却把奇迹剧的范围缩小至以《圣经·新约》中圣徒的生平为主的戏剧，而神秘剧则泛指取材于《圣经·旧约》《圣经·新约》和民间传说的剧目。虽然欧洲诸国共有一百多个奇迹剧，但在英国保存至今的仅有三个：《从良妓女马利亚》（*Mary Magdalene*）、《圣保罗的皈依》（*The Conversion of St. Paul*）和《圣礼剧》（*The Play of the Sacrament*）。在克里斯蒂娜·理查森（Christine Richardson）和杰姬·约翰斯顿（Jackie Johnston）合著的

---

2. 参见V. A. 科尔韦的《名为圣体的剧》，斯坦福大学出版社，1966年，第44页。

《中世纪戏剧》(*Medieval Drama*)中有一段话简明扼要地总结了神秘剧的主要特点:

> 在14、15世纪英国正规舞台上占主导地位的剧种是神秘组剧。在许多较大的城市,《圣经》中的片断被改写成一组短剧,在户外连续演出。演出的时间选在初夏的某一天,演员由同业公会的成员担任,目的是为百姓提供娱乐,并给他们带来一定的教益,同时,也为了提高该同业公会和它的成员在百姓中的声望。由于没有正规的剧院,同时也不收取任何门票,因此,观众可以随意走动。"演员"中的许多人对观众来说是很熟悉的,他们是私人的朋友、邻居、亲戚,而从职业上来讲,他们是屠夫、裁缝、建筑工人等等。演出在假日那天举行,因为日常的工作和商业活动都中止了,而演出则是假日活动的一个组成部分。剧中的情节对观众并不陌生,而全剧的结尾也不会在观众心中产生任何悬念。许多——如果不是全部——现代戏剧的惯例和现代人对观看戏剧的期待根本不存在或被彻底颠倒了。这并不是当时唯一的剧种,却是当时在财力上得到的资助最多、参加演出的人员在创造力上最投入的剧种。市政官员和教会的领袖都给予了最充分的肯定和认可,为这一剧种的演出提供了物质的、时间的和精神的空间,并支持它颂扬的主题。这一剧种延续了起码两百年的时间。[3]

现存的中世纪神秘剧主要有四个组剧,即约克组剧、韦克菲尔德组剧、切斯特组剧和N-城组剧。每个组剧中所含的剧目数各不相同,其中约克组剧的最多,有48个剧,其余的三个分别为:N-城组剧41个、韦克菲尔德组剧32个、切斯特组剧25个。

---

3. 参见克里斯蒂娜·理查森和杰姬·约翰斯顿的《中世纪戏剧》,圣马丁出版社,1991年,第13页。

13 至 14 世纪的英国并没有固定的剧场，中世纪的神秘剧通常是在可以移动的木制舞台上演出的。那种舞台比较接近现代游行庆典中常用的彩车，只不过那时的舞台上基本上没有布景，台子的边沿有时垂挂着棉织的帷帐，用以遮盖下面的支架和轮子。舞台常用马匹拖拉，以便从城镇的一角及时地移到另一个地点。为了方便当时的观众，十几个或几十个圣经故事组成的组剧往往在不同的移动舞台上演出，分别由一个同业公会负责其中的一个或几个剧目。演出时只要移动这些舞台，站在城镇任何一个演出地点的观众都可以看到整套组剧的表演。当时每个剧目的演出时间大约为 15 至 30 分钟，因此，完整的一套组剧要延续近十个甚至十几个小时。根据保存下来的有关约克组剧的演出记录来看，组剧往往从清晨便开始，等到上演最后一个剧目——《最后审判日》——时，夜幕已经降临，这种气氛大概与剧情比较相符。对于现代的观众来说，连续十几个小时看戏简直是不可思议的。但是，对于中世纪的平民百姓来说，这种机会每年只有一次，辛苦一点大概也是值得的。

留传下来的四个组剧虽然数目各异，但都取材于《圣经》中的主要情节。以韦克菲尔德组剧为例，不难看出中世纪的观众的兴趣所在：

1. 创世记（*The Creation*）

2. 亚伯被害（*The Killing of Abel*）

3. 挪亚（*Noah*）

4. 亚伯拉罕（*Abraham*）

5. 以撒（*Isaac*）

6. 雅各（*Jacob*）

7. 法老（*Pharaoh*）

8. 预言家（*The Procession of the Prophets*）

9. 凯撒 • 奥古斯都（*Caesar Augustus*）

10. 天使传报（*The Annunciation*）

11. 圣母访问（*The Salutation of Elizabeth*）

12. 牧羊人剧一（*The First Shepherds' Play*）

13. 牧羊人剧二（*The Second Shepherds' Play*）

14. 东方三贤人的礼物（*The Offering of the Magi*）

15. 埃及之行（*The Flight into Egypt*）

16. 希律大帝（*Herod the Great*）

17. 圣母洁净（*The Purification of Mary*）

18. 医生剧（*The Play of the Doctors*）

19. 施洗者约翰（*John the Baptist*）

20. 穷人（*Lazarus*）

21. 密谋（*The Conspiracy*）

22. 殴打（*The Buffeting*）

23. 鞭笞（*The Scourging*）

24. 犹大自尽（*The Hanging of Judas*）

25. 耶稣被钉死在十字架上（*The Crucifixion*）

26. 刽子手（*The Talents*）

27. 灵魂的解救（*The Deliverance of Souls*）

28. 复活（*The Resurrection*）

29. 朝圣者（*The Pilgrims*）

30. 圣多马（*Thomas of India*）

31. 耶稣升天（*The Ascension of the Lord*）

32. 上帝的最后审判（*The Judgement*）

与韦克菲尔德组剧相比，约克组剧似乎更侧重耶稣降生这一主题，除了名为《耶稣诞生》的一出短剧外，还有其他六出相关的剧目。而N-城组剧则包含了在其他几个组剧中没有出现的圣经故事和其他民间传说的片断，如谋害弟弟亚伯的该隐被拉麦所杀、审判马利亚和约瑟、升天的耶稣在天堂和圣母马利亚会面等等。

在这些神秘剧中，除了主要的情节仍取材于《圣经》和其他传说外，剧中的对白和表现形式已与它们的原始素材没有太多的相似之处了。为了吸引渴望娱乐活动的平民百姓，剧中增添了不少喜剧的特色，其中最有代表性的例子要数韦克菲尔德组剧中的《挪亚》一剧了。在《圣经・旧约》中上帝选择挪亚作为洪水后人类的新始祖仅占了《创世记》50 个章节中的 4 章，除了对情节的叙述外，仅有的简短对话只是在上帝和挪亚之间进行。而在神秘剧《挪亚》中，全剧含有 558 行诗句，有对白的人物除上帝和挪亚外，还有挪亚夫人、他们的三个儿子和三个儿媳，共九个人物。在剧中，我们看到的不再是《圣经》中的人物，而是传说中人物的形象和中世纪观众熟悉的现实人物的一种奇妙的结合。下面是挪亚在接受上帝的旨意之后，与挪亚夫人的一段对话：

[上帝退场]

挪亚　主啊，我要马上赶回家去，
问问我的夫人，听听她的意见，
消息太惊人了；我怕我和夫人之间产生冲突，
她性格暴躁，常为小事发火；
如果哪件事做错了，她非跳起来不可。
[他走近挪亚夫人]
愿上帝让你成功。夫人，你好吗？

夫人　但愿我能好起来，看见你真是倒了大霉。
无论如何你要告诉我，这么长时间你去哪里了？
因为你，我们只能是死路一条，呜呼哀哉。
我们疲于劳作的时候，你却去干自己想干的事情，
我们现在既没有吃的也没有喝的。

挪亚　夫人，刚才得到的消息使我感到苦恼。

夫人　　应该用根棍子把你打个鼻青脸肿；

不管是真是假，你总是感到沮丧。

上帝知道我是真正受压抑的……

[面对观众]

我们女人可以折磨所有拙劣的丈夫，

对马利亚起誓，我就有这么一个丈夫！

这样我就可以放手干了；

如果他发火，我就先等机会，

装出害怕的样子，扭着双手；

但是一会儿工夫之后，

用我的手腕和诡计，

边打边笑好好地回报他。

挪亚　　嘘，住口！不然，我就要强迫你闭嘴。[4]

虽然中世纪的神职人员可能会对剧中的挪亚夫人提出异议，认为这一新加的角色明显地淡化了全剧的教育作用，但是对于当时的观众来说，伶牙俐齿的挪亚夫人则是全剧的中心。正是这样一个角色和以她为中心的一系列情节，为大家都很熟悉的一段宗教故事增添了不少现代生活的气息。

现在已经无法考证这些神秘剧究竟出自哪些剧作家之手，虽然根据剧本的风格和修辞，可以判断出某一组剧中的几个剧可能由同一个剧作家完成。有一点是可以肯定的，那就是在神秘剧流行的二百多年中，这些剧本都经历了无数次的改编过程。改编的原因可能多种多样，但在英国戏剧的早期发展阶段，演出过程中的即兴创作和临时改编是很常见的现象，其中的部分变化最终被记录了下来，并随着组剧的脚本留传了下

4. 摘译自《韦克菲尔德神秘剧》，诺顿出版社，1961 年，第 94—95 页。

来，因此，很难说我们今天读到的剧本代表了六七百年前活跃在英国的神秘剧的全貌。它们只是某一特定时期、某一特定地点演出的一种比较真实的记载。

中世纪的神秘剧似乎有三项功能：传播某种伦理的启示，以便最终达到拯救灵魂的目的；为平民百姓提供一种娱乐放松的机会；使各同业公会有机会展示各自的实力。虽然剧中的故事均取材于《圣经》和其他远古的传说，但是组剧的演出则着眼于故事的现实意义和对于中世纪的观众来说这些故事所具有的永恒的涵义。正是这种现实主义的表现手法为神秘剧留下了隐患。16 世纪上半叶，英国新教崛起。在新教教徒的眼中，由真人来扮演耶稣、圣母马利亚和其他圣人是一种明显的亵渎神明的举动。于是，组剧不得不按照新教的教义进行改编，最后，赫顿主教于 1575 年借各剧团将组剧的剧本送他本人审查的机会扣住了所有的脚本。这一早期剧种就这样最终从英国舞台上消失了。

14 世纪下半叶，英国又出现了一个新的剧种——道德剧。虽然道德剧同样有着强烈的宗教色彩，并以道德劝诫为目的，但是与神秘剧相比，这一新的剧种有许多新的特点：（1）道德剧不取材于《圣经》故事，它的素材往往来自布道。云游四方的修道士——特别是天主教方济会和道明会的修道士——规劝人们弃恶从善，这在当时的英国是很常见的景象。在布道中修道士反复强调的信息就是：耶稣并不只是在教堂里，出现在星期天的礼拜中；他与每个人的生活息息相关，他每时每刻都在影响着我们每一个人；罪恶是要受到惩罚的，而人的灵魂只有在耶稣的帮助下才能获得拯救。这些熟悉的说教后来也成了道德剧的主题。（2）虽然道德剧有着很强的说教性，但是剧作家对于宗教、政治、社会、道德的个人看法在创作过程中也被糅进剧中，因此，很难找到所谓典型的道德剧。（3）如果说在神秘剧中的核心人物是上帝的话，那么在道德剧中占主导地位的角色就是人。英文中常把剧中的主角命名为

everyman、mankind、humanity，而这些人物所代表的恰恰就是这些英文词的含义：凡人，一个有血有肉、七情六欲俱全的普通人。（4）道德剧中的主导情节是善恶之争，是代表善和恶的两股势力争夺人的灵魂的一场争斗。邪恶势力的代表常常是应该罚入地狱的七大重罪和魔鬼，而代表真善美的则是上帝的四个女儿——真理、正义、节制和宽恕——以及三项基本美德——信任、希望和博爱，全剧经常以善战胜恶而告终。（5）道德剧不以组剧的形式出现，而且也与任何宗教节日无关，因此，任何剧团在全年的任何时候都可以选择上演任何道德剧，只要有观众就可以连续上演。这就为英国戏剧最终进入剧场创造了一个基本的条件。从这个意义上讲，道德剧比起神秘剧向现代戏剧的方向迈出了很大的一步。

现存的主要道德剧有《坚忍的堡垒》（*The Castle of Perseverance*，1405）、《人类》（*Mankind*，1450年左右）和《凡人》（*Everyman*，1495年左右）。《坚忍的堡垒》是其中最早同时也是最长的一个剧目。全剧共有3,650行诗句，比伊丽莎白时期通常的剧本还要长一半；剧中共有35个讲话的角色，这在英国戏剧的发展史上也是很少见的。剧中的主角是人类的化身，在他的一边是“肉体”“世俗”“魔鬼”和“七大重罪”，另一边是“天使”“忏悔”“宽恕”和“上帝的六种恩典”。剧中采用了多种寓意的手法来规劝人们弃恶从善。剧名中的“堡垒”就是中世纪寓意的一个很好的例子：“堡垒”用来保护剧中的主人公，特别是他的灵魂不受到七种不可宽恕的罪行的侵蚀。剧中的善恶之争采用了邪恶势力从外面围困城堡的形式，而剧中上帝的四个女儿之间的争论和具有象征意义的穿越“伦理之国”最终抵达“永恒”的行程则更是寓意手法的明证。

在道德剧《人类》中，除了主人公“人类”外，另一个重要的角色就是“宽恕”。然而，在这个剧中“宽恕”并不是上帝的女儿之一，而是“人类”的忏悔神父。当神父规劝“人类”的时候，“祸根”走上台来嘲笑神父的说教；接着“伪装”“及时行乐”和“虚荣”也加入了“祸根”的行列。在这些邪恶势力的代表被赶下台后，“人类”表达了他悔改的决心，并在神父的帮助下，用铁锹打退了“肉体”和“世俗”的进攻。凯旋的“人类”走下舞台去取种子，准备耕地播种。被击败的邪恶势力乞求“魔鬼”的援助，在玩弄了一整套鬼花招之后，“人类”竟然听信了“魔鬼”的谎言，把他一向敬重的神父看成是一个盗马贼，逃犯，定了罪的犯人和背叛教义、私自通婚的牧师。离开神父的指导之后，“人类”就落入了邪恶势力的圈套，他们让他去找个妓女，向被打的“肉体”和“世俗”道歉，甚至强迫他去偷、去抢、去杀人。陷入绝境的“人类”几乎要自寻短见，多亏神父又一次解救了他，和“忏悔”“和解”一起重新把“人类”引上了正路。在这个剧中，剧作家用戏剧的形式生动地体现了基督教教义中的几个要点：魔鬼无处不在，总是企图把人们拉进地狱；人一定要极力抑制肉欲，以免被引入歧途；游手好闲、无所事事常常给魔鬼以可乘之机；评判一个人不是听他说什么，而是看他的行动；只要人们真诚忏悔，上帝的仁慈是无边的。与传教士的说教相比，这种采用寓意的手法来对人们进行的道德的规劝，就显得更轻松生动一些，也更容易为中世纪的观众所接受。遗憾的是，《人类》这个剧是用当时并不普及的英国中部方言写成的，因此，在英国戏剧史上几乎找不到有关这个剧演出的记载。

道德剧中最有名的要数于1495年左右上演的《凡人》，那是在亨利七世登上英国王位（1485）、开始都铎王朝之后。这部剧描写的是主人公“凡人”在浑浑噩噩地度过一生之后，直到临终前才翻然悔悟的经历。在全剧的开头，统领天堂的上帝明察秋毫，为人们的腐败感到痛心疾首：

我看到了在我统领之下

所有的人都对我如此刻薄；
他们生活在世俗的富足之中，
无忧无虑，没有精神上的洞察力，
沉浸在罪恶之中，不知道我是他们的救世主。
占据他们头脑的只是世间的财富，
根本不惧怕我的公正，我的惩罚；
当我为他们献身的时候，我表示了对他们的爱，
这些他们都忘记了，也忘记我流出的鲜红的血，
当时我被钉在两人中间，这是不可否认的事实；
为了给予他们生命，我不得不去死，
棘刺钉穿了我的四肢和我的头，
事实上，这是我能够付出的最大努力；
但是，现在我看人们已经把我彻底忘记了。（22—35 行）[5]

很明显，剧中的"上帝"是耶稣。"上帝"派"死神"去通知"凡人"，说他的寿数已到，因为他的所有财产和他的生命并不属于他本人，而是上帝借给他使用的。毫无精神准备的"凡人"顿时惊慌失措，企图向"死神"行贿，遭到了严词拒绝。不得已他只得求助于他的世俗朋友。第一个出现的是"伙伴"：

伙伴　凡人，早上好，今天早上好！
先生，你看起来怎么显得这么可怜？
如果在任何事上出了差错，一定要告诉我，
这样我就可以帮助你弥补。

凡人　啊，好伙伴，
我的处境非常危险。

5. 译自约瑟夫·亚当斯主编的《莎士比亚之前的主要剧作》，河边出版社，1924 年，第 288—303 页。

伙伴　　我的好朋友，告诉我你在想什么，
到了生命的最后一刻，
作为朋友我也不会抛弃你。
凡人　　说得很好，也很动人！
伙伴　　先生，我得知道你忧郁的原因；
看到你的情绪低落我很难过，
如果有人虐待你，我一定会为你报仇，
虽然我可能会为你而丧命，
虽然我事先知道有这种可能性。
凡人　　忠实的伙伴，谢谢你。
伙伴　　嘘，对于你的感谢我毫不在乎，
不要再说别人，告诉我你的忧愁。
凡人　　如果我把心里的话告诉你，
你听后离我而去，
也不给我任何安慰，
那么，我会感到十倍的痛苦。
伙伴　　先生，我说了我会做的。
凡人　　那么，你真是一个患难朋友！
以前我就看到了这一点。
伙伴　　我会永远保持这个样子；
说实话，如果你下地狱，
我也不会在途中把你遗弃。
凡人　　听起来你真像是一个好朋友，
我完完全全地相信你。
我应该有这样一个朋友，我会有的。
伙伴　　不要讲应该不应该！

那些口头上说得好听但不做实事的人
是不值得作为朋友交往的。
那么，告诉我你心中的苦楚，
因为我是你最亲密、最讲仁义的朋友。

凡人　让我来告诉你事情的经过：
……

伙伴　这确实是个问题！
承诺是作为朋友的本分，
如果我真的这样走一趟，
我知道得很清楚，它给我带来的是痛苦。
当然，这件事也让我感到害怕。
但是，让我们来讨论一下，尽我们的努力，
因为，你的话会使任何一个坚强的人感到恐惧。

凡人　怎么了？你刚才不是说
只要我需要，是生是死，你都不会抛弃我，
即使是要下地狱。

伙伴　我是这么说了，千真万确！
但是，这些好听的可以略去，说说是容易的。
那么，如果我们走一趟的话，
什么时候能够回来？

凡人　永远也回不来了，直到世界灭亡的那一天！

伙伴　说实话，我是不会去的。
是谁告诉你这个消息的？

凡人　死神刚才和我在一起。

伙伴　天哪，这一切就清楚了，
如果送信人是死神，

我不会为任何今天活着的人，
踏上这令人讨厌的旅程，
即使是为了生我养我的父亲
我也不会这样去做。

凡人 你刚才可不是这样许诺的，伙伴。

伙伴 我当然知道我刚才说了什么。
如果你要去吃、喝、玩乐，
或者去找个淫荡的女人做伴，
只要天气好，我是不会离开你的，
相信我，这是千真万确的。

凡人 是的，你会有准备的！
去娱乐、欢笑、游玩，
你的脑子会很快地投入，
但你不愿陪伴我走上这个漫长的旅程。

伙伴 相信我，我不会这样做的。
但是，如果你要去杀人，杀任何人，
我都会心甘情愿地帮你的忙。

凡人 啊，这确实只是个很简单的提议，
好心的伙伴，在我最需要的时候帮帮我！
我们之间的友情已有很长的时间了，现在我需要你，
好心的伙伴，不要把我丢在脑后！

伙伴 不管你是不是我的朋友，
以圣约翰的名义发誓，我不会跟你去的！

凡人 那么，我求你稍稍出点力，为我做点事：
看在兄弟之爱的分上，陪我走一段，
安慰安慰我，直到把我送出城。

伙伴　　不，即使你送我一件全新的长袍，

我也不会陪你走出半步！

但是，如果你不走，我是不会这样离开你的。

现在，上帝在催促你上路，

我呢就要尽快地离开你。

凡人　　你要走，伙伴？

你要抛弃我吗？

伙伴　　是的，再见了！我把你交给上帝。（206—298 行）

就这样，刚才还信誓旦旦地把自己称作患难朋友的“伙伴”无情地把“凡人”遗弃了。同样的情景在“凡人”与另外几位“好友”——“亲属”“财产”的交谈之中一遍又一遍地重复。这些高谈阔论的世俗朋友一个接一个地抛弃了“凡人”，最后，只有“善行”同意陪伴他走过人生最后的一段历程。

与《人类》不同，道德剧《凡人》并没有试图笼统地规劝人们弃恶从善，它的侧重点是人生的最后一刻，即在教会的眼中，人们究竟应该如何告别这个世界。以死亡为主题是中世纪欧洲文化的一个特点，对于现代人来说，这点可能显得有些不可思议。但是，对于长年生活在战乱和瘟疫中的人们来说，死亡很可能是最好的一种解脱，而在死亡面前人人都是“平等”的。在《圣经·新约》的《启示录》第 14 章 13 节，有这样一段话，可以算作是这个剧的理论依据：“我听见天堂里传来一个声音，说：‘记下来，从今以后为主而去死的人都将升入天堂。’圣灵说：‘他们确实是有福之人，他们不必再劳作了，因为他们的善行将伴随着他们。’”由此可见《凡人》的宗教寓意是很明显的，即“美貌”“力量”“财富”，包括“知识”“智慧”等世俗之物都是人的身外之物，当人离开这个世界的时候，只有他一生的“善行”才能伴他而去，并拯救他的灵魂。

1485年亨利七世登上英国王位，开创了英国历史上的一个新时期，宣告了中世纪的结束。然而，在英国戏剧发展史上，1485年并不是一个明显的分水岭。神秘剧和道德剧仍在很长一段时间里占据着英国的舞台。

参考书目

Ⅰ. 文本书目

Anderson, G. K. *Old and Middle English Literature from the Beginnings to 1485*. New York: Collier Books, 1962.

Baugh, A. C., ed. *A Literary History of England*, Vol. 1, *The Middle Ages*. London and Henley: Routledge and Kegan Paul, 1980.

Blamires, H. *A Short History of English Literature*. London and New York: Methuen, 1984.

Daiches, D. *A Critical History of English Literature*, Vol. 1, *From the Beginnings to the Sixteenth Century*. London: Secker and Warburg, 1992.

Ford, Boris, ed. *The New Pelican Guide to English Literature*, Vol. 1, *Medieval Literature*. London: Penguin Books, 1990.

Fowler, A. *A History of English Literature*. Cambridge, Mass.: Harvard University Press, 1987.

Jackson, W.T.H. *Medieval Literature: A History and a Guide*. New York: Collier Books, 1966.

Mulgan, J., and D. M. Davin, *An Introduction to English Literature*. Oxford: Clarendon Press, 1964.

Quennell, P. *A History of English Literature*. Springfield, Mass.: G & C Merrian Company Publishers, 1973.

Rogers, P., ed. *An Outline of English Literature*. Oxford: Oxford University Press, 1992.

Sampson, G. *The Concise Cambridge History of English Literature*. Cambridge: Cambridge University Press, 1967.

Ⅱ. 历史背景

Barnie, J. *War in Medieval Society: Social Values and the Hundred Years War 1337—99*. London: Weidenfeld and Nicholson, 1974.

Gies, F., and J. Gies. *Women in the Middle Ages*. New York: Barnes and Noble, 1980.

Heer, F. *The Medieval World: Europe 1100—1350*. London: Weidenfeld and Nicholson, 1962.

McKisack, M. *The Fourteenth Century 1307—1399*. Oxford: Clarendon Press, 1959.

Medcalf, S., ed. *The Later Middle Ages*. London: Methuen, 1981.

Murray, A. *Reason and Society in the Middle Ages*. Oxford: Clarendon Press, 1978.

Platt, C. *Medieval England: A Social History and Archaeology*. London: Routledge, 1978.

Power, E. *Medieval People*. London: Methuen, 1966.

Powicke, F. M. *The Thirteenth Century 1216—1307*. Oxford: Clarendon Press, 1953.

Southern, R. W. *The Making of the Middle Ages*. London: Hutchinson, 1953.

Ⅲ. 版本

Abrams, M. H., ed. *The Norton Anthology of English*, Vol. 1. New York and London: W. W.

Norton, 1993.

Beadle, R., and P. King, eds. *York Mystery Plays: A Selection in Modern Spelling.* Oxford: Clarendon Press, 1991.

Bennett, J. A. W., and G. V. Smithers, eds. *Early Middle English Verse and Prose.* Oxford: Clarendon Press, 1968.

Beowulf. [Transl. by John Porter]. Pinner, Mx. : Anglo-Saxon Books, 1991.

Boitani, P. *English Medieval Narrative in the 13th and 14th Centuries.* [Transl. by Joan Krakover Hall]. Cambridge: Cambridge University Press, 1986.

Burrow, J. A., ed. *Middle English Literature.* Oxford: Oxford University Press, 1989.

Gray, D., ed. *Late Medieval Verse and Prose.* Oxford: Oxford University Press, 1990.

Kolve, V. A. *Chaucer and the Imagery of Narrative.* Stanford: Stanford University Press, 1984.

Sisam, K., and C. Sisam, eds. *Oxford Book of Medieval English Verse.* Oxford: Clarendon Press, 1970.

Trapp, J. B. *Medieval English Literature.* New York: Oxford University Press, 1973.

Ⅳ. 评论

Aers, D. *Community, Gender, and Individual Identity: English Writing 1360—1430.* London and New York: Routledge, 1988.

Alfano, C. "The Issue of Feminine Monstrosity: A Reevaluation of Grendel's Mother", *Comitatus,* 23（1992）, 1—16.

Armstrong, N., ed. *The Ideology of Conduct: Essays on Literature and the History of Sexuality.* New York and London: Methuen, 1987.

Barron, W. R. J. *English Medieval Romance.* London: Longman, 1990.

Beadle, R., ed.*The Cambridge Companion to Medieval English Theatre.* Cambridge: Cambridge University Press, 1994.

Boitani, P., ed. *The Cambridge Chaucer Companion.* Cambridge: Cambridge University Press, 1986.

Bradford, R. *A Linguistic History of English Poetry.* London: Routledge, 1993.

Burrow, J. A. *Medieval Writers and Their Work.* Oxford: Oxford University Press, 1982.

Cooper, H. *The Structure of the Canterbury Tales.* London: Duckworth, 1983.

Craik, T. W. *The Comic Tales of Chaucer.* London: Methuen, 1967.

Dunning, T. P. *Piers Plowman: An Interpretation of the Text.* New York: Bentham Books, 1980.

Eco, U. *Art and Beauty in the Middle Ages.* [Transl. by Ellen Esrock]. Cambridge, Mass.: Harvard University Press, 1989.

Fichte, J.O. *Chaucer's 'Art Poetical': A Study in Chaucerian Poetics.* Tübingen: Gunter Narr Verlag, 1980.

Harris, J. W. *Medieval Theatre in Context: An Introduction.* London: Routledge, 1992.

Heinrichs, Katherine. *The Myths of Love: Classical Lovers in Medieval Literature.* University Park: Pennsylvania State University Press, 1990.

Hieatt, C. *Beowulf and Other Old English Poems.* New York: Bentham Books, 1990.

Howard, D. R. *The Idea of the Canterbury Tales.* Berkeley and Los Angeles: University of California Press, 1976.

Wickham, G. *The Medieval Theatre*. Cambridge: Cambridge University Press, 1987.

Windeatt, B., ed. *English Mystics of the Middle Ages.* Cambridge: Cambridge University Press, 1994.

大事年表

公元前 700 年	居住在欧洲西部的不列颠人（Britons）移居不列颠群岛
公元前 55—前 54 年	凯撒两度率罗马军团入侵不列颠群岛，均被击退
公元 43 年	罗马皇帝克劳狄一世率军征服不列颠，变其为罗马帝国的行省
公元 2 世纪	罗马人在不列颠北部修筑长达 118 公里的哈德良长城（Hadrian's Wall）
407 年	罗马驻军被迫全部撤离不列颠
公元 5 世纪中叶	盎格鲁-撒克逊人入侵不列颠
596 年	罗马教皇派修士奥古斯丁（Augustine）到英格兰传教
597 年	奥古斯丁到达英格兰，为肯特国王施洗礼，并在坎特伯雷建造本尼狄克寺院
598 年	坎特伯雷第一所英语学校创立
602 年	坎特伯雷的奥古斯丁建立坎特伯雷大主教教区
公元 7 世纪下半叶	英格兰全境皈依罗马基督教
787 年	斯堪的纳维亚的丹麦人入侵不列颠
810 年	威尔士僧人南尼厄斯完成《不列颠民族史》（*Historia Britonum*）
827 年	威塞克斯王国国王埃格伯特统一不列颠诸国，建立起统一的英格兰王国
901 年	英格兰国王老爱德华接受“盎格鲁-撒克逊国王”的称号
925 年	对话短剧《三个马利亚和守护天使》（*Three Maries and the Angles*）在复活节的早上上演
970 年	英格兰诗歌选集《埃克塞特书卷》（Exeter Book）完成
1000 年	古英语史诗《贝奥武甫》（*Beowulf*）开始流传
1066 年	诺曼底的威廉入侵英格兰，加冕为英王威廉一世，诺曼王朝由此建立
1170 年	坎特伯雷大主教托马斯·贝克特（Thomas à Becket）被害，1173 年贝克特被称为圣徒
1193 年	英格兰历史学家本尼狄克逝世，他著有《亨利二世纪事》（*Gesta Henrici II*）
1215 年	英王约翰被迫接受《大宪章》（*Magna Carta*），与封建领主妥协

1221 年　十四行诗开始在意大利流行

1249 年　牛津大学学院建立

1258 年　英国议会诞生

1295 年　早期奇迹剧《悲惨的地狱》（*The Harrowing of Hell*）上演

1307 年　但丁（Dante Alighieri）撰写代表作《神曲》（*Divina Commedia*）

1332 年　英国议会首次分为上下两院

1337 年　英法百年战争爆发

1340 年　英国诗人杰弗里·乔叟（Geoffrey Chaucer）诞生

1348 年　薄伽丘（Giovanni Boccaccio）撰写代表作《十日谈》（*Decameron*）

1366 年　意大利诗人彼特拉克（Francesco Petrarca）完成《诗集》（*Canzoniere*）

1369 年　乔叟完成《公爵夫人的书》（*The Book of the Duchess*）

1379 年　乔叟完成《声誉之宫》（*The House of Fame*）

1382 年　约翰·威克里夫（John Wyclif）等人将《圣经》译成英文

1385 年　乔叟完成《特洛伊罗斯和克瑞西达》（*Troilus and Criseyde*）

1386 年　威廉·朗格兰（William Langland）完成《耕者皮尔斯》（*Piers Plowman*）

1400 年　乔叟逝世，留下代表作《坎特伯雷故事集》（*The Canterbury Tales*）

1453 年　英法之间百年战争结束

1455 年　英国玫瑰战争爆发

1472 年　但丁的《神曲》首次出版

1474 年　威廉·卡克斯顿（William Caxton）印出第一本英文书

1476 年　卡克斯顿印刷乔叟的《坎特伯雷故事集》

1485 年　亨利·都铎继位，称亨利七世，开始了都铎王朝

索引

（按照汉语拼音次序排列，条目后面的数字指本书页数）

A

B

C

D

E

N

O

P

Q

R

S

T

W

X

Y

Z